善書坊

刘龙　赵命可　著

对话·面孔

文字背后的柔软与坚硬
——当代作家对话录

陕西师范大学出版总社　西安

图书代号　　WX24N0775

图书在版编目（CIP）数据

对话·面孔：文字背后的柔软与坚硬：当代作家对话录 / 刘龙，赵命可著. — 西安：陕西师范大学出版总社有限公司，2024.8

ISBN 978-7-5695-4373-5

Ⅰ.①对… Ⅱ.①刘… ②赵… Ⅲ.①作家—访问记—中国—现代 Ⅳ.①K825.6

中国国家版本馆CIP数据核字（2024）第087233号

对话·面孔：文字背后的柔软与坚硬——当代作家对话录

DUIHUA·MIANKONG: WENZI BEIHOU DE ROURUAN YU JIANYING——DANGDAI ZUOJIA DUIHUA LU

刘　龙　赵命可　著

出版统筹	刘东风
责任编辑	舒　敏
责任校对	王淑燕
封面题字	张红春
封面设计	主语设计
出版发行	陕西师范大学出版总社
	（西安市长安南路199号　邮编 710062）
网　　址	http://www.snupg.com
印　　刷	陕西龙山海天艺术印务有限公司
开　　本	710 mm×1000 mm　1/16
印　　张	20
插　　页	2
字　　数	258千
版　　次	2024年8月第1版
印　　次	2024年8月第1次印刷
书　　号	ISBN 978-7-5695-4373-5
定　　价	89.00元

读者购书、书店添货或发现印装质量问题，请与本公司营销部联系、调换。
电话：（029）85307864　85303629　　传真：（029）85303879

目 录
CONTENTS

001　王祥夫
写小说就是努力让自己浮出水面大口呼吸

015　金宇澄
美术基因显性，比写作更早

031　叶兆言
中国文坛最有恒心和耐力的"马拉松"选手

047　弋　舟
我需要更为聚精会神地凝望生命

063　胡学文
我试图在文学中呈现乡土文化

077　邱华栋
写作是一种带着好奇心的创造性劳动

091　叶　舟
河西走廊是我此生的课堂

105　杨争光
小说的身上挂满了锁，它需要不同的钥匙

125　罗伟章
真正的创作是对某种启示的忠实记录

143 穆　涛
文章的气象，就是人的气象

161 高建群
独与天地精神往来

177 鲍尔吉·原野
每个人理应赞美一次大地

191 吴克敬
以工匠的精神爱恋文学

207 魏　微
高品质是文学的立身之本

223 王久辛
我一直在坚持审美的创作

239 温亚军
张开想象的翅膀，潜心编织自己的梦想

253 赵丽宏
我希望保持自己的本来面目，永不媚俗

271 卢一萍
在创作中呈现北方的辽阔大气和南方的深邃繁复

287 宗仁发
被编辑光环遮蔽的诗人

303 胡宗锋
给文学作品插上新翅膀，让作品飞得更远

王祥夫

写小说就是努力让自己浮出水面大口呼吸

我通过文字与生活对峙与自己对峙，对峙中我发现了文字的意义及作家存在的意义！

王祥夫
2023.12.28

王祥夫

辽宁抚顺人。当代作家、画家。山西省作家协会原副主席。著有《米谷》《生活年代》《榴莲 榴莲》等七部长篇小说，中短篇小说集和散文集《顾长根的最后生活》《狂奔》《油饼洼记事》等三十多部。曾获第一届、第二届"赵树理文学奖"，第三届鲁迅文学奖、《上海文学》奖、《小说月报》第十三届百花奖等。《鸟巢》《油饼洼记事》《婚宴》《愤怒的苹果》等中短篇小说被翻译为英、法、日、德等国文字在国外发表。《怀孕》《儿子》《回乡》《西风破》《驶向北斗东路》等小说被改编为电视、电影。美术作品曾获"第二届中国民族美术双年奖""2015年亚洲美术双年奖"。

文化艺术报：当年鲁迅文学奖对您作品的评价"关注弱势群体的人性光芒，对生命和人生的深刻揭示及独特的艺术手法"非常准确。为什么这么多年您会对这种"弱势"或者"底层"人物的生活格外关注？

王祥夫：这个问题，我好像是既能说清又说不太清，我小时候住的那个院子是我们那个城市里高干住的地方，一共有七栋灰砖楼。我家人多，住了两套房子，门对门，四间，两个厨房两个卫生间。就我们那个院子，曾经住过一个市长，四个副市长，其他像什么局长、组织部部长就太多了。我从小十分熟悉干部家庭的生活，人的习性是，对自己熟悉的东西往往不大感兴趣，而对不熟悉的事物却充满了向往和兴趣。我们那个院子，怎么说呢，可以说是城乡接合部，从我们院子的北墙翻过去，就是个农民用来晒粮食打粮食的场院。到了冬天，场院上的粮食都收光了，只剩下一堆一堆的谷秸，但那种拉大粪的车又来了，一辆一辆停在场院边上，这地方就又成了"粪店"。"粪店"这两个字可能已经永远从辞典里退了出去，什么叫粪店？粪店是做什么的？是农民们在冬天，到城里各处的厕所去把大粪掏出来，再拉回来，卸了，一堆一堆堆在场院的边缘，第二年种庄稼时离不开这些宝贝。我看过农民们在那里做大粪，要往大粪里边掺土，要让大粪发酵，要翻动，正如汪曾祺先生写过的那样，发酵好的大粪并不臭，但什么味儿呢，也说不出来。汪曾祺先生当年下乡的时候就在我们附近的张家口，那地方也是胡学文的根据地，汪先生的那篇《七里茶坊》写得真好，好得像一篇散文，里边写的就是粪店生活。我为什么对底层生活感兴趣？如果问急了我还真说不上来，但我肯定是对官场生活不感兴趣，为什么不感兴趣？好像也说不上来。或者可以说是同情弱者吧，或者是，很怕看到一个人受苦。又好像，这和我父亲对我的影响分不开。我以前发在《江南》上的短篇小说《登东记》写的就是我父亲的一件事，一个乡下人，出现在我们院子里，他快要憋不住了，但他到处找不到厕所，看那乡下人的神情，如果再憋下去就要拉在裤裆里了，我父亲一把就把他拉到了我们家里，让他使用我们家的厕所。如果放到现在，恐怕很少有人会把一个乡下人拉到自己家里让他方便。我个人认为，关注或不关注弱势群体，可以看出一个作家的情怀，这就像是一种人喜欢锦上添花，而另一种人喜欢雪中送炭，我始终认为，雪中送炭是救人于水火。

文化艺术报：除了小说创作，您对绘画、书法、收藏等也都很有研究，且您本人的绘画颇有黄宾虹之风，平时会怎样分配时间？小说创作在其中意味着什么？

王祥夫：我父亲就是有名的古玉收藏家，在北京，如果现在有九十岁以上的玩古玉的人健在的话，都不会不知道北京的古玉大庄家"成九堂"，我从小接触古玉，而且都是商周古玉，我父亲从来都不玩秦汉以及唐宋元明清的玉件，他不看，看不上，他留下来的三百多件商周玉都还在银行里放着，我的想法是要给他出一本《成九堂藏玉》，图片都做了一半了，但碰到了一个难题，就是那些生坑玉怎么拍片子，生坑古玉上边有许多附着物，不清除不好看，清除了又怕破坏它的生坑品相，所以就搁下了，但还要做，要把书做出来。说到画画儿是小时候的事，小时候学画画儿，一开始觉得很好玩儿，后来就深以为苦了，但朱可梅老师教我工笔，给我打下了很好的基础。现在想想，我是从心里感谢他，我写的那篇《何时与先生一起看山》其中人物并不是朱老师，而是吴啸石老师，吴老师专门教我山水。因为我写过一些关于他们二位的文章，所以就不多说了。我和院校毕业的学美术的那些人的区别是我还会做颜色，还有就是一些方法，比如画山水的方法，画工虫的方法，有些方法老师不教学生是永远也很难揣摩到的。我现在每天的工作是，一起来就写写字，写两三张毛边纸，我从来都不会用好宣纸去练字，然后是画画儿，一只工虫或是起一幅山水稿，画山水不能一次两次就完，往往一画就是一天，画了看，看了画，画湿了等干了再画，画画儿就怕补笔，一笔到位不许再下第二笔，但山水又往往是一遍又一遍地画，还有就是要坚持磨墨，墨汁只是练练玩玩儿，要作画就要研墨，砚台最好要用两个，比如一个研松烟，另一个研油烟或漆烟，因为这几种墨色一旦上了纸感觉都不一样。画画儿不能凑合，要十分讲究，不能妄下笔，跟写小说一样，一开始找对感觉了，后边也就会跟着好起来，一开始不行，后面会越来越坏，是真正的"始乱而终弃"。我现在做的事只有两件，一是写作，二是画画儿，早上写字画画儿完了后就坐下来写作。艺术是共通的，画画儿对小说是有影响的，比如画面感，东山魁夷的文章就有很好的画面感，这与他的画家身份分不开。写短篇小说的留白和画山水的留白是一个道理，虽然看上去一笔都没有，但实际上里边有更多的东西。

文化艺术报：您出生在城市，大部分时间也都居住在城市里，却写了很多关于农村的小说，不知您对农村、农民有着怎样的感情？

王祥夫：我喜欢农村，村子里的鸟叫鸡叫猪叫牛哞羊咩对我都是很好的音乐，我以为现在诗意仅存的地方只能是乡村，村边的林子，黄昏时分那鸟叫有多稠密，那炊烟，从家家户户的房顶上慢慢升起来，居然也是温馨的。中国是一个农业大国，中国的传统文化其产生发展都是以农耕文化为背景。说实话，城市没什么好看，我在心里理解为什么许多老外都喜欢小镇，那实际也是一种"农耕文化情怀"。在我们中国，过去的主要矛盾多集中在农村，十一届三中全会后，社会主要矛盾则转移到了城市。许多年前，我写了很多农村题材小说，近些年我很少写农村了，当年我挂职的那个镇，现在已经成了城市模样，建筑都是新的，我们的坏习惯是，总是想着县改市，小市再改大市。我认为我们应该把那些很好的小镇保留下来。一个人能居住在一个小镇，绝对是一件幸福的事。前不久我去泉州的芹川古村，简直感觉那是一次惊艳，一次真正的"艳遇"。我个人是喜欢农耕文明的，我宁肯用木碗也不愿去用塑料碗，这已经很说明问题了。我过去去农村，心里总是有愤怒不停地涌上来，现在去农村，心里却充满了不安与愧疚，村子里到处都是老人和孩子，那种愧疚感来得没头没脑，好像那是我的错，即使这样，我还是喜欢农村。

文化艺术报：您的短篇小说《上边》《婚宴》影响很大，想不起在哪里看到过，刘庆邦说祥夫的小说很有灵性，让人不知不觉就被吸引进去了。您特别注重细节，那些服饰啊吃饭啊等等的细节，写得很细致，有一种特别的味道，自然的味道，看不出焦灼，没有匠气，不隔。用这种语言去写，就把老夫妇对土地的那种坚守，写得让人很心痛；还有那个写冥婚的，就是《婚宴》。您自己最满意的是哪些作品？

王祥夫：我喜欢向朋友们推荐我的《半截儿》《浜下》《牛皮》《我爱臭豆腐》《最后一盘》《狂奔》，现在比较满意的是《五张犁》。这个小说，怎么说呢……呵呵，是不太好说，不知你读过没有，没有可以读一读，这几个我还比较满意。

文化艺术报：眼下发在杂志上的短篇小说，谁的小说您必定会看呢？

王祥夫：我必定会看的，一个是刘庆邦兄的，还有一个是王安忆的，是细细地看。说到细看，几乎是揣摩，就这两个，没别人了。当然手头能看到的别人的短篇都会翻一下，想知道朋友们都在做些什么。以前经常看的，还有苏童的短篇，那个时期的高峰。《妻妾成群》虽然拍成了电影，影响很大，但就小说来说，说不上是最好的，短篇小说这东西好像不能专攻，时不时地，你非得要用长篇和中篇"壮一壮"它才行，比如聂鑫森，虽然像是得笔记小说的真传，但他老是那一个路子也不行。王安忆是当下为数很少的短篇、中篇、长篇都能写好的作家。短篇、中篇、长篇的写法各不相同，短篇更像是自然生长的庄稼，需要舒缓、从容，必须重视语言、细节、结构，还需要寻找到一个爆发点，说爆发点又好像有那么点儿不准确，是一亮，短篇小说写来写去好像总要有那么一亮的瞬间。而王安忆的短篇之妙就在于她不要那"一亮"，她的《比邻而居》我是喜欢得不得了，与之相比的有汪曾祺的《葡萄月令》，啊，怎么说，是两篇奇文。石舒清的《清水里的刀子》也很好，还有毕飞宇的短篇《哺乳期的女人》里的某种体验让我有些吃惊，怎么可以那么贴切，说到体验，贴切是最高境界。还有一个贵州的老作家何士光，他的短篇《乡场上》真是好，让人怀念，语言特别温润，可惜后来写得少了。

文化艺术报：在小说创作之外，您还是研究《红楼梦》的学者，是一位画家，同时也是一位古董爱好者与收藏家，这样的多重身份，对您的创作有什么样的影响？

王祥夫：我常常对文学青年或从事文学的朋友们说的一句话是："一切经历对作家而言都是财富，无论那经历是好还是坏，到后来都是财富。"所以，作为一个作家，不妨尽可能地多接触一些事，多接触一些人，多和人们在一起柴米油盐琴棋书画，哪怕是吃喝嫖赌的事，你也最好对它有所理解有所体会。好作家都是"人精"，因为是"精"，所以才能够在现实世界和想象世界里腾云驾雾而行。好的作家还有一个标志，那就是他和常人一样，一旦走进广场的人流里，会马上消失掉，作家是中药里的甘草，有极其强大的中和作用，好作家，要平平实实不装才好。

文化艺术报：韩石山说您是生活在新时期的旧文人，您怎么看？

王祥夫：哈哈。那是玩笑话，但也说出了我个人精神取向和爱好的与人不同处。我是有那么一点旧，起码是喜欢旧，对新东西总是有抵触情绪，为什么会这样？连我自己也说不清。说到"旧"字，实际上与我对传统文化的深深喜欢分不开。那一年，我去北京内联升，当时一双最好的回力鞋也只三十多块钱，我却用一百二十元买了一双内联升最贵的"云履"，那鞋子可是太好看了，胖胖的，上边有用线一针一针缝出来的云字头，但这鞋是好看不好穿，我穿着它几乎路都不会走了，练习了好长时间才不至于一走就掉。我认为这不是怀旧，而是喜欢旧，喜欢旧有错吗？比如没事走进同仁堂去闻闻里边的中药味，看看那漂亮的药斗子，有错吗？

文化艺术报：您爱人和女儿会读您的书吗？在她们眼里您是怎样的人？

王祥夫：现在我很少让她们看我的书，她们也很少看，但有时候还是看。我的岳母去世后，我写了一篇怀念她的文章，我爱人不知什么时候看了，那天忽然流着泪对我说，写得真好。这是她唯一一次说我的文章好，她从来都不说我的小说或随笔好，我在家里不是作家，只是一个普普通通的人，炒菜拖地什么都做。

文化艺术报：记得您说过，您的小说是靠情感支撑的，您一动感情小说就特别好看，动人的东西往往就在那些看上去平平常常的事件里，这种超人的体验能力是从哪里来的？

王祥夫：啊，这话是金大师金老哥金宇澄说的，其实这话不用他说，任何作家，只要动了真情，他笔下的人物和故事的感觉就不一样了。我见过这样的人，文化不高，但要和女人打离婚，从来不写文章的他忽然写出那么感人的起诉书，好看得像高手写的小说一样，这就是动了真情。在这个世界上什么才能打动人，唯有真情。作家若无真情，那他最好不要写。读者是能看得出来的，是哄不了人的。

文化艺术报：您的文学师承有哪些？或者说，哪些作家真正影响了您？

王祥夫：这可多了，古今中外都有，海明威、福克纳、马尔克斯、梅里美都要算上，契诃夫、托尔斯泰，还包括日本的一些名家，还有诗人，我很爱读诗，没事就读读诗，诗好像始终能让我兴奋起来，好的散文也是这样，我的阅读量很大，拿到什么都想读一读。古典名著《红楼梦》和《金瓶梅》不知读了有多少遍。但以我个人的性情而言，一个曹雪芹，一个兰陵笑笑生，我可能能和笑笑生交上朋友，我跟他的性情比较接近，曹雪芹的理想色彩浓了一些，虽然他的理想都一一破灭，曹雪芹的心里满满都是愧疚和伤感，他是一个伤感的现实主义作家。我觉得他又是一个失眠患者，会经常失眠，而兰陵笑笑生却要快活一些，是平民的那种快活，明月清风之中也有热辣辣的快活。

文化艺术报：获得鲁迅文学奖后，有好多地方都想要您，北京、上海、太原等等，待遇也都十分优厚，可您都没有去，仍选择了留在大同，这是为什么？

王祥夫：说来是既有些伤感又有些可笑，我当年都去许多地方看过了。因为我那时候算人才引进，条件都比较好，起码是白给一套很大的房子，但不是一下子就会交给你，有合同，上边写清了要你必须在学校里教够八年以上的书，那房子才会是你的。这在当时也很了不得了，但我始终没有离开我从小居住的那个城市。一是因为我的母亲，她岁数大了，我一说走，她的眼圈就红了，我说我去了南边就把您给接过去，她还是不点头，眼圈却更红了。二是因为我小弟，他从小得了脑膜炎，一辈子不会走路，他跟我靠得最近，也跟我最好，他不愿我走，只会两眼呆呆看着我。这边是母亲，那边是从小就不会走路的小弟，这就决定了我只能待在那个小城。我之所以没离开山西，这恐怕是最主要的原因，获鲁奖之后，省里有意把我调到太原去，当时的主席张平说，要不，你过来做文学院院长吧？我一听这话就害怕，我在大学里教书十年，怕的就是教书，我说我不去，我喜欢大同的冬暖夏凉，其实，我也不喜欢大同，养梅花梅花死，养兰花兰花死，我跟平阳说过想去丽江，还跟光盘说过想去阳朔，那才是好地方。也许过几年我会去，住在那里写小说画画儿，做陆地神仙。我这个人实际上很懒，答应给雪小禅写篇印象记，题目都想好了，就叫《陆地仙人》，但至今还没有写好。我跟你说，我迟早要离开山西北部的这个小城，我喜欢南方，老了要做一只候鸟，南方北方，飞来飞去。

文化艺术报：您父亲早年留学日本，能谈谈您的父亲吗？他是一个怎样的人？

王祥夫：他呀，是个很时髦的人，直到现在，我还总记着他那老三样。在外边那间屋子的西墙上挂着，他出去打猎用的，是一件皮夹克，原皮色的，很好看，上边是毛茸茸的狐皮领子。后来那领子取下来给我的小大衣做了领子，狐皮领子可真暖和。我至今还记得，无论冬天的风有多大，只要把那狐皮领子竖起来，耳朵和脸就都暖烘烘的。一件这样的皮夹克,还有一杆双筒猎枪,再就是一副双筒望远镜。就这三样东西,你说我的父亲应该是一个什么样的人?他喜欢打猎钓鱼喝酒抽烟看外国侦探小说,还喜欢种花养金鱼,一个字,玩儿。我上小学二年级的时候就听他对我哥哥说,好好学习,长大了要靠本事吃饭。这句话我至今还在心里记着。我坐在那里画虾,一时兴起就乱画起来。我父亲过来了,看了看,皱着眉头说,虾有那么多节吗,他把笔拿过去画给我看,一节,两节,三节,不算头,不算尾,一共七节。我父亲不是画家,但他喜欢画。我父亲爱干净,穿在他身上的衣服黑是黑白是白,即使是布衣,穿在他身上也好看大气。从小到大,除了过年和我们在一起吃一次饭,平时他都是一个人吃,母亲会给他炒个蒜苗爆羊肉,或者是一个清炒绿豆芽。两三个菜,半瓶酒。日子一天一天过下来,总是他吃他的我们吃我们的。说到他对我的教育,可以说是与众不同。我写过一首诗,题目是《七支香烟》。那是我七八岁的时候,忽然觉得自己已经长大了,长大了就可以抽烟了,便把他的烟拿了一支偷偷蹲到美人蕉花丛里去抽。我以为美人蕉那么高,我蹲在里边不会被人看到,结果忽然有一只手把我从花丛里提了起来,是我的父亲。但我的父亲不打我,他从烟盒里取出了七支香烟,对我说,你把这七支烟都抽了我就不打了,你要抽不完我就打你。好家伙,我只好抽,一根接着一根,才抽到第三根我就不行了,天旋地转,我现在不抽烟可能就与那次经历有关,我的父亲就是这样一个人。

文化艺术报:您有一个残疾的弟弟,这么多年都是您在照顾他,他和您最亲近,能谈谈您弟弟吗?

王祥夫:好,我的这个弟弟好像是现在都不知道太阳是方的还是圆的,但他现在喜欢喝酒,我就给他喝。从小,他是被我的父亲和母亲娇惯出来的，好玩儿的东西都是买给他的，好吃的东西也都是先给他，怕他受苦，后来连学都不上。我发在《收获》上的那个短篇《金属哨》就是写他的，还有发在《青岛文学》上的那篇《窗户人》也有他的影子。他的处世法则是这样，什么也不学！给他安电话，对他说你有什么事一打电话我就过来了。那时候，我的母亲还活着，为了照顾好他和我母亲，我在我家的后面又买了一套房子让他们住，打个电话算什么呢？但他就是不打也不学着打，后来我问他为什么不打电话，打电话多方便啊，有什么事你一打电话我就过来了。但我这个小弟对我说，你想得好，我要是学会了打电话你不过来怎么办！后来，又给他买了个极其方便好用的电饭锅，也是怕有什么事一时赶不回来怕他饿着，我把饭菜放锅里，他只要动动手把开关按一下就成。但他不干，不但不学，还把电饭锅的线都扯断。我问他为什么，他就是不说，后来是喝了酒，嘻嘻笑着，说："你想得倒美，我学会了你不过来怎么办？"我这个弟弟，我没法说他，他说他下决心要活到八十五岁，我听了吓出一身冷汗。八十五岁，这真是有点怕人，我在心里想，如果我不在了呢？如果我的哥也不在了呢，所以，随他去，他想喝酒就喝，给他喝，他天天喝好酒。

文化艺术报：您不仅在文学创作上取得了重大成果，也在书法、绘画、收藏、风土人情等方面颇有研究和建树，如何看待这些广泛兴趣与您写作的关系？

王祥夫：这个问题我就不多谈了，因为我不敢说有研究和建树，也只是喜欢就玩玩儿。我不是专家，而是杂家，但对玉我有很好的眼力和判断能力，古玩行说"玉看一眼"，说到商周玉，我能达到这个水准，但你让我看明清玉我又会看不明白，看唐宋的也是这样。我天天画画儿，但我最不喜欢收藏字画，因为好的书画作品现在太少，都看不上眼，别说让我买，白给我我都不要。我家里只挂冯其庸先生的字，因为我喜欢他，敬重他，再就是一幅唐顺之的字，很小一片，还有就是俞平伯的一幅字，写得不能算好，但毕竟是他的字嘛，欢迎你到我家做客，我们就说到这里。

金宇澄

美术基因显性，比写作更早

你舍不得用手电筒，马灯实在，但累赘。你这个独行人，提住这一小团黄光，在一世界黑暗里前行，勇敢、愚蠢、显眼。你有多亮，夜就有多黑。你把外衣蒙在头上，蚊蠓嗡嗡不止，蝙蝠划出更黑的弧线，快速掠过，定只盯住好吃的飞蛾，上下穿梭咬之不休。

直到月亮升上来，一切平息了，那是朗月，大而圆的月起白，或米白、瓷白、奶白、起士蛋糕、糯米纸、茯苓饼的色调，圆圆的一片白风筝，款款地、定在夜空。

2023·秋 宇澄记

金宇澄

小说家、画家。1952年生于上海,1969年前往黑龙江嫩江农场下乡。1976年,回到上海后就职于工人文化官,1988年调入《上海文学》杂志社。长篇小说《繁花》获得第九届茅盾文学奖。2016年12月,出版非虚构作品《回望》。《繁花》获得"新中国70年70部长篇小说典藏"等多种荣誉。2016年至今在上海、苏杭、台湾、新加坡等多地举办画展。

文化艺术报：2月7日，您的画展《错影》在上海艺博画廊开展，策展人小宝说，"金宇澄处理上海的物象，有点像爱德华·霍普下笔纽约，一切都很熟悉，但你找不到对应的事物"。《繁花》中的上海是自然主义的上海，那您版画中的上海是一个怎样的上海？

金宇澄：上海最多的是百姓，有个老太太跟我说，她一辈子没有去过外滩，但她是上海人。很多真实人物眼里的上海，是不一样的，我有意识地把这些内容告诉读者，上海除了高雅，更多的是普通人的亲切，是上海很实在的、脚踏实地生活的方面。文学需要这一块。

无论什么年代，底层的涌动都是彩色的。我想表现上海的丰富性，生活的复杂特质。市民阶层与知识分子阶层不一样，海面一有风浪，主流生活群最早感受到这种波动，但是海面以下的阶层，是另一种状态，或几种状态。他们必须有自己的应对，生命很坚韧，会演变为一种自我合适的状态，有自己的滋味。所以这一层面很特殊，也很有趣。

兴趣上我一直是偏向所谓现场感的：现实中的、想象中的，希望文字能表现更具体的画面，不是走内心的那种。所以一旦要画，很自然地就倾斜到这一块，把文字变成在美术现场。文字只是用文字来建立，到美术中就更象了。文字和美术在传统上的连接也如此，它一直和图画联系紧密，生发很深的关系，现在都拉得很开了，相互更独立了，如今的文学作品都不设插图，已成为一种出版习惯了。

也有一些杂志，比如《上海文学》，一直为小说配插图。我从中也看出一些矛盾，一是稿费低廉，也挑肥拣瘦，譬如杂志发表一篇小说，请画家配图，收到画稿后，编辑通常也会觉得，这画怎么跟自己想象中的场景不搭——所以为什么雨果、格拉斯都会（自己）画？两者最理想的状态，就是自己文字自己配图，这也是当初我画画的原因。

那么多的厉害人物，都会来到这座城市，老话说上海是个大染缸，是真的，只要他来这里生活，就会染上它的特征，画中的每一栋楼，每座公寓，每扇窗户背后，在发生着一些什么，你知不知道？你不知道。不知道的事，最有意思。

文化艺术报：《繁花》《洗牌年代》和主要取材于知青生活的三本书《方岛》《轻寒》《碗》的插图都是您自己画的，您在童年时期是否有过绘画训练？

金宇澄：我从未学习过美术，没有受过专业训练。20世纪50年代的童年经历与民办小学时的诸事记忆给我留下了极深的印象。十六岁时，作为知识青年下乡到黑龙江，半军事化的管理日常与体力劳动，让我感受到南北的巨大差异。盖土房子、筑草房子、养马，平日用的火墙、炕等，都是在上海长大的我没有见过的。于是，当我写信给上海的好友，为了更准确地表达，会画一些插画示意。

八年下乡经历结束，重返上海上班，刚开始在工厂机械制图的工作使我对画图产生兴趣。《繁花》创作中，写到一些上海私密性很差的老房子时，觉得文字怎么都表达不清楚，于是配上一幅插图，简洁明了。《繁花》可以说是启发了我对美术的灵感。《繁花》里的插图就是一种图解："文革"穿什么是时髦？弄堂房子的三层楼，地下理发店、地图指南明细，包括《洗牌年代》二十六幅图。北方的火炕是什么结构，用图示更清楚。又比如北方怎样盖房子、做豆腐的流程之类，几万字写不明白的地方，画一下就明白了。陈丹青夸我画得很好，我很高兴他这么表扬一个不懂画的人。

文化艺术报：《收获》杂志主编程永新认为《繁花》建立了一个文学的博物馆，多少年后想回过头来看上海，在《繁花》里找就行了。

《繁花》为什么要展开那么多的细节？

金宇澄：《繁花》是超市样式，读者可以自由阅读。这本书翻到哪一页都可以读，它显露的是上海的剖面，是民生场景，我不会写已经写滥的"旗袍"或者20世纪30年代的外滩，我会写表现市民习性的细节，用来打通地域的隔阂。我们对上海的批评，一直没有断，比如票证定量的年代，我们往往讲上海人——"全中国不发半两面值粮票，只上海有"。意思是上海很小气。上海人听了肯定会笑，其实是习惯不同的误解。比如北方买油条、买点心，当时都论斤买，上海一直是单卖的，买一根油条、一个月饼都可以，因为上海商店多，购买便利，因此发行半两粮票，是商业形成的习俗，如今大家都知道国外可以一个苹果、一个辣椒零卖了，上海人向来买得少，因为容易，买一根油条，剪成小段，蘸酱油下泡饭，下午吃一碗小馄饨。当年北方人一开口"半斤馄饨"，店家就端来十碗。是地域特性不一样的笑话。小说讲的就是这些，讲明白原因。

文学是人学，因此《繁花》提供人生的场景，生活百态有大量细节支撑。《金瓶梅》或西方小说的生活细节都极清楚，Discovery探索频道纪录片，信息量那么大，都会从个体角度、知识角度、种种细说的角度，给观众养分，德国作家格拉斯《猫与鼠》写旧船枪炮的型号、螺丝钉位置，是我特别欣赏的严谨方式，特别喜欢，是文学给时代留下这样那样的痕迹，允许这种讲究和真实，逼真，增加可看性，成为亮点。老舍先生也讲了，文学要"上知绸缎，下知葱蒜"，不断要有小花样出来，展现人生的丰富。作品干吗不让读者喜欢？如果我知道，就得多讲一些。

文化艺术报：《繁花》的好看还在于它带来了语言上的惊喜，这一点您是如何做到的？

金宇澄：全部用沪语思维写一本小说，没人想到这样做，我们都习惯普通话的思维了。我写这部小说初稿没费多大劲，怎么让所有华文读者读懂却费了工夫，全文要做改良、转换，既让所有中文读者能懂，又不失去沪语特色。

这部小说里，市民人物是主流，所谓的"知识分子"，也许在中产阶层国家才有真正意义的这个阶层吧，比如鲁迅写一知识分子在家做学问，结果是为大白菜等等小市民问题烦恼，《围城》究竟是写了知识分子，还是小市民？我们活在小市民里，没有错。我们的"知识分子小说"也已经有很多了。有人说，上海女人都是很高雅的，你写的上海女人怎么那么俗？我答，我们其实已表现了不少的"上海高雅女人"了，都已经写过了，那么普通花布衣裳、睡衣睡裤的弄堂里女人，应该可以详细写了。

文化艺术报：由胡歌主演的《繁花》电视剧已经拍完，王家卫这么多年了，一直没拍电影，他说《繁花》补白了他20世纪60年代去香港后的上海生活面貌，这部小说最打动他的是上海的精气神，还是别的什么？

金宇澄：王家卫说除了做生意，还要反映上海这座大城市真正的生活。和纽约一样，上海是金融中心，需要精神文化层面的代表性作品，要有上海特点的故事。2013年夏天他就注意到这本小说，来上海到处给上海朋友推荐。他认为《繁花》触及了这座城市发展的某种特点，写到20世纪60年代至90年代他上海的哥哥姐姐的生活。随后就是我们签订合作《繁花》的电影梗概。但隔行如隔山，我对文学以外的艺术形式不熟，改编电影没把握。王导坚持说，要把我的故事全挖出来，其实，我的故事都在这部小说里了。就这样，我和王导聊过多次，得出的印象是小说家更注重结尾，电影更需要呈现过程。

文化艺术报：《繁花》的出世，是您在上海的弄堂论坛上和年轻人聊天，故事吸引了读者后每天被读者催促，让您重新产生了写作的兴趣。网络上活跃的都是年轻人，您早期上海的记忆，会引起年轻人的共鸣吗？

金宇澄：开始是随意发帖，用上海话写亲历目睹的人和事，对旧城改造提意见。每个帖子都得到网友的积极回应，叫我"爷叔"，催我接着讲古。

这让我有了从未有过的新奇感和刺激感。每天早上起床后，随手写一段就发帖，读者不知作者是谁，作者也不知道读者是谁，怎么好看有趣就怎么写，随便写，这样的互动非常有意思。

几天后写到20世纪80年代上海的马路菜场，一个卖螃蟹的风流老板陶陶的故事，引发了写作快感，欲罢不能，同时希望快点结束。这就是《繁花》的开始，小说人物陶陶的原型，是一位与我一起下乡的老知青，他因为吸毒，到处借钱，最后生死不明。

网上写一万字，突然意识到这是长篇小说的框架，才警惕起来，做小说结构，从纯粹的上海方言，逐渐转为全国读者都能看得懂的"上海官话"。

阿宝、腻先生、梅瑞，人物一个接一个地现身，每日更新的文字越来越长，开始每天写两三百字，后来每天甚至写五千字。有时候去外地开会，几天没写，读者急了，不停地催促："老爷叔，不要吊我胃口好吧。"

接连写了五个月，保存下来的文字，竟有三十五万。然后就是为纸本小说做严格的文字修订，一句沪语、一句普通话这样读，这样细细梳理，花费了大半年时间。

文化艺术报：您主持《上海文学》杂志编辑工作多年，您如何看待当下的文学创作？

金宇澄：我觉得现状实际和过去差不多。都讲媒体好像面临困境了，虽然也确实存在各种压力，但作为文学杂志（可能是体制内的原因），我觉得蛮正常。我们的杂志多，作者也多，这是我们中国的特征。有大量业余作者、翻译作者，需要有发表的园地，这么多作者的存在，实际上也培养了大量的读者，它的供需关系一直如此。由于基础作者多，就产生了一个问题：小说叙事同质化的现象。20世纪80年代，大家对文本怎么写，写什么都特别感兴趣，尤其是形式、语言这一块。到了20世纪90年代，由于影视、外来翻译的影响，小说在关于语言和形式这块的经营相对淡薄一些，因为作品翻译出去或拍成电视剧，和形式、文字关系都不大，只要有故事就够了。而且我们的作者，很多在观念上也是按照过去经典小说的模式在写作。举个例子，相濡以沫这种大团圆模式，我们老一代有一些很优秀的短篇如此，后来者便纷纷有意无意地效仿。而每个人的东西应该富有个体的独特标签、个性，语言、形式的独特性应该更多地被提倡。在网络文学这一块，我相信其中的类型化小说非常有可能出现纯文学的个性作品，值得期待。

文化艺术报：创作的类同化与阅读背景的相似是否有关系？

金宇澄：非常有关系。由于刊物多，对稿件有大量需求，但它有一个金字塔一样的结构，最好的作品在最好的杂志发表，最差的东西在最差的内刊也能发表，无形中造就了很差的作者和读者，致使阅读水平上不去。而另一个现实是，现在读者的水平和20世纪80年代比较，可能要超过那个时候。那个时候文学好的差不多读中文系，而现在很多学生是文学爱好者，但考大学一般不会考中文系，这些人报考其他科目，从事其他行业，作为潜在的读者，他们的文学鉴赏力很高，但是我们往往忽略掉了这个潜在的阅读群体。

实际上，当下可能是我们历代以来文化水平最高的时候，因为那么多人受过高等教育，可以自由地做到东西方沟通，按自己的兴趣参加各式各样的学校、兴趣班。同时，网络也提供了大量的空间和自由。现在的读者最见多识广。如果我们的小说还是按照"50后"或者更前辈作家的路子写下去，为那个时代的读者写作，那就没意思了，后来的读者不会喜欢。因为现在的人都很聪明，每个人都有一个判断是非的标准，我们不应以"人类灵魂的工程师"的姿态去启示别人什么，作家应该是和读者平等的关系。为什么有些人的作品没有人看，因为他将自己与读者隔得很远。我在《繁花》后面讲，实际我心里是为一些读者在写作，他们是我很尊敬的朋友，我要让他们觉得满意。

文化艺术报：网络写作对传统文学的影响越来越大，您觉得网络写作有冲击传统文学的趋势吗？

金宇澄：文学有力量，有传承，一直涌现不容忽视的作品和作家。而网络写作，具备的是一种全民写作的条件，每个人都可以创作或批评，发表文字是分分钟的事了。话虽这样说，它目前还在一个初级预热阶段，这和"纯文学"的价值体系等等还是两样的。

我参加一个网络作者会议，发现细节考据方面，网络作家的功课相当到位。比如写唐代生活，会花大工夫把唐朝摸得一清二楚，研究各种用具，语不惊人死不休。作为小说编辑，我知道有些圈内作者不做功课。假如写张三是个画家，他就是了，不会有表现特殊身份的兴趣，不做功课，人物职业往往是个名称，写他是医生，或者开火车，汽车司机，没有职业的气息。你写一个拳师，总得有内行拳经吧，写一个海员，他多少要说一些符合身份的话，要仔细表现，不是拍脑袋胡诌的。有些小说往往缺失常识和信息量，实际做一点功课，就可以很到位了，但作者往往不重视。西方小说叫细，《红楼梦》才叫细，穿什么衣服，什么鞋，桌上摆什么菜，佛事怎么做，内容逼真，小说作者不是供人拜的菩萨，不是写给自己看的日记，是给读者提供内容。这方面问题很明显，就是敢写，什么经验都没有就敢写，这一点上，真不如我们一直不以为意的网络作家。

文化艺术报：要是下一步再写上海，您还会用这种方式写吗？您有没有最想写的一本书，会怎么写？

金宇澄：有这样的愿望，《繁花》是等待一种样式和冲动，下一本应该也这样吧。

文化艺术报：在黑龙江农场劳动八年，这段生活对日后的写作影响有多大？从繁华的大上海到偏僻的东北农场，这种反差您是怎么适应的？

金宇澄：我十六岁和哥哥一起去了黑龙江嫩江农场，一做七八年，其间就是种玉米、大豆，包括农闲当泥瓦匠去盖房、砌墙，做石工，伐木、出窑、掏井、打油、补缸、磨豆腐，也做粉条，做了几次临时马夫。我最近新版的《洗牌年代》为这些细节与过程步骤配了插图。农场到春天就要骟马，给十几匹小公马做阉割。马到三岁发情，就是"害群之马"，碰到母马，它拉着车也会扑上去交配，就容易出事，因此要做手术。做完手术还要强迫这批"太监"马日夜走路，因为太痛了，马如果趴到地上，伤口会感染，因此让它一直走。两个临时马夫早晚两班倒，骑一匹，旁边再带一匹，身压几百斤沙袋，日日夜夜走路，不是一天两天，是走半个多月。人真不可以跟动物比，动物更苦。

那段时间我觉得我再也回不了上海了。我已经离开了城市，缺失了户口，有钞票也吃不到饭，穿不到衣，因为样样要凭票。买一个烧饼都要粮票。回家妈妈就会问：粮票怎么办？当时有人就想把自己弄病，把自己身体弄坏，把肝炎病人咬过的馒头偷出来吃或者把不规则的一分钱硬币贴在背上，拍X光照片。医生一看，肺里有个洞，就可以开一个证明，按政策调回城。城市人对于城市的感情，在那个年代登峰造极。

《繁花》里就有这样一段经历：一群知青从上海去黑河，坐三天四夜火车到铁岭站，大家下来打水洗脸，火车开了，一个女孩子跳上车，她发现车门口都是陌生男孩，有点难为情，想下车再换一个车门。没想到一跳下去，掉进月台的缝隙里，一条大腿被压断了。记得一年后有人说："你知道吧？上次那个女孩子压掉一条大腿，立刻就回上海了。"当时大家流露出的都是羡慕："她回上海了？！有上海户口了？！"没人会说她少了一条腿。

也是因为上海给我太深的吸引和干扰，我眼里的东北乡野，灰色的大农场，直到今天还是阴冷的，没有阳光，没有美丽的白桦。前些年我在网上看到一张照片，介绍一个挺不错的农业老负责人，已经很老了，戴狗皮帽子，文字是表扬他如何一生奉献，我却意外发现他寒冷彻骨的眼神，锥子一样的目光，可以扎通我过去的记忆，激活那些完全麻木的寒冷感觉。我觉得恐惧，因为那种目光形成了噩梦。现在我很多当年的同伴都喜欢重回农场，很多当年凶神恶煞的大小头目，都已经慈眉善目，甚至来上海看病，被一家一家的老知青们热情接待。这只能说，人是很容易忘事的。也可以简单地总结为，这些下乡同伴，当年因为都是在那里恋爱的，因此那里有一层我看不到的玫瑰颜色，粉红色的环境。

文化艺术报：您的父母是怎样的人？您成为作家，是他们希望的吗？

金宇澄：我父亲是苏州吴江人，出生于破落乡绅家庭，喜爱文学。高中毕业在上海参加革命，加入共产党，曾是潘汉年领导下的上海地下工作者。作为建立新中国的革命者，上海解放后，我家和相应的这些家庭一样，搬入上海卢湾的新式里弄里居住。我是家里第二个孩子，家里还有一个哥哥一个妹妹。但是不久后的1954年，分管上海公安工作的副市长潘汉年和上海市公安局副局长扬帆被隔离审查（所谓"潘扬案"）。我父亲等昔日老部下也受影响，停止工作，接受政治审查。他一出事，有关部门就通知我们搬家。当时是供给制，干部可以不带任何家具搬进去住，一旦出事就搬出来。我母亲毕业于复旦大学新闻系，当时带着三个孩子搬离。父亲关了两年出来，之后同我母亲离开上海，下放到浙江湖州某水泥厂劳动。我们三个孩子在上海，日子艰难。我父母都喜爱文学，但不希望下一代触碰这个领域。

文化艺术报：不写小说的日子，您是如何打发的？在上海人里，您的酒量是很好的，几次去上海，我都发现您有一个非常稳固、广泛的朋友圈，这样的人际交往会影响您的写作吗？或者会给您的写作带来别样的收获？

金宇澄：我这一代人的社会关系较杂，比如"80后""90后"大学生，不大会和自己小学同学来往，我们这辈人初中就出门在外，这批青年鱼龙混杂，小学没毕业或文盲都有，少教所放出来的闲散青年也有，一锅端全部下乡，南北各城市青年混杂过了八年，返城后，四散分开，大部分人生活艰难。因为有八年的关系，我仍然和大家有来往，这样的老朋友不少，知道的社会基本面就杂。

我除了和文学圈朋友吃饭，也和底层各种圈子的人吃饭，比如像小毛这种朋友圈子。老外讲，如今中国人见了面就是吃饭，饭局就这样，每人讲讲奇闻逸事，讲完，饭吃完，也就结束了。如果你带有录音机，你把一年的饭局筛选下来，肯定会录到很多有趣的事。《繁花》里确实有不少的饭局，是文学的人生重点。《繁花》里常描写那种没任何意义的吃饭，没任何意义，是不是更加有意义？我已经七十岁了，这么多年有多少饭局？遇到多少人？每人都那么不一样，我会特别记住一些有趣的故事。好的故事，你是不会忘记的。

有次饭局听朋友说，家里小保姆要回家过年，老乡叫她带十双皮鞋回去，这种皮鞋只有二十块钱一双，一大堆才二百多块钱，她说累死，就像西美尔讲的，乡村和城市的不同在于，乡民之间是互相极其了解的一种关系，这些鞋即使再重、再麻烦，她也必须要带回家，最怕被老家邻居们议论。

文化艺术报：很多人好奇你怎么有那么多的故事，《繁花》的故事都是从哪里得来的？

金宇澄：很多故事就是耳闻目睹，每天你会看到、听到很多事，包括朋友亲身经历。譬如小说人物小毛，他在书里讲故事，某个深夜，他下班等通宵车，遇到一个女人。小毛搭讪她，问去哪里？女人不说话，一直不说话，最后说三个字：洗衣服。小毛就说自己是单身，可以到他家去洗，他家有洗衣机。女人不理他，通宵车来了，她和小毛一起上车，下车，永远一声不响，她远远跟着小毛，一直跟着，最后跟进了他的家门。进屋以后，女人仍然不吭声，但忽然变得很自然，就像回自己家一样，那时是夏天，她把衣服脱了，文胸短裤，擦席子，帮他准备洗澡水，甚至伺候他擦身体，然后自己放水洗，然后上床躺在小毛身边，两人做了事情，一直是一声不响的。小毛迷迷糊糊睡了，等到半夜醒来，听到厨房里洗衣服的声音，没有用洗衣机，手洗，再次醒来是凌晨四点，女人进来跟他说："我走了。"小毛听见门锁的声音，她就这样走了，他再也没见过这女人。

我很好奇，这女人的原委是什么，为什么半夜出来。朋友说，这就是你们知识分子才会问的问题，我们这样的人从来是不会问的。她怎么会对上海的老弄堂房子结构那么熟？怎么还倒洗澡水。大概，她也是住这种房子的吧！为什么？我已经跟你讲了，我们这种人，是从来不问的，跟我没关系。

这老朋友是个保安，一直未婚，我和他都是十六岁去黑龙江务农的，火车上他就坐我对面。回上海后他在厂里看门，我做文学编辑，好像不一样了，但我们交往还是很多。他会在过年过节拿着工厂食堂做的月饼来看我，他说，别看不起我，这不是给你吃的，是给侄子的。很多故事，都是他讲给我听的。前几年他病逝了。弥留之际，我去看他，病房内围了一堆落泪的女人，老中青都有。他去世了，讲民间故事的这个大门就关掉了。我心里很难过。当年的玩伴，这一代人，阿哥阿姐开始陆续离开人世。

文化艺术报：我几次到过您家，从最初的长风公园的小房子，到以后的复式房，再到现在的南京路商圈大宅，您是作家中生活比较优雅的人，您是怎样理解物质生活和创作的关系的？

金宇澄：我并不觉得生活应该怎样，年轻时离开上海去北方乡野生活，极低水平的生活，我也可以过，可以领略身体巨大的适应力。比如我当时常年在地头吃饭，割两枝柳条当筷子的日子可以过，难得吃一回牛肉，有人在肉边夹出一只掉进锅里的耗子，汤里舀出几只苍蝇，不影响我食欲；有回住大车店，发现枕头、被褥都是黑布做的，擦了鞋油那么油光瓦亮，爬满虱子，同样可睡。生活的改变，只会给你带来种种对比的感受，这就是写作的财富，必须要有经历，才会有感受。有一回和一位"80后"

作者谈天，他老家在边远地区的农村，他说我大多是写了城市青年到农村的苦，当地农民其实比你们更苦，却没有表现。我解释说，我自己的基点就是城市，这没办法，我出生在城市，希望他可以写这一块——我知道的是，没对比的感受，就容易缺失层次感——当地农民确实是更苦的，和城市青年的比较，也就等于前者一辈子是关在黑屋子里的，后者是见过明媚的阳光，然后再被投进黑屋子里去，两者对世界的感受，是完全不同的。

文化艺术报：您在上海出生，除了插队的八年，一直生活在上海，您眼中的上海人，上海的市民社会是怎样的？

金宇澄：首先，上海是中国最能代表城市社会的地方，也因此更容易被各地朋友批评，在我来看，批评，是一种看重。

小市民是城市人口的最多数。上海人口将近三千万吧，市民阶层多少数字？所以上海人对外的影响，实际是上海小市民与四方移民相糅合产生的对外影响，基础非常广，影响四面八方，语言隔阂，习惯差异，形成外人眼里一种特别的脾性，这是一点。

任何城市小市民，都有差不多的一种生存法则，各有相似的门道。但外界对上海，大多却是以知识分子立场来批上海小市民，实际应该是以知识分子的角度来评判上海知识分子才合适，位置不对等。应该是把上海小市民跟其他某城市小市民，做一种评判才合理，这是一点。

上海人的经济算计，更仔细，是经济大都会更早的西方契约影响，不轻易麻烦人，不想被人麻烦，丑话说前头，办事"一笔一画""三对六面"，说到做到，"亲兄弟明算账"，一分钱算得清楚——互相不占对方便宜，互不相欠，守约。

上海有更早接受平等的土壤，尊重女性，女性走向社会也就更早。旧时代银行、电报、电话公司，永安公司女店员，纺织厂女工，挣得都非常多，中国女性地位最早是在上海这个大城市里实现的，比边远地区解除束缚要早很多很多年，观念不一样，很少发生上海男人打老婆的事。

上海通常的市民相，是对女人温和，也是因为世故，是为了环境复杂而明哲保身。一般不参与折腾，包括所谓维护妇女的自主和安稳，说是一种关心，也是看惯和看透了这类的男女关系的平衡，或者就是生活不易而形成的某一种变通。

上海人常说"关我啥事体"（不关我什么事），这是大城市普遍走向的冷漠，或是更关注自身的一种普遍观念，下层人物里，更少以"非黑即白"行事，很少会在马路边打架。都很懂规则，各自保持底线。批判地说，这种生态复杂浑浊，却也井井有条。这些特点与其他城市的市民方式，其实如今也越来越接近了。

文化艺术报：从《繁花》出版到获得茅盾文学奖，各种采访源源不断，这会不会影响您的生活和写作？

金宇澄：《繁花》发表后，我才感觉到文学并不边缘化，发现文学一直是受到媒体关注的，各种采访在这几年里源源不断，感觉到文学仍然蕴含着巨大吸引力。尤其是获得茅奖后，电话被打爆。文学非常引人注目。

对我个人来讲，当然极其的不适应，但是必须回报读者，接受采访是回报读者的一部分，包括接受贵报的访问，我心存感谢。最近有多个访谈提纲，只要有时间，必须回答。这几年类似的采访虽已经做到没任何兴趣，极度疲惫，仍然要做。

文化艺术报：未来有什么写作打算，还会写小说吗？

金宇澄：会继续写过去东北的故事，把我知道的事记录下来。时代变化太快，我只保存我所知道的事，比如，在乡村对城市的感觉。

叶兆言

中国文坛最有恒心和耐力的『马拉松』选手

想写,喜欢写,能写,实为人生一大乐事。

二〇二三年有月 叶兆言

叶兆言

  1957年出生，南京人。1974年高中毕业，进工厂当过四年钳工。1978年考入南京大学中文系，1986年获文学硕士学位。江苏省作家协会副主席、南京市文联主席。20世纪80年代初期开始文学创作，主要作品有八卷本《叶兆言中篇小说系列》，五卷本《叶兆言短篇小说编年》，长篇小说《一九三七年的爱情》《花煞》《刻骨铭心》《仪凤之门》，散文集《旧影秦淮》《叶兆言散文》《杂花生树》《陈年旧事》等。《追月楼》获1987—1988年全国优秀中篇小说奖、首届江苏文学艺术奖，曾获第十六届华语文学传媒盛典2017"年度杰出作家"奖，《刻骨铭心》获第三届《钟山》文学奖长篇小说奖，《滞留于屋檐的雨滴》获第六届汪曾祺文学奖，《南京传》获第四届施耐庵文学奖等。

2023年1月19日，备受关注的"收获文学榜"揭晓，刊载于《收获》2022年第1期，由人民文学出版社出版的著名作家叶兆言的长篇小说《仪凤之门》，入选2022年收获文学榜·长篇小说榜。

1992年去南京组稿，第一次见到叶兆言，那时，他和苏童、格非、余华名满天下，他住在江苏文艺出版社的公寓，他是我见到的第一个用电脑写作的作家。回西安不久，他寄来一篇散文《太太学烹调》，这也是我收到的第一篇用电脑打印的稿件。在以后的三十年里，我多次编发过叶兆言的稿子，他满腹经纶，优雅随和，著作等身，是作家中的谦谦君子。

从20世纪80年代以中篇小说《悬挂的绿苹果》成名，叶兆言是中国文坛最重要的作家之一。

南京叶家，一门四代南京文人。叶兆言的爷爷叶圣陶，父亲叶至诚，女儿叶子，都是文化名流。作为一个南京人，生于斯长于斯，从《南京人》到《南京传》，从《刻骨铭心》到《仪凤之门》，叶兆言以不同的形式讲述着他的南京故事。

文化艺术报：从您早年的成名作《悬挂的绿苹果》到获得全国优秀中篇小说奖的《追月楼》，近年的《刻骨铭心》《南京传》《仪凤之门》，四十年来您一直在书写南京，用文字占领了一座城。您在文章里说过南京走到哪里，都是走到历史的阴影里，南京在您心中是什么样的位置？

叶兆言：外地的朋友，读过几本关于南京的书，来南京东走走西看看，不免会发表感慨，说南京虎踞龙盘，的确有王气。其实，所谓金陵王气只是一种非常虚幻的东西。南京最大的特点，在于它总是以一个失败者的面目出现在人们面前，所谓金陵王气，不如说是金陵亡气更准确一些。南京作为古都，更多的是维持着一种偏安的局面。东晋好歹支撑了一百年，不像南明的福王，不到一年就成了清兵的俘虏。南京的王朝，似乎注定最多只有半壁江山，强悍的北方总是处于优势地位，而文弱的南方始终处于弱势地位。有关机构曾对南京市民进行过一次抽样调查，结果只有一成的人自称祖籍是南京，超过一半的人认为自己不是南京人，虽然他们就出生在这座城市。总起来说，南京人淳朴、听天由命，换句话说，就是珍视当下，懂得及时享受生活。典型的南京人都是悠闲懒散的，很多事都随他去，不羡慕当官的，也不嫉妒有钱的。大部分南京人既不会当官，也不会赚钱。在南京会当官的都是外地人，在南京挣大钱的也基本是外地人。眼睁睁看着外来者做官挣钱，竟然不眼红，也不在乎，这就是南京人。平心而论，国内恐怕还找不到任何一个城市，能像南京一样清晰地展示中国历史的轮廓和框架，南京是一本最好的历史教科书，阅读南京这个城市，就是回忆中国的历史。南京是一座摆脱不了历史气息的城市，无论走到哪里，都是走在历史的阴影里，这种遗产实在太丰厚了，太丰厚，有时未必就是好事。一个靠怀古存在的城市是没有前途的。如果不用开拓的思维对南京这座古城进行新的审视，一味地缩手缩脚，南京人有可能在巨大的历史负担面前不知所措，进退两难。

  南京是我写作的根基，是我熟悉的地方。我现在是坐在这儿跟你说话对吧？南京这个城市，就是我坐的这张板凳。我跟你说话，总得坐在一个地方，或者站在一个地方跟你说话，我不可能悬浮在空中跟你说话，南京就是我站着的这块地、我坐的这把椅子。我为什么写南京？不是因为它有多好、多美、多有诗意，它在城市排行榜上排第几，我觉得这个就没意思了，就有点王婆卖瓜自卖自夸了，我只是觉得用它来叙述中国历史比较方便。

文化艺术报：2022年由译林出版社出版的《通往父亲之路》，备受好评，您说："这是我一直以来想写的一部书，想写一些中国式的父子。"您还曾说，"打算写一部《战争与和平》那样的长卷，对象是中国的几代知识分子，从章太炎那辈开始写起，然后过渡到我们这一代，大约是五代文化人"。这个"野心"并未实现，但在你后来的一系列散文随笔中，却能找到一些蛛丝马迹，《通往父亲之路》完全是一个长篇小说的体量，您后来怎么写成了一个四万字的中篇？

叶兆言：鲁迅谈起章太炎先生，我祖父（叶圣陶）那辈人谈起鲁迅先生，我父亲谈起祖父那一辈，然后就是我，谈起父亲和他的朋友。一句话，我们都成了九斤老太的后人，历史仿佛早已写好了，注定了一代不如一代，我们这些不肖子孙，似乎都不可能再超越父辈。这是我一直以来想写的一部书，作品中张希夷干校养牛这一情节即移植于伯父叶至善干校养牛的经历，这一段其实是我伯父和我们老爷子（指叶圣陶先生）的一段故事。我伯父就像我小说中写的这个父亲一样，在干校养牛，而且他很得意地天天晚上起来给牛把尿，我祖父在书店里到处给他去找养牛的书。他们在通信中大量提到这件事，养的牛怎么好，牛圈里怎样干。真实生活中，我伯父和我祖父光是通信就写了很厚一本，谈的全是怎么养牛。我的祖父和父亲，不仅文章写得好，更重要的是他们有非常好的人品。他们的人格力量为我被读者接受扫清了不少障碍。我受惠于祖父和父亲的教育与影响，这一点不容置疑。其实《通往父亲之路》这本书，写的是一种看向父辈的目光。我甚至会想读者看过之后会不会也去反观与想象自己通往父辈的道路。因为我觉得这样的目光会让我想起20世纪80年代。那时，中篇小说特别热，对吧。就我的阅读经历来说，虽然最早读的是长篇，是托尔斯泰、巴尔扎克，但当我开始写作，想当作家的时候，我的阅读是从中篇入手的，比如梅里美的《卡门》《伊尔的美神》等等。那时写得最有激情的也是中篇，把它当成看家本领，然后你说苏童也好，余华也好，包括王朔，大家玩的都是中篇，而且都发在刊物上。我会觉得《通往父亲之路》也是这样一个小说，它为致敬80年代而写，为致敬自己刚开始写作的那段青涩岁月而写。我在小说中写到了学术界的一些不堪，这在某种程度上也是对80年代的怀念。比如80年代我读研究生的时候，我们对博导充满了敬重，觉得能当博导的人那得是有多大的学问，但后来这成为对80年代的解构，你突然发现大家都变成博导了，变成作协副主席了。原来我们所崇敬的那些东西，我们想走近的那些东西，突然就在你身边了，然后你会有一种说不出的感觉。

可能也是在这时候，我觉得"父亲"变成了一个象征：我们都想走近自己的"父亲"，结果我们越走越远，我们以为走近了，最后发现是越走越远。或者说，你会发现80年代正在远去，甚至你所想象的80年代根本就不存在，那些复杂的感情都在这里面了。

文化艺术报：从20世纪80年代初登文坛时的先锋文学，到20世纪90年代的新历史小说，盛极一时的历史大散文，您从未去追赶潮流，但您似乎总与文坛的潮流同步，成为文学常青树，更被誉为富有恒心和耐力的马拉松选手，您是如何保持这种长久的创造力的？

叶兆言：一篇文章一旦开了头，无论如何，我都要写完，我的人生也基本上就处在一个无论如何也要写完的状态中，所以，有时候会觉得很累，感觉自己始终是在打仗。但是当写完了，又觉得很有乐趣，就像在行军打仗，攻破了一个山头，又拿下了一个城池，始终在克敌制胜。作家就应该习惯清苦，应该孤独而拼命地写作。（写作）会有一种危机感，但更多是充满感激，在这样一个浮躁的社会里，能写作是一种幸福，得赶紧写，得抓紧时间写。我已经离不开写作，写作是我的生活方式，我通过写作来思考生活、认识社会，我不写作是没有办法思考的。

很多人可能也有这样的感受，口头表达是不成熟的，落到笔头上，把自己的想法梳理成文字，思想往往能得到升华，才知道自己最真实的表达，最终也能通过写作丰富自己的生命体验。我觉得人生的最大幸福，就是你喜欢什么职业，而你恰恰还能够从事这个职业。全世界的写作者，都会因为想写而不能写感到困惑，感到痛苦。我常常是以一种惜福的态度来对待写作，我知道自己是幸运的，你能够写，你不停地在写，你还能继续写，想到这些，你就应该知足。因为还能够写作，你人生中的一些其他愿望，已经不太重要。我清楚地知道，写作只对那些愿意读你作品的人，才会有一点点意义。我也知道，今天阅读我们作品的人，其实已经不多，甚至可以说已经少得可怜。正因为如此，我们要格外珍惜，要珍惜自己还能写的这个能力、还能写的这个机会。

文化艺术报：《南京传》的语言较为口语化，也用到不少流行词，您用话家常的方式拆解史料，将厚重刻板的历史解码重组。这种写作语言，是想让这部历史传记类作品生动活泼一些，还是有其他原因？

叶兆言：这里面有传承的因素。我最早读的书，比如黄裳的历史随笔，他的文体对我是有一定影响的；另外，像房龙，他的文体对我也是有影响的。他们的文字，我个人觉得比较好看、有趣。这也和家庭有一定关系。家里的大人，比如我爸，会告诉我这东西好看。我喜欢这些东西的时候，"文化散文"这个词还没有，但我知道随笔可以这么写。当然还有周作人，我特别喜欢周作人。如果说有一些师承的话，中国，我觉得源头就是周作人、黄裳、张中行这些人。周作人是不避宇宙之大、苍蝇之微的。包括林语堂也是这样，他的《苏东坡传》也是这样的。我基本就是这个原则：没有不能写的东西。关键是你用的地方合适不合适，不要卖弄。知识也是，不要卖弄你的知识。我文字的分寸、文字的腔调，基本上是依照这个原则去写。

文化艺术报：您一直写小说散文，不经意间出了一本非虚构作品《南京传》，受到读者和媒体广泛关注，有评论者称，叶兆言"征引资料的宏富，涉猎论文的广泛，且不说历史经典读本，南京乡邦文献，就连王少华的文章，逯钦立教授的论文，汪士铎的日记，都注意到了，给人以六经注我、信手拈来、融会贯通的挥洒自如之感"。从《南京传》中对历史细节的运用可以看出，您对南京的历史非常熟悉，您会做大量的准备工作吗？两种不同的文体，在具体的写作经验上有哪些不同？

叶兆言：功夫在诗外。临时抱佛脚解决不了问题，关键是这样就没有意思了。我曾经开玩笑说，我写这本书相当于又读了个研究生。我也挺感谢写这本书。如果不写这本书，我可能对历史脉络的把握也没有这么细致。"写"和你平时的阅读还不一样，"写"是个继续加深理解的过程。对于我来说，写《南京传》是一个很享乐的过程，我重新享受到了学习的快乐。真的是这样。

很多人可能会说，神经病啊，写这样一本书。我自己写的时候，确实也是犹豫的。我也想到，女孩都不喜欢历史书，对吧？现在的男生也不喜欢。我想到这个也是很悲哀的。所以，如果（在写作过程中）我没有自得其乐的话，这本书就是一本很糟糕的书。我也一把老骨头了，居然把它写出来了，很有成就感。

文化艺术报：以《陈旧人物》系列的创作实绩及影响，您成为当代"文史写作"的重要作家。《陈旧人物》系列和您小时候经常到北京看望祖父叶圣陶，有机会见到那些经常在您祖父客厅出入的著名文人学者有没有关联？您祖父对您的影响有多大，他会指导您的阅读，给您开书单吗？是否因为他，您日后写作中对陈旧人物比较偏爱？

叶兆言：我总觉得父辈比我们更有学问、有文化。文化上的遗憾确实是我一直想表达的。我们今天做学问方便多了，对吧，但因为有了手机，被耽误得也多。某种意义上，我们还未必有以前纯粹。确实，你和前辈比，你会不如前辈。那原因是什么？肯定不是因为条件，可能还是因为分心，不能坚持。总的来讲，他们会给我传递一个信息，就是做什么都好好干，认真干，要做一个有用的人。这点其实很重要，他们没说一定要做作家或者编辑，三百六十行，干一行就干好一行，哪怕扫个地，也要把地扫干净了。

我记得因为我眼睛不好吧，很多年前家里曾认真地希望我去公园养花，做一个很好的养花工人。父亲和祖父的书信认真地谈到这个事，祖父也会问兆言养花这个事进行得怎么样了。那时我曾很认真地有过这样的打算，现在想想就跟个笑话一样。我还做过无线电，玩过摄影，我那时摄影玩得非常好，自己做闪光灯，自己洗照片、放大照片。后来我没兴趣了，反倒是一点都不碰照相机了。大学毕业时同学们做纪念册，要洗照片、放大照片，我就说我来教你们，前几天我们同学聚会还说最早这个是跟我学的。当然，我年少时能玩这个，和家庭条件好肯定有关系，同时也让我的性格里有这样一面：一旦喜欢一个东西就会非常入迷、认真。

文化艺术报：很多人对当代文学和作家失望，因为有这样的心理基础，德国人顾彬的批评便引来一片叫好。其实，肆意批评当代文学和作家的人，大部分都没有认真读过当代文学，或者说读得不多。您是如何面对这些挑战的，当代中国文学和中国作家在世界上处于什么位置？

叶兆言：我不觉得当代中国文学像大家说得那么不堪。有人非要说现代文学比当代文学好，那只是不读书不比较的错觉。当代中国作家所做的努力，将文学往前狠狠地推进了一大步，这是事实。把不好的作品称之为经典，这是有眼无珠，但是把那些用心血写出来的作品，统统很小资很愤青地说成是垃圾，多少有失厚道。

文化艺术报：我曾经看您写过一篇文章，在您开始写作时，也有很长时间发表不了作品，直到在《钟山》杂志发表了中篇小说《悬挂的绿苹果》之后，您的路才顺当了。今天，很多人同样面临发表难的问题，在这方面，您有什么建议？

叶兆言：刚开始写作的五年里，很不顺利，我始终在写，但发表不了，但这五年的历练对我很重要，就像是一场爱情马拉松，时间考验了我跟文学的爱情，因为很多人经历五年的挫折，就心生退意，但我没有，我坚持下来了，我尝到了甜蜜！

我很幸运，坚持了五年，这扇门为我而开了。如果一直没有进展，我想我能熬到十年，如果十年后还没有进展，我可能也就不写了。但是，在最初的五年里，我虽然经常遭遇退稿，却一直兴致勃勃地坚持写作，我的热情没有因为被拒绝而衰减，反而增加了。

文化艺术报：译林出版社重新出版了一套您的非虚构系列作品（《陈旧人物》《陈年旧事》《杂花生树》《群莺乱飞》《诚知此恨人人有》《午后的岁月》），这套书被认为是您一个人的近现代文人史，您自己也说"这是我最好的一套书"，批评界说这套书是您最耀眼和值得关注、最具文学和史学价值的追怀近现代时期、回忆前尘旧事的散文。和您的小说创作相比,您在哪方面投入的精力更多?

叶兆言: 这套书里面,其实第一本就定调了,就是《杂花生树》,就是要这种感觉。它就是杂嘛,因为杂文,就是这个特点。这个跟我喜欢周作人有关系,周作人有这个本事,他讲自己写文章追求两种气,既要有非常文雅的地方,同时又非常有匪气,如果全是文雅的话就很迂,要让斯文扫地。我写文章的乐趣其实在这儿,我在写文章的时候是玩两手的,就是让泼皮觉得你有文化,让有文化的人觉得你也会耍泼皮。

我们老祖宗讲究文史不分家,谈史的中间要有文气,在有文气中间一定要有很认真的史实。这两个功夫都过硬的话,文章就会很好看。我写小说也是这样,写散文更是这样,我希望这些东西能够没有结尾,它就像谈话一样,聊到哪就在哪结束,第二天继续谈下去。不要每个谈话像一个非常完整的人生故事在里面。

文化艺术报: 中篇小说《通往父亲之路》和散文《上学去》都出了单行本,这两本书对照着读会发现很有意思,《上学去》里的一些真事,用到了《通往父亲之路》里面。这个小说是不是比较贴近家史的一部小说?

叶兆言: 我父亲在世的时候,我们很能聊。我记得我祖父刚走的时候,我伯父讲了一句话,蛮伤感的,他说突然少了一个可以聊天的人,这种感觉在我父亲走了以后我也感触很深。你突然明白,原来在很长一段时间里,你大量的想法都是可以和一个人对话的,这些对话可能在无意中发生,比如在饭桌上,对一部作品的评价,对一个人的评判,但它们突然就完全中断了。

我父亲过世时也就六十六岁,他过了六十岁以后就对我很依赖,写一点东西一定要给我看,让我给他把把关,然后特别在乎我说什么。我父亲是一个不太会关心人的人，是家中最小的孩子，生活能力很差，好像天生就是被人照顾的。我母亲照顾他，我爷爷照顾他，谁都照顾他。所以他也很少关心我，比如希望我上大学，希望我当作家，没有。这一点或许也是我幸运的地方，我没有什么成才的压力。我父亲自己没上过大学，我祖父其实也没上过大学，我伯父也没有，所以这个家庭从来没有给你上大学的压力。

我上大学是因为我自己想上，当了工人以后特别想。考上大学以后，我的经历应该是别人都没有的，我父亲的反应是"为什么要上大学"，我祖父还讲过"我们家人就看不起上大学的"。在他们眼里，学问才是最重要的，他们最看不起那种"空头大学生"或者"空头理论家"。但是我这一代人已经和他们不同了，会把高考看得特别重。

写《通往父亲之路》的时候，这种感情也写在里面了。

文化艺术报：在江苏省作协为您举办的光荣退休茶话会上，毕飞宇说您是"中国文坛的劳模，以惊人的勤奋和专注，搭建起近千万字的文学宫殿！不仅为江苏文学留下了宝贵的创作财富，也留下了一种人格模式，一种作家与作家之间的相处之道"。在我的印象中，南京作家是比较团结的，没有别的地方作家之间那么多的矛盾，彼此间携手共进、亲密相伴，这是源于南京作家的素养还是江南水乡人的性格？

叶兆言：都说文人相轻文人好妒，文人碰在一起总爱吵架，事实上，南京的作家很少有脸红脖子粗的时候，也许这是由南京宽容的大氛围决定的，南京人不爱斗，气壮如牛的小伙子都懒得在街上动手打架，手不能提肩不能挑老实巴交的作家，何苦争凶斗狠。

南京作家的团结，是外地作家非常羡慕的，常常有人给我打长途电话谈外地作家的是非，争斗的双方都和我数落对方的不是。我只好笑着敷衍，和稀泥，为反方说好话，于是对方在挂电话的时候必定说："你们南京的作家真好，从来不吵架。"

外地同住一城市的作家，常常整年不见面。有时候去某风景地开笔会，再次遇到居住在某城市的两位作家，竟然发现大家分别之后，彼此都是第一次见面。南京的作家经常见面，不说一日不见，如隔三秋，每周见一次面却是经常的事。聚会的方式多种多样，有时是因为下棋，有时是因为去机关取信，有时是饭局，有时是名目繁多的会议。南京这地方没什么隐士，作家之间也没有什么明显的派别，谁都是熟人，谁有忙都可以帮。见面时大家客客气气，分手后立刻互相忘记。南京的作家彼此间并不做出过分的亲昵状。君子之交淡如水，作家们大可不必称兄道弟，那些喜欢说哥们的省份，作家往往最喜欢吵架。说别人好的人常常最容易说别人坏。

文化艺术报：写完《仪凤之门》，您在一篇回顾《仪凤之门》创作历程的文章中说"恨不得能大声宣布自己正在悄悄建造一栋长篇小说的大楼"。可见这本书在您心中的地位。《仪凤之门》会不会是您的最后一部长篇小说？

叶兆言：《仪凤之门》可以说是计划已久的一本书，可是计划再久，没写出来之前，它什么都不是。写作者的状态说不太清楚，忽好忽坏，好时得意忘形，坏时连去死的念头都有。写长篇是非常暗黑的一件事，一旦开始，开弓没有回头箭，破了釜沉了舟，等于被判处无期徒刑，你不知道自己什么时候能够写完，剩下的，只能孤零零地勇往直前。

我突然意识到，自己这次写长篇，内心带着的恐慌，要比以往更加严重。囤积了一批粮草，只是为了打持久战，因为也不知道猴年马月，才能完成这部《仪凤之门》。我不过是做了一个局，玩了一次小聪明，在文学刊物上，隔三岔五地发表短篇小说，幻想给人产生错觉，不让别人知道我在写长篇。毫无疑问，一个写作者内心深处的不自信，绝对说不清道不白。我已经开始在写《仪凤之门》了，隐隐地知道自己要写什么，要怎么写，不能怎么写。可是实际的写作过程中，又会出现太多的神神鬼鬼，有太多的天意。写作这玩意，不顺利不好，太顺利了也肯定不好。

我总是莫名其妙地在跟自己较劲，写长篇的痛苦实属自然，写不下去的时候，也是经常。对于家庭中的其他成员来说，一个在写长篇的人，精神状态基本上就是不正常，因为在写长篇，因为在工作，他可以喜怒无常，可以任性，可以蛮不讲理。我不太愿意再对女儿说，这可能是自己的最后一部长篇小说，再这么说，多少有些凡尔赛，太矫情，但是在真写不下去的时候，在大脑缺氧的时候，在眼花缭乱的时候，内心深处不止一次闪过这样的念头。我知道一个人不可能永远能写下去，筋疲力尽是自然的事情，写作者最后注定要以失败而告终。写不了和写不下去是必然的，我之所以要奋不顾身、不知疲倦地去写，完全是因为害怕那一天的到来。

文化艺术报：南京为什么会出现这么多好作家，而且从没断代，还被授予了"文学之都"？

叶兆言：今日的南京文坛，客居南京的作家，气势远盛于在南京出生的土产作家。当然，所谓客居，在今天就是定居的意思。在南京，从事专业创作的人中间，原版的南京人就我一个。还有一个原版的南京人是韩东，其他原版的南京作家，起码目前还是业余作家。所谓原版，是指生于斯长于斯的意思。活跃在南京文坛上的作家多数是外地人，譬如苏童，是苏州的，譬如赵本夫和周梅森，是徐州的。

一方水土养一方人，是南京的空气净化了他们，是南京的风水为他们带来了好运气，话反过来说，南京也应该很好地感谢他们，没有他们，人们所说的南京文学欣欣向荣也不存在，外地的组稿编辑也不会如此频繁地到南京来狩猎。

文化艺术报：人们一谈起西安，首先想到的是文物，其次才是文化人，然而，一说到南京，人们首先会想到叶兆言、苏童、周梅森、毕飞宇等一大批作家，作家是南京最鲜亮的名片，文学是南京这个城市的气质，极大地提升了南京的辨识度，您能说说原因吗？

叶兆言：往远处说，写《红楼梦》的曹雪芹诞生在这，再往远处说，还有写"问君能有几多愁，恰似一江春水向东流"的李后主，还有编《文选》的昭明太子。出生在南京，而文学事业并不是在南京开创的，往近处说，有路翎，有无名氏，有周而复，有张贤亮，再往近处说，还有王安忆、王朔和方方。南京成为作家的出生地是个有趣的现象。王安忆写文章说自己是坐在一个痰盂上离开南京的，她那时候还是个孩子，因此以这种特别的方式告别南京。很可惜南京没有把这些人才留下来，要不然今天南京的作家就更热闹。

南京作家最大的优势是都很勤奋，老老实实地都在写。文章是写出来的，对于作家来说，还有什么比写更重要。

文化艺术报：感谢叶老师百忙之中接受我们的专访，对年轻作者，特别是发表难、遇到写作瓶颈的年轻人，您有什么好的建议？

叶兆言：写作要熬，不仅仅体现在创作过程中的煎熬，更要长年累月地坚持。我觉得，作家就像被判了无期徒刑的犯人一样，被关在牢里，日复一日，年复一年，孤单地写作，不知疲倦。重要的是你能不能熬到一百万字，这说起来容易，但是不容易做啊！为什么呢？因为当他写到三四十万字以后，就会发现很多问题，不能总写爱情故事，总是写谍战，或者一个固定的题材或类型吧！一百万字是一道写作的门槛，而不是好和坏，就像是运动员，他必须打那么多球，必须无数遍地练习投篮，练习上篮，无数遍，才能打赢比赛。一个年轻人小说写得好，不稀奇，没什么了不起。如果他写着玩的，这没问题，但是如果要成为职业作家，要进入这个行当，进这个"门"，必须得有一百万字来打底，这是个量变的过程，必须得这样，才能发现自己到底具备不具备这个才能，否则都是玩玩的。

我始终认为，成功对写作者来说并不重要，重要的是看他能不能享受写作，如果写作不快乐，为什么写作呢？老实说，比写作好的行当太多了。

作家不仅仅是凭本能，还需要大量的训练，需要熟能生巧，需要重复带来的丰富，当他写到七八十万字时，或许会有一个量变到质变的飞跃，那时他已经具备了娴熟的文字操作能力，也能慢慢知道怎样才能让文章通过，这有一系列技巧，是个技术活。

弋舟

我需要更为聚精会神地凝望生命

过有文化
有艺术
的生活

二〇二三年春 弋舟

弋 舟

  当代小说家,中国作家协会全委会委员、小说专业委员会委员。入选中宣部全国文化名家暨"四个一批"人才。历获第七届鲁迅文学奖,第三、第四届郁达夫小说奖,首届中华文学基金会茅盾文学新人奖,首届朱自清文学奖,首届鲁艺文艺奖,首届"漓江年选文学奖",第二届鲁彦周文学奖,第六、第七、第八、第九届敦煌文艺奖,第二、第三、第四、第五届黄河文学奖一等奖,2012年《小说选刊》年度大奖,第十六、第十七、第十九届百花文学奖,第三届《作家》"金短篇"小说奖,2015年《当代》长篇小说年度五佳,第十一届《十月》文学奖,以及《青年文学》《西部》《飞天》等刊物奖。多次入选中国小说学会年度排行榜、收获文学榜等重要榜单,入选"新世纪二十年青年作家20家"。

文化艺术报：在众多年度排行榜中，《收获》排行榜有着很高的公信力，这和《收获》杂志的文学品质有关。这是您第四次登上《收获》文学排行榜了吧，您是如何看年度排行榜的，和上榜其他排行榜的作品相比，您更看重哪一个？

弋　舟：《收获》无疑享有崇高的威望，这是自巴金先生始，几代"收获人"耕耘的结果，在文学界内部，甚至有"没在《收获》发表过三篇以上的小说，就不能称之为小说家"之说。《收获》文学排行榜的榜单，在相当意义上集合了每一年度文学现场最重要的那一部分成绩，四次入榜，两次登上短篇小说的榜首，能够跻身这样的序列，对我而言，当然是与有荣焉，甚至，这样的表彰，就是给予我的最好的文学温暖。如今各种文学榜单层出不穷，我个人觉得未尝不是好事，至少有益于引发社会对于文学的关注，当然，无论怎样，评出的作品要有公信力，要经得起检验。除了《收获》文学榜，这些年我也有幸多次入榜其他的榜单，我难以说出自己更看重哪一个。一个排行榜的分量，更多地，应该是交由公众来衡量的吧。

文化艺术报：您是各种文学榜单的常客，2022年上榜《收获》排行榜的短篇小说《德雷克海峡的800艘沉船》，是您的重要作品之一。您在一篇文章里写道，这个短篇的写作契机是您从飞机上看到一个新闻，先有了小说的篇名，然后"生活中所有的瞬间"都成为事件，成为文学，类似的篇名先行，好像在您不是第一次，这会不会在写作中造成主题先行的困惑？

弋　舟：这个短篇的写作契机的确是由此而来。所谓"篇名先行""主题先行"，听起来似乎有些"不正确"——因为你对我有着"困惑"的担忧。这样的问题，在具体的写作时刻应该是不存在的，否则我也不会一边"困惑",一边倔强地劳作。文学是如此难以谈论,如果你会因之"困惑",那你就去写"不主题先行"的作品。我们无须对一些概念纠缠不休,写,并且写好,是第一位的,即便我们很好地解决了"什么先行"的问题,写出的东西令人不堪卒读,那又怎样呢?写作的唯一"正确",大约就是"写好"。

文化艺术报:您的作品,很多都要写一句献词,《刘晓东》献给母亲,《平行》献给父亲,《雪人为什么融化》献给姐姐……在《丙申故事集》中,您甚至"再一次永远地献给妈妈"。这些虚构的故事,和血脉相连的亲情之间,有何关联?

弋　舟:这的确是一个小说家的"私情",但我想理解起来也不会特别的困难。毕竟,我们还是赋予了写作之事某种崇高感的,将崇高的事物奉献给亲人,既表达了我自己对亲人的爱,同时也敦促着我在写作的时候"自我确认崇高"。我觉得可能后者更重要一些,一旦想象我的写作要交由亲人来检验,我的笔至少就不会过于散漫和懈怠吧。我所说的"交由",并不是说一定会让他们读,更多的意思是那种精神的交托。写《丙申故事集》的时候,我妈妈已经离世,事实上,她也无法读到了。

文化艺术报:您的人间纪年系列,坚持了多年,到2022年的《辛丑故事集》,已经是第四本了,为什么会坚持写"人间纪年"系列?这种写作方式会不会打乱您的创作思维,为了完成而舍弃您最想写的作品?

弋　舟:说起坚持的动力,可能也并不复杂——我是个作家,我就得写作。不惮庸俗,我还可以如实相告:我需要以此养家糊口,以此得到朋友的喜爱等等。这样的写作,本身就是"写作",于是也不存在

"写作打乱写作"。我们往往不免赋予自己尚未开始的行动以更高的价值与意义，好像有一个更为重大的目标有待我们去实现，借此来贬低我们此时此刻的劳作，或者粉饰我们此时此刻的无能。这样想，不能说完全有害，至少也是无益的吧。

文化艺术报：您的文学语言和讲故事的方式，都有很强的辨识度，甚至有人说"弋舟是心理现实主义作家"。您是如何在心理和现实之间通过小说构建您自己的心灵世界的？

弋　舟：现实永远是我们虚构的起点，但这个起点需要经由我们的心理来感知与辨识，两者从来就不会是截然对立的，毋宁说，它们本来就是一体。很多时候，现实是公共的，它就摆在那里，但经由每一个人不同的感知之后，现实其"意义"，才有了不同的面向。就我而言，不过是忠实地以己之心去呈现了我所认知到的现实。

文化艺术报：在您的写作中，艺术至上一直是您的标杆吗？

弋　舟："艺术至上""标杆"，这样的描述，如今是我不太愿意接受的，年过半百，我大约也知道了，相较于写作，生命还有太多的重要向度。

在延续自己的写作理念和立场这一点上会遭遇很多难题。前阵子和朋友聊天，还聊起《耶路撒冷三千年》，我说中国作家今天已经很难写出这样的作品，不是我们没有这样的才华，而是没有这样的耐心、从业精神和基本伦理，这种真正甘于把生命、精力全部押在作品上面的能力很弱。到一定阶段，会突然觉得有些凌空蹈虚的东西，会想去切身验证。卡尔维诺有一个故事《树上的男爵》，住在树上当然很高级，但从树上下来、在大地上奔忙也是人的标配状态。我们很难克服自己与生俱来的人格缺陷，但同样我们需要思考自己想成为一个什么样的人。你的愿望和捆绑你的东西时常会打架，这种摆荡渐渐地在我心里越来越多，可能以后小说的面貌还会发生改变。

文化艺术报：您曾经说过，您这一代作家，一直在抵抗仅仅运行于故事层面的小说。这种抗争有没有意义？早年的先锋作家也抗争过，但最后要么不写了要么妥协回到讲故事的路子上来了。您抗争的是故事还是仅仅运行在故事层面的小说，这种小说现在依然活跃在各种主流期刊上。

弋　舟：这样的话，似乎是放肆地说过。反抗故事，或者过度地反抗故事，由此带来的问题，如今已不言而喻。彼时如此，一定是隐含着高下的判断，但是今天，这种判断重新摆荡到了对于故事的尊重。但彼时的反对并不意味着全无道理，仅仅于故事层面运行的小说，如今显然仍在甚嚣尘上。但"没有意义"显然是不对的，不知道是否真的原话如此。现在，我既不抗争"仅仅运行在故事层面的小说"，更不抗争故事。而且，我也怀疑自己是否使用过"抗争"这样的词——它不太像我的语言习惯。至于"活跃"和"主流期刊"，如果的确是个事实，那又怎样呢？还是那个观点吧：故事与否不重要，写好才重要。

文化艺术报：评论界一直把您的创作归于城市文学。到底什么是城市文学，恐怕评论界自己也难以说清楚，您是如何理解城市文学的？

弋　舟：被"归于"，想一想一定也是有道理的。我的确没有乡土经验，所写的，也多是城市生活，至于"什么是城市文学"，既然连评论家都难以说清，我们就不费力去琢磨了。我所理解的城市文学，也无外乎：写城市，具有一定的现代意识。

中国是古老的农业大国，现在城市人口已超过了农村人口。就我个人而言，我没有一天农村生活的经历，让我写乡土文学是不现实的，但我写的真的是城市吗？我觉得也不完全是，写的依然是乡村在城市化进程中，人们的心理和精神变迁。

文化艺术报：您说"一个好的作家，理应具有追求经典并成为经典的抱负，同时，也理应培植自己发现和指认当代经典的愿望"。在您看来，当代中国作家的作品，有哪些能称为经典？

弋　舟：已经不少了，我们也无须妄自菲薄，《白鹿原》不是吗？《秦腔》不是吗？那一代先锋文学的前辈们写下的杰出篇章，不是吗？

文化艺术报：您从兰州回到陕西，一直坚持自己的文学风格。在陕西这块现实主义文学的阵地，所谓的宏大叙事、大气象、人生问题、终极关怀，这些需要通过对现实生活的描写来实现的现实主义，和您的文学理念会不会发生严重冲突？

弋　舟：当初回来的时候，我将回到西安认定为归队与还乡，由此我的写作必将发生潜移默化的转变。那个曾经更多地将目光投注于漂泊个体的写作者，从此将要扎根，让自己与浩大的生活发生更为自觉的联系，让生活本身成为自己文学生命最为可靠的源泉，这也是我重回陕西的重要文学动机。没有冲突。我常说，"人应当缺什么补什么，而不该有什么放大什么"。如果你认为我的风格叙事不宏大，气象小，不涉及人生问题，缺乏终极关怀，那么好了，我好好学习补充就对了。

我在兰州生活了二十年左右，而且这二十年对于我这个具体的个体生命来讲，是非常重要的二十年。从年龄状态上说也是最好的二十年，而且和我个人的写作时间合起来，也就是从兰州这个地方我开始写作，渐渐走向成熟。回到西安之后反观这两个城市，我们经常会发现，当你在某个地方的时候，你对它充满了偏见，所以人人都有想要逃离的心情，但是你一旦离开，你重新再去回望和眺望它的时候，甚至又会涌起某种眷恋。

至少目前我这个生命个体是主要和这两个城市发生关系，可能也就是这种恰恰有比较鲜明的不同，构成了我写作的某种特征：不太完全像一个中原地区的作家，也不太完全像一个边疆地区的作家。

文化艺术报：您学的是美术专业，最初的写作是从什么时候开始的？为什么会从绘画转向写作？

弋　舟：如今我越来越难以十拿九稳地回答这样的问题。就我的经验，个人生命的轨迹，实在是难以给出某种"自我决断"的路线图，就是说，那不是"选"出来的，更像是"被选出来"的结果。究竟是什么促使我们成了今天的我们呢？好吧，这是命运的选择。

如果将写作这件事以"个人书写史"的自大追根究底，那几乎可以追溯到童年了。我在小学获得过市里作文比赛的奖项，这可能给了我某种能力的暗示；大约在十三岁的时候，向《收获》投过稿，这个经历在《收获》六十年的庆典上我还坦白过，坦白之时，竟也略感唏嘘。若以"严格意义上的写作"计，这些都是不能作数的。

在将近而立之年时我才投入严格意义上的写作，是时间，是天性里对于时间的敏感，敦促我写起了小说。而将一件事情的缘起交由时间之因，这本身就像是在诉说命运吧。

文化艺术报：批评家孟繁华经常在您的作品中读出"一个游子，常年在他乡的孤独感和无根感"。他以小说《随园》为例，说："小说中的每一个人对人生的设计都有一个线路图,但是实际上每个人的人生都没有走在这个线路图上,所有人仿佛都'一脚踏空',最终直指对人性困境、道德困境、人生终极问题的关怀和追问。"您是如何看待您作品中大水一般弥漫着的孤独?

弋　舟:没有任何个体的悲欢可以逃脱时代给出的基本限定,"普世的况味"是文学作品产生共鸣的条件,也是衡量文学作品品格的前提,但遗憾的是,对于这样的常识,我们竟常常罔顾。写作者的确存在这样的风险,过度沉浸在某种不能被人理解的自我之中,拧巴,封闭,沾沾自喜或者垂头丧气,在自说自话中完成自我的神化。但我们又不能以此忽略时代之下个体的精神吁求,所谓见微知著,正是文学的要求。

如何将个体与时代形成映照,这挺考验一个作家的能力。我有一部分作品,在命名上就做着努力,譬如《我们的底牌》《我们的踟蹰》《所有路的尽头》,这些篇名以"我们"和"所有"的名义书写一个个具体的人,至少是在给自己一个暗示:你写下的张三和李四就身在你所在的这个时代里,他们是与你休戚与共的,是与你共同构成那个"我们"中的一个。

我觉得尤其是男女的情感方式,是能够折射出每个时代的不同气质的。今天我们已经不会像汉朝人一样谈恋爱了,与革命时期的爱情肯定也不相同,那种对于爱情的基本相信与持守,可能也在动摇,但人类对于爱情的盼望、对于那种爱情理想本身的向往仍未消减,于是在恒久的盼望与追求理想的落差与张力之间,涌出了苦恼的源泉。这种创痛性感受,基于人性,又与时代息息相关,如果我们没有更大的感知力,可能终究都不会弄明白自己的那点儿难过和伤心是因何而来,你爱着的人为什么不爱你了,你不爱的人为什么还是要在一起,这里面有家长里短、油盐酱醋,其实也有时代的内在律动。

这种笔下人物的痛苦，看起来往往是无端的，没有所谓现实逻辑的必然——他们丰衣足食，苦什么呢？是什么戕害了他们？也许我们太迷信那种其来有自的事物了，但这世上就是有人在无端端地哭。我们没法再像前辈们那样去书写苦难了，饥饿、战乱，甚至失业和失恋，给那些苦难轻易地赋予正当性，但这些"正当性"，就能反证大观园里那群男女之苦的不正当吗？这种"精神上的苦难"，搞不好，会显得无病呻吟。如果出现了这种效果，要么是作家没写好，要么是阅读者不被一根现实之针扎在指尖里，就无从想象那永恒的疼痛。

文化艺术报：您的短篇小说《出警》获得第七届鲁迅文学奖，获得这样的大奖给您带来了什么？

弋　舟：获奖消息传来的当天，我正在给母亲扫墓，这无论如何对我个人都是一个有意义的时刻。我的母亲一生怀有写作的梦想，尽管没有明确表示出要将我培养成一个作家，但自己的儿子写出了被人认可的文学作品，一定符合她的美好憧憬。获奖在这个意义上就几近"私事"了，算是我对于母亲养育的一个报偿，更多地，我也愿意在这个意义上鼓励自己，写作的路那么长，怀有一些切己的"私意"，自己可能就会更有韧性一些吧。

文化艺术报：著名评论家白烨说"陕西太缺弋舟这样的作家了"，与陕西本土的作家比起来，您"洋气"，作品直指人心，直指人的感情深处。他们同时也希望您能够靠近、继承陕西文学的传统，您会接受这种观点吗？

弋　舟：白烨老师太爱陕西文学，如果没有理解错的话，他这番话的意思，可能也是在强调"人应当缺什么补什么，而不该有什么放大什么",所谓"取长补短",所谓"吐故纳新",都是生命本身的常识。如果当真如此,只能归结于血脉深处那些玄奥的基因了。

文化艺术报:您在一篇文章中强调"希望自己的小说是体面的",这个"体面"有没有特别的指向?

弋　舟:对此我有过解释,那大约是:这个"体面",一定不仅仅指向某种娇柔的风雅,更多的是对艺术本身的敬重,是对文明的服从。作为小说家,要去理解别人的愿望,但在对世界越来越没有把握时,在我们的知识已经非常丰沛时,就需要直觉,需要回到原始的本能,说不定会带给我们新的方向、新的路径、新的解决方法,乃至新的艺术,这也是"重逢准确的事实"中的应有之义。当你感到有点不知所云的时候,不妨模糊一下自己的概念,打破世俗生活中所制定的标准,可能这就是小说家的工作方式。把小说转化成一个通俗的艺术,有俗情,有理解,有情谊,希望读者能够从中读到自己。

文化艺术报:这三年,受疫情影响,很多人的生活节奏都被打乱了,您的《掩面时分》《羊群过境》都触及了这场灾难,您的写作有没有受到影响?

弋　舟:我们的生活都受到了全面的影响,写作当然也不能幸免。

文化艺术报:非虚构作品《空巢》关注当下老年人的生存状态,是什么原因让您写了这样一部非虚构作品?您是从什么时候开始,把"孤独"作为这部作品的核心?

弋　舟:首先它是个任务,出版社布置了作业,我得完成;其次,作为一个以虚构为志业的人,"缺什么补什么",我需要有一些"非虚构"的平衡；再次，老人问题，更加关乎"生命"这样的议题，我需要更为聚精会神地凝望生命。

一直以来，孤独是我写小说时格外关注的一个角落、一个向度。为什么写这本书时格外突出它，不仅仅源于我个人遥望这个世界的方法，更基于空巢老人客观的生存事实。

改革开放四十多年了，"空巢老人"这一社会现象也和改革历程有关。四十年前社会上也有空巢老人，他们更多受困于具体的物质生活的艰难。但今天走近他们，我们会发现物质问题已经不是首要的核心的问题，他们更多陷入了精神上的困境，这个困境的核心就是孤独。

如果我们去想象社会上的空巢老人，你可能觉得"他们只要健健康康、不愁吃穿，那问题就不大"，但问题是，一个个苍老的心灵，常常被我们忽视与罔顾。你会发现生命进程有这么一个规律，人是渐渐走向生命收缩的状态。随着岁月流逝，人的社会属性、社会身份在收缩。我们现在出门，貌似和谁都是朋友，可以干无穷无尽的活，我们能和他人发生密切的交织，但是衰老的根本方向是人和社会的交织在减少，这是所有老人，尤其是空巢老人要面临的精神困境。有的老人还保有行动能力，但是社会不带他玩了，他的心理落差会更大。

文化艺术报：当时采访这些独居老人时，您带上了十三岁的儿子。他能理解老人说的这些吗？

弋　舟：这个生命事实对于那个年龄的孩子确实沉重。但既然是人类的基本生命事实，我们需要过多蒙住孩子的眼睛吗？

在我的观察里，一个孩子参与了成人世界的工作，他也有兴奋感。一开始他的理解可能达不到，但渐渐他听进去了，他对一些老人的态度，甚至自己的神情，都有了变化。我觉得生命的严酷并没有给他的心理蒙上阴影，他在那样一个阶段表露出某种我愿意看到的一个男孩应有的镇定。

我也给他布置了任务，就是先把我们的采访录音整理一遍，做个筛选。他做得挺好。这份任务也有我的私心在，我想它既是一场情感教育，又能培养孩子的逻辑能力。

克服缺陷是无望的过程，但是你要去做。这就是价值和意义所在。

文化艺术报：鲁奖作品《出警》写到了老年人的孤独；《空巢》这本非虚构作品，再次面对这个问题。之前看到您是被当时的一段新闻触动，之后才有了与多位空巢老人之间的访谈。这本书出来引起众多媒体关注，之后，您好像再也没有写过这个题材了。

弋　舟：每一个阶段会有不同的书写主题，但如果我们承认生命本身是一个完整的事实，我们就得承认，自己写下的每一笔，其实都是在书写着同样的主题。

文化艺术报：在您的文学生涯中，受到哪些作家作品的影响比较大？

弋　舟：那是一条漫长的谱系，我实在难以只认《红楼梦》而不追溯《诗经》，只认曹雪芹而无视卡夫卡。但一个人的阅读脉络还是有迹可循的。我的父母都是学中文的，从小家里就不缺书，并且以古代汉语方面的书籍居多。小学阶段我囫囵吞枣地读了《史记》，在母亲的威逼利诱下背诵《唐诗三百首》，这些可能都在潜移默化中形成了影响，司马迁和李白，当然可能已经对我起到了教化作用。

由于住在大学校园，图书馆的存在给我带来很大的阅读便利，少年时期开始自发地阅读，我的兴趣就转移到了西方现代小说上，马尔克斯和大仲马带给人的震撼是不同的，值得庆幸的是，我在那时就学会了区别他们的不同。

还要说到的是我对当代文学期刊的阅读，这也要拜图书馆所赐，我对小说这门艺术萌生出操练之心，完全要归功于对文学期刊的阅读。很奇怪，少年时期的我捧着一本书时的心情总是近乎"瞻仰"，而捧着一本刊物，竟能生出跃跃欲试的冲动。

文化艺术报：您祖籍江苏，在西安出生、成长，后来移居兰州，在兰州成家立业，成名之后又被挖来西安，这段经历对您的创作有没有影响？

弋　舟："成名""挖"，这些词我都不大适应。经历仅仅是个事实而已，我的经历必定影响我的创作，但我也难以格外强调自己经历的特殊性。

成长的过程是时间的踪迹，而对于时间的敏感，在我看来算是一个好作家根本的能力。如果要我细数启发过我的作家和作品，我会发现，原来都能以"时间"的名义确立——《麦田里的守望者》是不折不扣的成长小说，它写成长，写时间，《红楼梦》何尝不是呢？同样是写成长与时间，甚至《西游记》也可作如是观——一只猴子的成长史。当代作家余华写过《在细雨中呼喊》，一部典型的成长小说，这部作品就刺激过我的文学冲动。

我有一个个人的看法：一个好的作家应该有着过不完的青春期，这个青春期不仅是人生的，也是文学的。

文化艺术报：对一个很早成名的作家来说，您有没有什么缺憾？

弋　舟：如果自己还算有点文学成就的话，母亲没能看到。母亲是一个特别有文学愿望的人，自己也搞创作，但是没能实现文学梦。她多少会对我有些期许，最后我当了作家也有回报母亲的愿望这点儿意思在。她给我推荐的那些，我开始看不上了；我给她推荐的，比如余华的《活着》，就特别能打动她。那不是我想在文学中提供给世界的。如果我的作品有这样的观感，那是我的写作能力和目的没能一致，我会认真思考这个问题。就像我这个人，即使有消极或厌弃，还是拿出最大的诚意和善意对待世界。对于西北，它似乎真的足以平衡我的一些委屈，让我得偿那些以往被自己视为陈词滥调的阔大与苍凉。西部这块疆域，不但是指地理意义，更是指精神领地。一个中国作家，有了这种大的参考，更有益于学会视自己为草芥。

文化艺术报：在长篇小说独霸文坛的今天，您的关注度都在短篇小说，好像在长篇小说上没有特别用力，有没有写作长篇小说的计划？

弋　舟：我也关注长篇小说，目前正在创作一部长篇小说。

文化艺术报：如果不当小说家了，您想干什么？

弋　舟：开个蛋糕店吧，或者做个体力劳动者。实在不想干精神的活儿了。

胡学文

我试图在文学中呈现乡土文化

热爱阅读,
享受阅读。
胡学文
癸卯春月

胡学文

1967年生，毕业于河北师院（今河北师范大学）中文系，江苏省作家协会副主席、专业作家。著有长篇小说《私人档案》《红月亮》《有生》等多部，中篇小说集《麦子的盖头》《命案高悬》《我们为她做点什么吧》。

中篇小说《从正午开始的黄昏》获第六届鲁迅文学奖；《极地胭脂》获《中国作家》大红鹰杯佳作奖；《命案高悬》获《中篇小说选刊》2006—2007年度优秀小说奖，2006—2007年度《小说选刊》"全国读者最喜爱的小说奖"，《小说月报》第十二届百花奖；《逆水而行》获 2008—2009年度《中篇小说选刊》优秀中篇小说奖，《小说月报》第十三届百花奖；长篇小说《红月亮》获第二届鲁彦周文学奖；长篇小说《有生》获得首届高晓声文学奖长篇小说奖和第三届吴承恩长篇小说奖等多种奖项。

胡学文的多部小说被改编成影视作品，《极地胭脂》被改编为电影《极地彩虹》；《飞翔的女人》被改编为同名电影；《向阳坡》被改编为电影《向阳坡传说》；《婚姻穴位》被冯巩以《心急吃不了热豆腐》搬上大银幕；《大风起兮》被改编为电影《跟踪孔令学》；《奔跑的月光》被改编为陈建斌主演电影《一个勺子》，在第五十一届台湾金马奖颁奖礼上获得最佳新导演、最佳男主角奖项；《私人档案》被改编为二十二集电视剧《左伟与杜叶的婚姻生活》。

文化艺术报：您的长篇小说《有生》一出版，就引起广泛关注，先后入选多种"好书榜"并获得多种奖项，展现了一部优质纯文学作品的持久生命力。这部五十万字的长篇小说，被批评界赞其捍卫了长篇小说的尊严。这是一部带有家族史诗气质的小说，其主角"祖奶"乔大梅一生曾接生过一万二千人，她是很多生命的引领者、见证者，是一位历经苦难风雨而变得睿智坚韧的中国农村女性，您为什么会将主角选定为接生婆？

胡学文：首先，接生婆有助于叙事和表达主题。我书写乡土，但不止于乡土，更多的是关于生命的思考。接生婆作为生命的引领者、见证者，更有感悟，更有发言权。其次，接生婆在以往的文学作品中比较少见，我想塑造一个特别的人物形象。第三，百岁老人祖奶经历坎坷，她也是历史的见证者。当然，不是浑阔的大历史，是历史的余波，更柔软，更真实。

文化艺术报：现代以来的中国文学中，民族寓言、家族史诗如群山连绵，一不小心就会落入窠臼，写作《有生》的初衷是什么？

胡学文：世界上有很多民族，曾创造了辉煌的文明，如玛雅人和玛雅文明，但随着时光流转，好多民族消亡了，文明也湮灭在尘埃中。与世界上所有的文明不同，中华文明是几千年来唯一没有中断的。为什么？肯定是有缘由的，我想其中很重要的原因是兼容的胸怀和再生的能力。我不是历史学家，不是社会学家，我就是写小说的，只能把自己的想法融在作品里，也必须如此。历史那么长远，现实那么开阔，不能把中国几千年的历史写到作品中。我以百年为长度，塑造一个不仅自己具有强韧的生命力，而且接生了一万余人的接生婆，她是个体，但她接生婆的身份具有别样的寓意。一斑窥豹，生的秘密就藏在祖奶身上。祖奶天性聪慧，接生技艺超群。不只周边村落，更远地方的人也请她去接生。但如果停留在技艺层面，这个形象就单薄了。我用较大的笔墨书写她的德，就是不为挣钱糊口而接生，视接生为天道。态度的背后是胸怀，胸怀的背后是品德。祖奶个人遭遇可谓不幸，九个儿女先后离开，但她依然坚韧。我当然也写了她的脆弱，如果只写其强，对形象反而有损。但从脆弱和不幸中站起，她更加令人钦佩。小说中的蚂蚁有象征意味，但最有象征意味的是祖奶。小说出版后，很多读者跟我讲，他们及他们的父母就是接生婆接生的，因此看祖奶感觉特别亲切。听到这样的话，我很是欣慰。除了生之能力，我还试图在小说中呈现乡土文化。

文化艺术报：《有生》在结构上通过祖奶这样一个百年大树，串出很多非常有个性的人物，小说的叙事时间从晚清到当下，时间跨度有一百余年，被浓缩在祖奶一个白天和一个夜晚的讲述中。批评家吴义勤说："那种叙事特别放松，我们讲百年中国，这么大的一个时间跨度，这么多的人和事怎么结构、怎么推进，就是对作家的考验。"长篇小说首先要有一个独特的结构，您是如何处理小说的结构的？

胡学文：长篇小说的结构很重要。这个结构包括外在的形式结构和内在的思想结构。我用了一种伞状结构。这是我自己定义的，有评论家称为树状结构，也有评论家称为开放结构。不管如何定义，结构是重要的。我一直梦想写一部家族百年的小说，可那样的小说太多了，如何做到有差异、有区别？我想把丰富的现实作为横面接入到小说中，这样既有历史的长度和厚度，又有现实的宽度和湿润度。当然可以硬性接入，在技术上也能做到，但我想要的是有机融合，即两个部分内在应有密切关系，而不仅仅是外在的形式。伞状结构让我实现了两者的有机结合，使生与活、引渡与自渡，既为一体，又有所差异。

文化艺术报：《有生》的主角接生婆，在您的乡村记忆中，有没有原型？

胡学文：小说是虚构的，人物也没有原型。我采访过接生婆，我自己也是接生婆接生的，但我不是照原型写的。不过在写作之初，我给每个人物写了小传，以这样的方式让他们成为我的朋友，成为我熟悉的人。写作推进，可以说，与人物朝夕相处，渐成亲人。写下最后一个标点，想到要和他们告别，恋恋不舍，心有感伤。为此，写了篇小记《我和祖奶》。

文化艺术报：《有生》出版后，获得了很多奖项。您认为思想性与可读性哪个更重要？

胡学文：我认为思想性与可读性并不冲突，也不应该冲突。古典巨著《红楼梦》让人读得津津有味，而其思想就藏在人物身上，蕴含在叙述中，二者互为依存，互相滋养。《霍乱时期的爱情》和《八月之光》，如果仅仅为了读故事，一遍就够了，绝不会读第二遍。我多次重读，在于文本不仅仅讲了曲折的故事。自己写作也是这样，仅仅讲一个通俗的故事，没什么意义，提不起劲。我想，每个写作者都是这样的，哪怕那意义只限于自己，但到底是有的。如果自己都觉得毫无价值，就不会去写。好读，更要耐读。

文化艺术报：北方乡土是您写作的起点，读大学走出乡村后，您长期生活在城市，在您三十多年的创作生涯中，您一直在写乡村，写乡村里那些最普通的人。您的作品，展现了城市化对乡村与农民的改变，为读者提供了乡村与城市的精神通道。当您感到疲惫或者困惑的时候，乡村是您返回的路径吗？

胡学文：我经常到乡村，并不是因为疲惫和困惑，恰恰相反，一定是心情极好、精神特别饱满的时候。唯此，我才有精力甚至说好奇心在乡村行走、观察、体验。城市化不可逆，乡村在改变，在生长，主动也好被动也罢。当然，不是什么都变。生活方式变化最快，这个毋庸多言。但不变的也很多，比如渗透在乡村大地的传统文化，有一些不仅现在未变，千百年来都没变过。写作者要保持敏感，能发现变，也能发现不变。隔空是不能发现的，他者的讲述亦不能代替，必须亲至现场。所以，我回乡村，绝不是逃避什么，而是为了追寻。如果说得高大上点儿，只有在不断地追寻中，才有可能和有能力让精神的通道顺畅。

文化艺术报：看过您一个创作谈，您说"写小说是要有种子的"，在您看来，这个种子是什么？

胡学文：我很难说清楚。可能是一个词，可能是一个故事，也可能是突然闪现的念头。很多时候，那就是一种感觉。有许多次，亲友给我讲目睹和亲历的故事，很曲折很感人，期望我据此写出一篇好小说。我自然也表示感谢，毕竟人家很热心。但我自己清楚，写不成小说，因为没有小说的种子。有的时候，别人无意中说到什么，反能触发写作的念头。

文化艺术报：您为什么喜欢写普通人？在我看来，您作品里的人物虽"小"，但是身上却充满了大情怀。

胡学文：确实，我喜欢写普通人，这与自己的经历、情感有关，现在如是，以后同样。文学有实的方面，也有虚的方面。虚比实重要，但没有实作为基础，后面的虚就难以达到效果。比如写一个人，就要写他的年龄、性格、工作等，这样才能写他怎么穿衣、每天吃什么样的饭食、出入什么样的场所。写一个民工，每天出入电影院、咖啡厅，那就是胡编乱造，同样，写一个老板，为了两毛钱和菜贩子大吵，也不大可信。人物的言行要符合生活的年代、环境和身份，这是实的方面。但文学不是为了写一个人怎么吃怎么穿，而是在此境遇中的状态、情感、精神等，如此及何以如此，那是文学的虚。文学的共鸣、文学的深度通过虚才可以抵达。所以写什么类型的人物，重要，也不重要。用你的话说，是要有大情怀。情怀，关乎作家的立场，没有立场就没有反思。在意的是个人的小情调，还是想表达对世界的认知，与作家的胸怀、思想的维度密切关联。

文化艺术报：您在谈到乡土文学时说要"找到独有的文学'识别码'"，您的独有"识别码"是什么？

胡学文：识别码通常包括两方面，一是题材，二是形式。题材方面，巴别尔笔下的骑兵军，卡达莱笔下的石头城堡，是独属于自己的经历和生活。形式方面包括结构、叙事方式、叙事腔调、语言的构成和温度等等，是他人难以复制的，具有独创性。识别码是作品的相貌，也是作品的生命。我试图从内容和形式两方面尝试，努力地给自己的作品打上识别码。很难做到，但尝试和努力是有意义的。

文化艺术报：书评是作家与大众阅读的桥梁，您是如何看待书评的？

胡学文：书太多了，难以一一翻阅，书评能让读者以最快的速度了解、捕捉图书最有价值的内容，无论写作者还是读者，都要感谢书评人。他们充当着导购的角色，我经常是在看书评之后决定买书的。我喜欢发自内心、真诚的书评，也敬重这样的书评人。

文化艺术报：您的多部作品被改编为影视剧，您有没有亲自改编自己的作品，《有生》会不会拍成影视剧？

胡学文：我没改编过自己的作品，也不知道《有生》会不会拍成影视剧。

文化艺术报：您从河北调到了江苏，离开您熟悉的创作环境，这会不会影响您的创作？

胡学文：不会。我是这样一个人，在一个地方待的时间久，就变得迟钝了。换换环境，对创作有好处。而且，距离的变化，可能会发现过去未曾发现的有价值的东西。

文化艺术报：您是从什么时候开始写作的，是在大学时期还是工作以后？是如何走上写作之路的？写作受哪些作家影响？

胡学文：我没上过大学，读的是中师。怎么走上创作之路的，我还真说不好，因为那不是很清晰，不像柏油路，多宽多长，能明确标出来。当然，也可以说，太杂了，从阅读说起吧。

我是爱听故事的人，从小就这样。我的祖母外祖母都不识字，也不会讲什么故事，况且孙子外孙一大堆，也不会将心思放在一个人身上。我听到的故事多半是茶余饭后的闲聊，准确地说，那也不是故事。称得上故事的就是我的一位长辈"说古"，也不完整，零零碎碎的，但在我听来，已是丰富而诡异的世界。再一个是听评书，比如刘兰芳说的《杨家将》《岳飞传》。每天傍晚，我吃过饭便跑到有收音机的人家，尽量离收音机近一些去听评书。那半小时是奇妙的，所有人屏声敛息，沉浸在刘兰芳抑扬顿挫、激情飞扬的叙说中。现在，就是在电影院看大制作的影片，也没有那种小心又激动的感觉了。

我生活的村庄，书籍极端匮乏，所以少年时代读书极少，《艳阳天》啊，《封神演义》啊，一共不超过五本。四大名著，只在年画上读过部分故事，大量阅读文学作品是考上张北师范后。那是一所中等师范学校，但藏书丰富，对我这样没见过世面的人，就是天堂。

对写作者而言，任何经历都是财富。少年时代读书少，但拥有的乡村记忆在日后会成为写作的资源。可以说，如果没有那些记忆，我或许不会走上文学这条路，也或许，我的写作是另外的样子。比如，儿时我常和伙伴跑到马场看配种。乡村没什么娱乐，只能自己搜寻。我以此为题材，创作了中篇小说《极地胭脂》，那是我的小说第一次上"国刊"，第一次被《小说选刊》转载。

影响我的作家挺多的，我的阅读趣味不是那么专一，在不同时期、不同年龄，喜欢不同的作家。我最早喜欢俄罗斯作家、欧洲作家，如托尔斯泰、陀思妥耶夫斯基、果戈理、契诃夫、雨果、狄更斯、福楼拜等等。刚上师范，面对众多的书籍，不知读哪本，后来就买了一本《世界名著导读》，基本是按照介绍顺序读的。现代派的作品是后来才接触的，如卡夫卡的《审判》《城堡》。

一个写作者应多读、精读，喜欢的要读，不喜欢的也要读，不同的作家、不同的作品有不同的滋养，有的滋养可能马上就能显现，有的滋养是隐形的，多年后才能感觉到。我喜欢托尔斯泰，也喜欢卡夫卡，这不矛盾，那是不同的文学高峰，能学到不同的东西。有的影响可能是文学观念、文学理念，有的可能是叙述方式、语言方式，有的滋养不是很清晰，并不证明那滋养不存在，只是有些模糊而已。

文化艺术报：很多读者是从您的中篇小说《从中午开始的黄昏》认识您的，这个中篇获得了第六届鲁迅文学奖中篇小说奖，在此之前，您已经发表了很多作品，获奖对您意味着什么？

胡学文：有一个作家说得非常好，我借来一用。获奖相当于节日，欢喜、欢乐总是短暂的，没有谁会永远沉浸其中。节日一过，照旧写作。

文化艺术报：您的作品有着强烈的地域色彩，在您看来，地域文化对于一个作家的影响体现在哪些方面？而一个作家要成长为一个优秀的作家又该如何去利用、挖掘甚至是超越地域文化呢？

胡学文：每个作家都想构建自己的文学版图，这关系着作家的雄心或野心，这个版图并非地理概念，与疆域无关。像福克纳，虽然写的只是"邮票大小"的地方，但他的文学版图是辽阔的，是独一无二的，他人不能复制，也无法模仿。

那么，这个文学版图与什么有关？写作的内容是重要的一方面。这个内容不仅仅是故事、人物，还有人物生存的自然环境和文化环境。所谓的地域既有自然的，也有人文的，二者彼此融合，成为整体。同样用一句话表达一个意思，不同性格的人说出的话不一样，不同地域的人说出的也不一样。再如兴趣，再如人物行为，都受地域文化的影响。地域是作家的标签，抛却地域构建文学版图的作家极少，当然有，比如卡夫卡、博尔赫斯、卡尔维诺，我认为整个世界、整个人类都是他们的版图。这非常了不起，但更多的作家，其地域是有限的。这有限并不妨碍作家思考人类的大问题，如马尔克斯的南美、帕慕克的伊斯坦布尔。

但更重要的，或者说至少同等重要的是文学理念、写作方式。一个作家具有什么样的文学观与地域没有直接关系，它关乎作家的审美、思想、艺术追求。文化背景不同，西方有现代派，东方也有现代派。若寻找逻辑关系，还真不好找，但从另一方面说，地域文化确实影响着作品的风格，至少是渗透其中。比如独放异彩的拉美文学，为什么在那块土地上"爆炸"？地域是重要的，如果把文学比作一棵树，那么地域就是文学生根的土壤。所有的树都伸向天空，当读者看到一棵树，可能会忽略其生长在哪里，更在意这棵树的伸展姿态。文学也是如此，通向的是思想和精神的天空。

文化艺术报：您为什么喜欢写女性，在塑造女性尤其是乡村的女性时，她们的地位与乡村是对等的吗？

胡学文：女性心理丰富，情感细腻，刻画女性，我感觉自己的文字湿润，并且有温度。现在和古代不同了，男女平等，有时女性比男性更有地位。比如一个家庭，常常是妻子说了算。但同时也不可否认，许多时候、许多场合，女性相比男性还是显得弱势，更容易受伤害。文学书写世界，女性是最敏感的探测器。

文化艺术报：您的父母是怎样的人，他们对您走上写作之路有什么影响？他们会读您的书吗？

胡学文：我父亲是木工，母亲是农民，会画画、剪纸，每年春节母亲都特别忙，除了自家的，还要给亲友画、剪。在乡村，父母都是有些文化的，由于家庭原因都中途退学了。我少年时代没读过几本书，但只要是见到的，哪怕无头无尾的，我都会读。只有一次我未能如愿。父亲不知从哪儿给母亲借来一本《啼笑因缘》，我很想读的，但母亲不让，说那本书只能成人读。她甚至有些紧张，生怕我偷着读，让父亲把书还了。父母对我的影响更多是在为人方面。我很小的时候，父亲就教我懂得礼让，教我老实做人，他给我讲述孔融让梨、张飞分饼等一些故事。所以，我是学习做人在前，学习写作在后。做人与写作没有直接关系，但也不是一点关系没有。

文化艺术报：在您看来，小说的魅力在哪里？

胡学文：首先在于它的想象。文学与现实的关系类似镜子与实物的投射关系。文学虽然是虚幻的，但与现实有着某种形象上的相似。但文学与现实的关系又不完全等同于镜子与实物的关系，也许没有相似性，仅有相关性。如果用镜子比喻，不只是平面镜，还可能是显微镜、放大镜、凹凸镜。再换一种说法，现实是平面的，而文学是立体的，充满想象。一个没有想象力的民族是没有前途的，一个人没有想象力，人生可能就会失去许多光彩，而文学恰恰能给我们插上想象的翅膀。作家为什么写作，虽然有各种原因，但一个不可缺少的原因是构建想象世界时，有一种愉悦感。文学的魅力还在于它的故事。在信息化的时代，不缺故事，但文学中的故事是有想象空间的，那是不同于现实的另一个世界。如果现实中的故事是一捧面粉，文学中的故事则是一掬种子。文学的魅力还在于它的细节。你有没有这种感觉，你经历过的事，许多都忘记了，但童年时代某个亲人或朋友，也可能是陌生人的一句话，一个眼神，一个动作，依然牢牢地嵌在你的脑子里。你不会注意一堵墙，却会注意墙角的钩子，不会注意满园的花朵，却会注意停在花蕊上的一只蜜蜂。细节有着不容忽视的力量，而小说的细节远比现实精彩，因为它是作家在想象中创造出来的。文学的魅力还在于它的语言。有这样一个故事，小学老师给学生做造句练习，出的题目是"如果"，一个学生挨了骂，他的句子是"牛奶不如果汁好喝"。这么造句考试当然不行，它大胆，不规矩，但也说出了文学语言的某些特征，有创造性，别有意味。还有鲁迅的"一株是枣树，还有一株也是枣树"。如果单用语法去衡量，是不规范的，但作者的目的不是让你看到两株枣树，而是以此暗示读者以适当的速度在后园中向墙外转移目光，经过一株枣树，再经过一株枣树，然后延展向一片"奇怪而高"的夜空。文学的语言不是随便说，但也绝不是循规蹈矩，是有想象力的。作家余华说他迷了格非的一句话很久，说的是一个人死了以后，格非用了"像一首歌谣一样消失了"。这个句子诗化，有声音，有动感，耐人寻味。但后来余华又读到博尔赫斯，也写一个人死了，用的句子是"仿佛水消失在水中"。余华觉得这句把格非那句比下去了，因为这里有着更奇妙的想象力和洞察力。每个作家的语言风格不一样，但不管追求哪种风格，好的语言都是传神的，让人迷恋。

文化艺术报：您如何看待故事在小说中的作用，您是怎样编故事的，有没有经过特别的训练？

胡学文：我从小就爱胡思乱想，现在依然这样，虚构的能力或许就是这么来的。我没经过特别的训练。对于任何一个写作者，虚构故事是容易的，可以随时随地展开想象。在写字台前坐一个下午，我可以虚构十个八个故事。故事难在写细节，难在挖掘其蕴藏。如果没有丰盈、鲜活的细节，故事就立不住脚，更不要说生动了，虚构一百个也没有意义。我用虚构而不是你所言的编，就是编给人没有根据的感觉。

有些读者把小说理解为故事，其实不是，二者之间不能画等号。故事不过是小说的材质，是构成小说的要素之一。当然这是对传统小说而言。现代派更重讲述，故事是不重要的，故意肢解或干脆放弃故事。作家审美不同，风格有异，小说因此而多元。如果是倚重故事的小说，那么这个故事应包含着丰富的讯息。

文化艺术报：文学圈的朋友谈起您，都有一个共识：胡学文就是这么好。女作家葛水平曾说："中国男性作家里面，我认为眼睛最招人喜欢看的是胡学文。"您的眼神温暖、厚道，在生活中，您是怎样的一个人？

胡学文：有一次，我与李浩去石家庄学院讲课，院长让学生写对我和李浩的印象记。在学生笔下，李浩风度翩翩、知识渊博。写到我的，相当一部分学生，用的是邻家大叔。学生的眼光很厉害的，生活中我就是邻家大叔的样子。

文化艺术报：今天，很多从乡村出来的人，都似乎认定故乡再也回不去了，您还经常回故乡吗？

胡学文：经常回。

文化艺术报：《有生》之后，您还有写长篇的计划吗？

胡学文：有啊。只要有激情，我就会一直写下去。

文化艺术报：感谢您在百忙之中接受我们的专访，对年轻作者，您有什么话要说吗？

胡学文：写作永远在路上。

邱华栋

写作是一种带着好奇心的创造性劳动

一个家庭没有书籍，就像是一间屋子没有窗户。

邱华栋

2023年3月

邱华栋

　　著名作家，文学博士。1969年生于新疆，祖籍河南西峡。现任全国政协常委，中国作家协会书记处书记、主席团委员。著有非虚构作品《北京传》，小说集《十侠》《哈瓦那波浪》，长篇小说《空城纪》《夜晚的诺言》《白昼的喘息》《正午的供词》《花儿与黎明》《教授的黄昏》《单筒望远镜》《骑飞鱼的人》《贾奈达之城》《时间的囚徒》《长生》等十三部，中短篇小说二百多篇。出版有小说、电影和建筑评论集、散文随笔集、游记、诗集等各类单行本六十多种。多部作品被翻译成日、韩、英、德、意、法和越南文。

文化艺术报：从20世纪80年代的校园诗人被保送到武汉大学中文系，到90年代初《上海文学》的新市民小说联展引起文坛关注，您一直是我们这代人中耀眼的那个。您从少年到现在一直坚持写作，江苏凤凰文艺出版社出版了您一套三十八册的文集，有九百多万字，这是很大的体量。大学毕业到北京工作后，您的主要精力都在小说上，现在还写诗吗？

邱华栋：诗还在写，只是从创作数量上讲，比以前要少得多了。诗很重要，对保持良好的语言敏感度是非常有帮助的。尽管我现在诗写得少了，但并没有中断，也出了好几本诗集。2021年4月出版了诗集《编织蓝色星球的大海》，大都是二三十岁时写的，精选了一百多首。

我写诗开始得很早。中学生时就开始写，算是80年代的校园诗人。上大学之后，写诗比较多。当时，武汉各高校的校园诗歌活动很热闹，武汉大学有出诗人的传统，像王家新、林白、洪烛、李少君、吴晓等。

为什么我要一直坚持写诗？诗是语言的黄金和闪电，写诗总是能够锤炼语言。写诗、读诗，能够保持对语言的敏感。人在牙牙学语的时候，就感觉到了语言的魔力。诗就是这样，我开始接触文学就是从诗歌开始的，诗的特殊性在于浓缩。浓缩到了无法稀释的就是诗。我总是在早晨起床后和晚上睡觉前读诗，以保持我对语言的警觉。我希望我的小说有诗歌语言的精微、锋利、雄浑和穿透力。诗歌和小说的关系是这样的：伟大的诗篇和伟大的小说，只要都足够好，最终会在一个高点上相遇。

文化艺术报：在您的写作生涯中，短篇小说一直是您酷爱的题材，您怎么看短篇小说写作，您喜欢什么样的短篇小说？

邱华栋：我一直喜欢写短篇小说，到现在已经写了二百零二篇，分为几个系列。

我小时候在武术队训练了六年。练武术的人都知道一句话："一寸长，一寸强；一寸短，一寸险。"说的是长有长的特点、好处，短有短的优势和长处。短篇小说，因其短，因此是很"险"的。险，可以是惊险、险峻、险恶、天险、险峰、险棋、险要、险胜等等。短篇小说虽然篇幅有限，但是却可以做到出奇制胜，做到以短胜长，以险胜出。

我最早的短篇小说《永远的记忆》写于1984年，那年我十五岁，写的是一种感觉和心理状态，很短，现在看来应该算小小说，也就两千多字。很快，我进入大学之后，写了关于少年记忆的系列短篇，这个系列的小说不长，每篇大都在六七千字，一般都有一个符号和象征物作为小说的核心，比如《风车之乡》里面一定有个风车，《雪灾之年》里一定有一场大雪加一次飞碟爆炸，《塔》里面也一定会有一座象征很多东西的塔存在。这些小说表达的，也都是关于青春期成长和窥探世界的那种惶惑、烦恼和神秘感。短篇小说的写作，对于我很像是百米冲刺——向着预先设定好的结尾狂奔。因此，语调、语速、故事和人物的纠葛都需要紧密、简单和迅速。大学毕业后来到北京，我感受到城市的巨大张力在我的精神世界里的投射，大概花了七八年，写了《时装人》系列小说，这些短篇的篇幅也不长，每篇都有一个诗歌意象在里面，比如《重现的河马》里面有河马，《刺杀金枪鱼》里面有金枪鱼，《时装人》里面有时装人和大猩猩，《蜘蛛人》里出现了城市蜘蛛人。这些短篇都有诗意的追寻和城市异化带来的那种变形，小说故事本身不是写实的，而是写意的，写感觉、象征和异化的，并带有成长后期的那种苍茫感和对城市环境的符号化抽象。

我写短篇有一个习惯，就是喜欢图谱式地多重、多角度进行某个主题的书写。2000年之后，我写了《社区人》系列短篇，一共六十篇。这个系列的短篇小说，每篇增加到了八九千字，大部分是写实的，都有完整的故事和相对多面的人物，少了很多意象、象征、符号、诗意，多了写实、人物、故事、场景等等，我是向回走了一点，写实的能力增加了。六十篇小说里，现在看来有些不错的短篇，比如《里面全是玻璃的河》《月亮的朋友》《离同居》《寻爱的一天》《笑场》《玛格丽特的气味》等等，写出了新的都市人的生活侧面和精神投射。

2010年到现在，我出版了短篇集《十一种想象》和《十三种情态》《十侠》和《哈瓦那波浪》。我写短篇小说，从二十多年前的一两千字，写到了如今的一万五千字左右。我也在思考为什么我经历了这么久，把短篇小说写到了两万多字。我觉得，对于我来说，如何写短篇小说，一直有一个"多"和"少"的问题。一万五千字的短篇，时间的跨度、人物的命运跌宕，都有很大的空间感。

比如，雷蒙德·卡佛的短篇小说，是"少"的胜利。我觉得他的简约和"少"，是将一条鱼变成了鱼骨头端了上来，让你在阅读的时候，通过个人的生活体验和想象力，去恢复鱼骨头身上的肉——去自行还原其省略的部分，去自己增添他的作品的"多"。这对读者是一个很大的挑战，因此，显得非常风格化。但雷蒙德·卡佛不是我很喜欢的短篇小说家，因为"少"使他显得拘谨、小气。

我还是喜欢骨肉分配均匀的短篇小说，比如约翰·厄普代克、约翰·契弗、铁凝、玛格丽特·阿特伍德、莫言、艾丽斯·芒罗的短篇小说，他们是我喜欢的、将"多"和"少"处理得非常好的短篇小说大家。所以，写短篇小说就应该在其篇幅短的地方做长文章，在多和少之间多加体悟。

我是持续书写城市生活的小说家，假如让我来概括这些小说的风貌，我想说，小说写的是日常生活，大部分和情感有关，这样的短篇小说比较丰盈。看多了简约派的骨感，我实在是想追求一点丰满感。

文化艺术报：年轻时，您主要写都市题材小说，像获得《上海文学》奖的《手上的星光》，之后，又推出了一系列历史小说，像"中国屏风"系列四部：《贾奈达之城》《单筒望远镜》《骑飞鱼的人》《时间的囚徒》，以及长篇小说《长生》。您是怎么规划历史小说板块的写作的？

邱华栋：我平时喜欢读闲书，读了不少历史书。二三十岁的时候写都市题材小说。后来，随着年龄的增长，心慢慢静下来了，读书也更加杂。在阅读历史著作的时候，我会萌发写些新历史小说的念头。我不喜欢重复自己，或者说，每次写个小说，总要稍微有些变化，或者题材，或者结构，或者叙述语调，等等。可以说，我的左手写了不少当代题材的小说，右手就又写了一些历史小说。

都市小说等于是我的左手写的小说。一种题材写烦了、写腻了，一定要换换脑筋，于是，我就想用右手写一些历史小说。也就是说，换换手，换换题材，换换感觉，换换脑子。就像做一个长跑运动员式的写手，需要歇歇脚、换口气。作家需要拓展自己的写作题材和不断变换风格。

十多年下来，我写的历史小说，最近结集的一本是《利玛窦的一封长信》，里面收录了我十二篇中短篇历史小说。从题材上看，中外都有，不同历史时期都有，都是依据一些史实所展开的一点想象。收在里面的《长生》是个"中篇版"，我后来扩充成一个十五万字的长篇小说，也出版过一次。但我很喜欢这篇小说的中篇版。小说写的是13世纪初期，丘处机道长应正在成为人间新霸主的成吉思汗的召请，不远万里，前往如今的阿富汗兴都库什山下与成吉思汗见面的故事。我上大学的时候，读了丘处机的一些诗作，非常喜欢，就对这个人物产生了兴趣，何况他又是中国道教的著名人物，因此，才有了《长生》的中篇版和长篇版。一切历史小说也都是当代小说，正如克罗齐所说："一切历史都是当代史。"我在写这些小说的时候，有意地尽量去寻找一种历史的声音感和现场感，去绘制一些历史人物的声音和行动肖像。这可能是我自己的历史小说观念吧。这十多篇小说，于我是一种题材的拓展和大脑的转换，假如能给读者带来一点对历史人物的兴趣和会心的微笑，我觉得就很好了。

文化艺术报：您的历史武侠小说《十侠》让很多人震惊，您怎么会写武侠小说，这和您从小练武有关吗？

邱华栋：其实，我十五岁时就写过一本武侠小说，大概有十万字，叫作《碧血侠情录》，听着很像金庸、梁羽声、古龙小说的名字。我十几岁的时候读了很多武侠小说，模仿着他们的风格写了《碧血侠情录》，当时投到一些杂志，没有发表，所以武侠梦就中断了。

那会儿我正在业余体校武术队练武术，早上练两个小时，晚上练两个小时，每天有四个小时较高强度的训练。我妈说我当时晚上练完回家连饭都吃不下去，因为太累了。所以练武术跟我写作之间有一种奇妙的关系，因为练武术能够让人不断体会到自强不息的韧劲，写作又能放飞一个人的想象力，放飞创造、塑造一个新奇文学世界的能力，所以我觉得是特别美妙的事情。

最近几年，我突然又萌发了写武侠小说的念头。为什么？有一个非常直接的原因，就是当年教授我武术的老师黄加震2019年八十大寿。小时候非常苦地练了五六年武术，随着年岁的增长，我觉得应该献给老师一本书。前两年我到上海看望老师，我们二十多年没见面，见面时非常激动。听说我要来，他早早地做了准备，把他练过的各种器械全部拿出来，摆了满满一屋子。我一进他家，一下惊呆了！地上、墙上全是各种兵器，刀、枪、棍、剑，关羽用的大刀都有，还有飞镖、九节鞭，什么都有。

黄加震老师一件件数给我看，这个当年没练，那个镖练得很差，讲了很多小时候训练的故事。后来我们到他楼下的小院子里又耍了几下，他拿了一把关羽用的青龙偃月刀，那个刀非常重，有几十斤，他单手就能把刀在空中横起来。轮到我上去一顿晃，刀差点砸在自己头上，根本不行，所以师傅还是武艺高强。

写一本书献给老师，这是我最开始的一个想法。但是真下笔的话又是另一回事，中国的武侠小说也是源远流长。中国的小说是从历史书里找出来的，用学术名词说是"史传传统"。我们看《三国演义》，尤其是明代、清代的长篇小说，很多都是从历史演义里长出来的。

文化艺术报：您在虚构的小说里为北京树碑立传，后来又写了《北京传》这部非虚构作品，为什么会写这部非虚构作品？

邱华栋：我在北京生活了快三十年，这些年里，除了我在现实世界里生活的这个北京，我还搜集了四五百本有关北京城的历史图书史料。

2017年，我读到译林出版社送我的《伦敦传》，挺喜欢，也很兴奋，阿克罗伊德把伦敦当作一个人来写，这种进入的叙述角度打动了我，我受了很多启发，想写一本《北京传》。有一次跟北京十月文艺出版社的总编辑韩敬群聊天，说我也能写一个《北京传》，结果过了一星期，他就把合同给我寄来了。

我继续寻找新的写作方式。有一次，我碰到叶兆言，他写《南京传》，我说叶老师你是写《南京传》的不二人选，你们叶家四代都是作家，而且都在南京生活，你写，别人都没什么可讲，像我这样的新北京人，虽然在北京也待了快三十年，但是怎样书写这样一个复杂的对象，触及它三千多年的历史，并不好处理。

我确定了一个想法，读了大量关于北京的书和材料，其中写民俗、历史以及老北京的比较多，但是我看到现在北京的变化已经很大，它只是"一部分北京"。我们听谁说"我是一个老北京"，就觉得他只是"一部分北京"。北京已变得非常丰富，甚至是世界性的大都市，已经进入全球十大最有影响力的城市。从这个层面来讲，我觉得不是写一般意义上的老北京，或者仅仅是从历史层面来书写北京就能够概括的，而新北京恰恰是我这三十年经历最充分的，是我的长处。这是第一。

第二，很多书写北京的书，它们更多写的是北京这个舞台上的人和事，但是对于舞台本身的变化不是太关注。城市作为一个空间，它作为一个生命体，有它自身的历史。我一下豁然开朗，北京作为一个生命体，它三千年前在哪个点？空间有多大？它是怎么样在大地上像地基、像植物生命体慢慢成长，随着时间的推移长成现在这个样子的？对北京的空间演变，我特别感兴趣。

空间演变里面还有一个时间轴，时间和空间的架构出来，形成了主章和副章的结构，就把这个事解决了。把北京三千多年城市史的时间和空间变化写出来了，又不用去重述历史上的人物和事件，而主要着眼于随着时间推移，它在空间结构上的变化。

这样的话就比较简单了，空间的变化——描绘北京作为一个伟大的都城它的三千年成长史的空间变化——空间变化中舞台上的人和事我就有选择的广阔空间。我主要是写城市主体结构的变化，比如说从唐代的幽州城，到辽代和金代的五京之一，到元大都，城市的位置、空间在不断地移动和改变。比如最早它是蓟国的首都蓟城。到燕国的时候，作为燕国的都城，它在什么位置，它有多大规模。到了汉代，它是广阳郡的郡治，相当于一个省和州府之间的一个行政区划。比地级城市大，比省会城市小。到了唐代它是幽州。特别是当代，城市副中心的建设，城市主政者的总体规划，京津冀怎么一体化，新机场落成……主要是突出空间感。在这个空间感里有一个时间的线索。基本上是薄古厚今，越往后笔触越细腻。

文化艺术报：北京十月文艺出版社出版的《哈瓦那波浪》是您的全新小说集，由九篇小说组成，这些小说发生在世界各地，唯一相同的是，写的都是华人的故事，主人公的生活中都有大大小小的缺失。这九篇小说把中国人放到全球这样一个空间位置之下来展现其命运和人生轨迹，对您有特别的意义吗？

邱华栋：我特别讨厌题材和写作手法重复的人。题材上、体裁上、写法上我希望不断有新的写作空间。所以，这本书对我来讲意义非常不一样。它的题材是一个全球化背景下地球上的中国人的足迹故事，第二个也是跟生命经验有关，过了五十岁突然有一种中年人的感觉，中年人的生活中常会出现一些意想不到的事情，比如说亲人的突然离去、比如说生命的停顿等等。实际上我们每一个人在生活的经验里面都会有一些可能我们意想不到的打击也好，挫折也好，我们怎样焕发精神，继续努力地生活在这个世界上。我想写出一种特殊的东西，大的词就是怎样讲好中国故事，讲好中国人的故事。从更深的层面来讲，就是作为一个生命个体，我们怎样在突如其来受到某种打击的时候获得更大的力量生存在这个世界上，活出更好的价值。

文化艺术报：批评家张莉认为您是中国当代文学史上非常有独特性的一位作家。她说："首先他是一个创作能量非常丰富和旺盛的人，他在非虚构小说以及诗歌创作方面都是非常有成绩的。一般我们经常说有的人小说写得好，有的人散文写得好，有的人诗歌写得好，但是能把这三种文体都写得很有质感和影响力的人挺少的，邱华栋老师就是这样一位作家。"

邱华栋：好的作家可以给大家提供新的经验、新的文本、新的感觉，的确是这样，只有这样文学本身才能对人的呈现和自身的挖掘走得更远。我就是这么要求我自己的，我下一本书肯定跟这一本完全不一样，正在写，完全是另一种想象的空间，想象历史的一种东西。我觉得写作对我来讲就是一个爱好，是一个巨大的爱好，我希望在写作上不断挑战，不断进步。文学是最好的桥梁，国家也好，民族也好，不同语言之间最好的桥梁。我们刚好都是桥，通过文学我们互相在心灵上认知和认识。

文化艺术报：苏童评价您"读书之多，多到恐怖"。您拥有四万册藏书，您在北京的两套房子全被用作了"藏书阁"。

邱华栋：我一年精读几十本书，泛读几百本书，加起来有七八百本书。为什么读这么多书？我们生活在信息化时代，每天有各种资讯从四面八方潮涌而来，但读书是一种主动的信息获取，是你和作者之间互相的凝视和对话，这是任何其他信息获取方式都无法取代的。

文化艺术报：《作家中的作家》这本书可以视作您的"读书笔记"，此书选取了普鲁斯特、卡夫卡、博尔赫斯、加缪、卡尔维诺、石黑一雄等十三位现代文学大师，您从个人阅读经验出发，对大师们的创作进行精微的观察和独到的剖析，力图为中国读者带来世界文学的诗性观照，哪种作家才能称为作家中的作家呢？

邱华栋："作家中的作家"的标准，在于他们能否打破人们对文学的固有理解，为文学的嬗革开新风、辟新径，我们没读过卡尔维诺，哪知道世界上还有这么有意思的作家？没读过博尔赫斯，哪知道文学作品可以把幻想性和知识性结合得这么好？没读过萨尔曼·拉什迪，哪知道印度还有作家能把《一千零一夜》的传统和印度的喧闹现实，以及英国文学的影响结合得如此精妙？好作家的标准是能否为读者提供独特价值。你凭什么要大家读你的书？我自己写作时也常常这么问自己。在我看来，作家一定要为读者提供有意思的信息。文学不分什么中国文学或外国文学，世界文学从来都是你中有我、相互影响，而大作家们形成了一座座高峰，等着我们通过阅读接近他们，在大师的激发下，写出自己独特的作品。

文化艺术报：您当过多年的文学编辑，从《青年文学》主编到《人民文学》副主编，后来任职鲁迅文学院副院长，在"鲁院"负责作家培养，这些经历使您拥有了另外一重身份：当下文学动态的密切关注者和青年写作的大力推动者。

除了创作、研究，又有繁重的行政工作压身，但您事事干得都挺顺手，精力充沛，这和您从初中萌发了习武热情，一直练武有关吗？

邱华栋：精力充沛还是跟这个有关的。经过专业训练以后就有韧性，能吃苦。教练有时过来一顿教训，说你不勤奋训练，会很伤你的自尊心，充沛的体能基础后来就打下了。人如果经受过艰苦训练，就抗压了，比较经得起磨砺。

文化艺术报：听朋友说您写作从来不熬夜？

邱华栋：熬夜伤神。工作太忙，工作第一。另外，我每年都有年度读书写作计划，将碎片时间拼接起来，读书、写作，我叫它"碎片连缀法"。其实这是我在报社养成的习惯，当记者的训练挺管用，就不娇气。一边跟你说话，还能一边写稿子。文学创作还是要安静一点好，不受打扰，但现代人有时候没办法，手机一响就得接。工作的事儿得处理。说完工作，就回到创作。

文化艺术报：到了五十多岁后，创作心态会发生变化吗？

邱华栋：五十岁后，我没有焦虑感，反而有一种对生活的强烈好奇心。十几岁二十多岁觉得志得意满的中年很油腻，怕有一天自己也变成这样的人。但生命就是这么一个过程，好在虽然形貌变成中年，还有一颗好奇的、创造性的灵魂。

叶舟

河西走廊是我此生的课堂

无限江山
叶舟
2023.春.

叶 舟

  著名诗人、小说家。现任第十三届全国政协委员,中国作家协会第十届全委会委员,甘肃省文联副主席、甘肃省作家协会主席,甘肃日报社叶舟工作室主任。著有中短篇小说集《我的帐篷里有平安》、《叶舟小说》(上下卷)、《叶舟的小说》、《第八个是铜像》、《秦尼巴克》、《伊帕尔汗》,诗文集《大敦煌》《边疆诗》《叶舟诗选》《敦煌诗经》《引舟如叶》《丝绸之路》《自己的心经》,长篇小说《敦煌本纪》《凉州十八拍》等。

  长篇小说《敦煌本纪》获得第十届茅盾文学奖十部提名作品奖、第四届施耐庵文学奖,短篇小说《我的帐篷里有平安》获得第六届鲁迅文学奖短篇小说奖。

  作品还获得过人民文学奖、《人民文学》年度诗人奖、《十月》文学奖、《钟山》文学奖,入选中宣部全国文化名家暨"四个一批"人才、甘肃省领军人才(第一层次)等多种奖项。多部诗歌和小说作品被译为英、法、日、韩等语言在海外出版。

  2022年12月由浙江文艺出版社出版的长篇小说《凉州十八拍》,是叶舟历时四十七个月完成的,全书分上、中、下三卷,共十八章,总计一百三十四万字。《凉州十八拍》一经出版,即引起广泛关注,被批评界誉为"一部关于伟大地理和伟大文明的史诗"。2023年4月22日,以"新潮涌动"为主题的第十一届春风悦读榜年度颁奖典礼在浙江杭州举办,叶舟的长篇小说《凉州十八拍》荣获白银奖。

文化艺术报：从《敦煌本纪》到《凉州十八拍》，您对河西走廊这片土地，始终怀有深切热忱的情感。评论家杨建仁说："如果说《敦煌本纪》是叶舟用文字开凿的一座石窟，那么《凉州十八拍》就是他用心灯供养的一尊大佛。"河西走廊在您心中是一个什么地位？

叶　舟：作为一个写作者，作为甘肃河西走廊、丝绸之路上的一个儿子，我对甘肃和河西走廊的所有热爱、书写、感情，这可能就是我的宿命，是写作的宿命，也是人生的宿命。《凉州十八拍》是写给父亲的一本书，也是本书创作的缘起。我一直想在前面一张雪白的纸上写一行字，献给我的父亲，结果我写到一半的时候他就不在了，心里很悲怆。我没有那么矫情地写"献给我的父亲大人"，我就说"父亲生前改编的《凉州宝卷》"。《凉州十八拍》是献给故乡凉州、献给伟大的河西走廊的一部书。

文化艺术报：2023年4月16日到18日，"十八少年下凉州·与叶舟同行"大型文学寻根之旅由您带领来自北京大学、复旦大学、南京大学等多所高校的十八名文学博士生，从兰州到武威，感受小说和当下重叠的凉州古城。这次"文学寻根之旅"，对您有什么意义？

叶　舟：我虽然祖籍武威，但在武威的生活经历并不多，我用了将近四年的时间写完了版面字数一百三十四万字的长篇小说《凉州十八拍》，此时此刻，我就像一个学生答完了试卷。我一个人其实很胆怯，我不敢拿着这本书独自一人走进凉州，所以我找了"十八少年"陪我来，他们来给我助威，他们来给我站台，他们来替我撑腰打气。

对我的伙伴来讲，很多的朋友，包括十八少年、出版方的朋友、杂志社的朋友、媒体的朋友，他们许多人是第一次进入河西走廊，第一次进入凉州这一片伟大的绿洲。我忽然想起英国诗人兰德的一首诗："我不和人争斗，因为没有人值得我争斗。我爱自然，其次我爱艺术。我在生命的火前温暖我的双手，一旦生命的火消失，我将悄然长逝。"其实，凉州对我来讲可能就是此生的一堆火，让我来烤双手，让我来温暖此生。

文化艺术报：您早年以写诗闻名，后来写小说，短篇小说《我的帐篷里有平安》，获得第六届鲁迅文学奖短篇小说奖。2018年您的首部长篇小说《敦煌本纪》出版，入围第十届茅盾文学奖，评论家张莉认为："《敦煌本纪》实在是当代长篇小说创作的惊喜，这是小说家叶舟历时经年之作，百万字书写的敦煌，雄浑辽阔，惊心动魄，那里埋藏着属于我们的西部精神，一种令人惊异的少年中国气。"从您十九岁写下第一首关于敦煌的诗开始，敦煌是不是给您提供着源源不断的灵感和素材？

叶　舟：记得第一次在图书馆看到一本关于敦煌的画册，图文并茂，让我非常神往。壁画神秘莫测，关于敦煌的歌谣、歇后语也非常有意思。现在回想，可能最重要的就是"敦煌"这两个字。我特别迷恋这个词，也痴迷于它的发音。敦、煌，每次发音就感觉好像有遥远的回声。念大学时，母亲每周给我五块钱，在学生中是富裕的，加上学校每个月发二十块零五毛，我拿着这些钱买书、往河西走廊跑，就像野孩子一样，好像总有一种神秘的力量在吸引我。

2000年春节，因报社采访任务前往敦煌。正值大年初一，闲来无事的我独自徘徊在宕泉河两岸，凝望着莫高窟。四周万籁俱寂，一层层叠加上去的佛窟就好像横亘在天地间的一本大书。刹那间，我下定决心，一定要用一部长篇巨著报答敦煌这座精神家园。年少时的写作充满奇幻的想象，欠缺人生社会经历，但想象力饱满。早期我写诗为主，但大二就在著名的文学刊物发表了小说，只不过那时我更侧重诗歌。我写了很多关于青藏高原的诗歌，跑遍了大半个新疆，还写了很多黄土高原的作品，而三大高原的中心就是敦煌，所以我常说：敦煌是我诗歌的首都。

文学是有版图的，作家所有的想象驰骋和表述，也有自己的疆土。好作家能在文字中建立自己的王国，有属于自己语言的穹顶。对我来说，整个丝绸之路就像强劲的脊椎贯穿在我的文学王国，将我的所有想象支撑起来，支撑起我的诗歌、散文和现在的《敦煌本纪》。

此前所有的诗歌写作，培养了我对语言的敏感，组成了属于叶舟的词汇表，这是基础材料，形成我的腔调和美学。之前的所有中短篇小说，培养了我的叙事能力。

之前所有的写作，都是给《敦煌本纪》做的铺垫，语言、经验、想象、细节全部准备好。就好比你要盖房子，总要先把石头准备好，打好地基，搭好梁子，再把一块块砖砌上去。

文化艺术报：您谈到了《凉州十八拍》是一本献给父亲的书，您父亲是怎样一个人？他对您的创作有何影响？

叶　舟：写完《敦煌本纪》，我都已经把《凉州十八拍》的故事构思好了，但因为我对敦煌周边的几个地点还不太确定，就跟朋友们又去了一趟。不料那一日，我接到了父亲一个电话，就是这个电话，改变了我的写作方向。

因为进入祁连山里考察，干脆没有信号，失联了多日，在电话那头，父亲先是很紧张地问我在干嘛，得知实情后，他嘱咐我注意安全，还说："我肯定打扰你了，抱歉。"我感觉不大对劲，还发现他有些气短，便赶紧回了兰州。第一眼看到父亲时，我就意识到一个人的衰老不是一个过程，而是一刹那的事情。

我父亲是甘肃武威人，二十几岁只身来到兰州，安家落户，自此很少再回家乡，但他一辈子乡音未改。我曾经许诺要给他写一部关于家乡的书，他很期待。《敦煌本纪》出来后他还问过我，你怎么写的是敦煌呢，河西走廊的第一站不是凉州吗？那天看着父亲插上了氧气管，我突然间决定要把我手头所有敦煌题材的写作计划都束之高阁。我必须抓紧时间，首先为父亲写一本书。真的，我有了一种跟生命赛跑的感觉，在接下来的四十七个月中，我几乎马不停蹄，甚至没能歇息过哪怕一天。写作必须有一种纪律，强大而刻板的纪律，宁可十年不将军，不可一日不拱卒。在交出书稿的时候，差不多四年时间过去了，我等于又读完了一个本科，真是悲欣交集，感慨良多啊。出现气短后，父亲每天夜里总要起来好几次，长时间地吸氧，我和弟弟妹妹换班守着他。轮到了我，晚上十点多照顾他歇息后，我却怎么也睡不着，就开个小台灯悄悄地翻阅资料。有一天我听到他问，你在看什么东西？我说，我在看凉州史料，还有些不大明白的地方。

这以后，父亲在夜晚吸氧的时间就变成了一个特别的契机。我总是问这问那，大到过往的历史，小到他幼年时的饮食、服饰、方言、村庄的规模、各个家门的情况等等。上了年纪的人，可能对眼前的事情记不住，但对过去的事却记得比谁都清楚。有天深夜，父亲忽然拔掉了鼻管，对我说了四句他自己整理的《凉州宝卷》：天凭日月，人凭心，秤杆凭的定盘星；佛凭香火，官凭印，江山凭的是忠义。我当即被这样惊世骇俗的句子给震住了，赶紧抄在了纸上，我知道自己抓住了那一根线头，找见了整个故事的腔调，也摸到了将来《凉州十八拍》的心跳与核心要义。这是父亲的加持，更是凉州的赐予。

但悲哀的是，2020年7月20日，父亲还是走了，他没能等到这本书的面世，我恍惚成了孤儿，这部书也成了孤儿，无人认领。在成书的时候，我特地腾出了一页雪白的纸，将父亲整理的那四句话印在了扉页上，心香泪洒，策励自己。那年除夕的早上，我在父亲的墓前敬献了一套书，我终于兑现了当初对他的承诺。我想，每一本书都有自己的使命，无论作者出于什么样的意志去写这本书，冥冥之中真的有一种深情的东西存在。

文化艺术报：您是从什么时候开始想当作家的？

叶　舟：我打小就想当作家。1978年，我考上了甘肃省最好的中学兰州一中。本来我的数学成绩也挺好，但上了初中以后，我对数理化就没了兴趣。当时我的语文老师是一位六十多岁返聘回来的老太太，姓郭，郭淑慧老师，沈阳人，她的语文课讲得可好了。刚开学，我就写了两篇满分作文，她就领着我去别的班上朗读，在秋天烟雨迷蒙的校园里，从一个教室出来，再去另一个教室。如果下一篇写得好，依然是这样，那种温馨而清贫的画面，就像老奶奶领着孙子在周游列国一般。当时我就觉得，我的作文好得不得了，虚荣心爆棚，也隐约地产生了想当作家的念头。上了高中，我幸运地遇见了特级教师李自功先生，这个念头便越发地强烈了。我怀念两位老人家，我知道这就是一种恩养。

1984年，我考上了西北师大中文系，就读于汉语言文学专业，开始拼命阅读各种文学作品，和伙伴们一起办诗社、办诗刊。我大一就发表了第一组诗歌，大二发表了第一个短篇，那篇小说还发在了《作家》杂志上，让我的虚荣心再次爆棚。因为前面有史铁生、王蒙，后面则是韩少功、张承志，我一个在校大学生的处女作放在里面，这肯定是一种无上的加持，况且还得到了一百多块的稿酬，那时我一个月的生活费才二十块零五毛。真的，少年是需要鼓舞的，也因为这段经历吧，后来我做老师，做媒体，但从来也没有放弃过写作。

文化艺术报：河西走廊给您带来了怎样的文学滋养？

叶　舟：我以前写过一组诗，指认祁连山就是一根思想的脊椎，贯穿了西北腹地，挂起了一片高迥的大陆。其实，祁连山北麓的这一条河西走廊，也像脊椎一般，统摄了我的全部写作。恰恰是在对这一条漫长且伟大的精神之路的追逐与书写中，我形成了自己的文学疆域、文学版图，也构筑了自己的词汇表。无论是前期的诗歌和散文，还是现如今的《敦煌本纪》《凉州十八拍》，莫不如此。

说真的，一旦谈到河西走廊，我就立刻热血沸腾，乌鞘岭、古浪、凉州、武威、山丹、焉支山、甘州、张掖、肃州、酒泉、嘉峪关、沙州、敦煌、阳关和玉门关……这些青铜质地的名字，几乎全是伟大而古老的文化密码，它们就像琴键一般，哪怕我念叨起来，都觉得古风扑面，神圣无比。

文化艺术报：您出生在兰州，您的文学地理似乎都在凉州，在河西走廊，兰州是一个怎样的城市？

叶　舟：我出生在兰州一只船街道，它并不长，也不宽，隐身于兰州城内。

我从小就生活在黄河上游，生活在兰州这座重要的水陆码头上。1877年，当德国地理学家费迪南·冯·李希霍芬在他的《中国》一书中首次提出"丝绸之路"这个名词，并被世界广泛认可后，横亘于亚洲腹地深处的这一条天路，仿佛抖落了身上的灰尘，露出了它清晰的骨骼以及斑斓的历史。巧合的是，我所在的兰州城，恰恰就位于丝绸之路境内，它被黄土高原和青藏高原所簇拥，东望长安，向西又毗邻着河西走廊这一条著名的孔道。如果说，写作是一种宿命的话，那么兰州及河西走廊就是我的文学版图之一，也是我的文学疆土，我的长篇小说《敦煌本纪》和《凉州十八拍》就发生在这里。

用一个比喻的说法，我站在兰州这一座水陆码头的瞭望塔上，可以望断千年，看尽春秋。在这里，不仅有大河东去、佛法西来的遗址，不仅有民族融合、各美其美的传说，不仅有语言共生、和平遍地的光阴，即便在如今的日常生活中，仍旧有着丝绸之路这一条伟大的通道，给予我们这个国家的慷慨馈赠。我以前撰写过一部纪录片的解说词，描述从丝绸之路上涌入中国的瓜果与蔬菜，便是东西方文明交流的一种例证。比如，从先秦到两晋，我们接纳了小麦、大麦、高粱这样的粮食作物，接纳了藕、萝卜、胡瓜、胡桃、胡椒、蚕豆、芋头、香菜、豌豆和茄子这样的蔬菜，接纳了生姜、大蒜这样的调味品。从唐朝至元朝，我们又迎接了丝瓜、莴笋、菠菜、胡萝卜这样的蔬菜，迎接了西瓜、无花果、香蕉这样的水果。从明朝到清朝，我们拥抱了红薯、花生、向日葵、烟叶这样的作物，拥抱了辣椒、西红柿、土豆、南瓜、洋葱、洋白菜、西葫芦、菜心这样的蔬菜，拥抱了苹果、菠萝、草莓这样甘甜的水果。真是难以想象，假如剔除了以上这些活色生香、琳琅满目的果蔬品种，我们的餐桌上该有多么单调，我们中国人的味觉该有多么寡淡，我们的诗歌和戏文中将会丧失多少清香的气息。但是不，人类的文明与交流，驱遣着这些植物大军一路东进，翻山越岭，服属了这一方水土，进入了我们的田野与胃囊，养育了我们的昨天和今天，构成了日常生活的一部分。

文化艺术报：您出生的街道一只船，听上去很有诗意，您的笔名与此有关吗？

叶　舟：自小，我们就生活在父亲单位的家属院里，几十户人家乌泱泱的，构成了一个小社会。这个家属院位于兰州大学大门对面的一条街道上，街道名叫"一只船"，绿柳荫蔽，古风盎然，距离黄河也不过四五里地。我上初二时，黄河发过一次大水，洪水漫延到了兰大附近，可见这个地名颇有来历，而我当时却一无所知。工作之后，大概是在1998年，我供职于一家都市报社，偶然看见当地的一家机构发布的告示，他们决定拍卖兰州城内几条街道的命名权，一只船街道赫然在列。这下子我就急了，我感觉一辆疯狂的铲车正在驶来，不仅要铲除这条街的面貌与记忆，它还会让"叶舟"这个名字变成无源之水、无本之木，我岂能坐以待毙、善罢甘休？在那个夏天，我骑着一辆自行车，泡图书馆，走访古稀老人和土著居民，在档案馆里查找旧资料，做足了功课，并发挥了一名小说作者的专长，开始撰写系列文章，向他们讲述一只船街道的前世今生。

  我讲了这样一个故事：其实，一只船街道跟大名鼎鼎的左宗棠有关，历经了百年风云，其来有自。想当年，这位朝廷的股肱之臣抬棺西行，入疆平叛，率领大军路过兰州城时，就驻扎在东门外的一片乱坟岗上，补充给养，昼夜操演。后来，随着前方战事的不断扩大，阵亡将士的遗骸被一批一批地输送下来，又无法及时地运回湖湘入殓，只好暂厝在兰州城的东门外，渐成规模，号称"义园"，类似于现在的烈士陵园。义园周围有重兵把守，擅入者斩，而在中心地带建起了一艘巨大的帆船，船尾靠近黄河水，船头则朝向了南方的故乡。在这里，白天有香火，入夜之后便会升起一盏明亮的桅灯，仿佛在引魂，不至于让那些亡灵迷失，落魄他乡。久而久之，本地的土著居民前往义园跟官兵们做小买卖时，一般会遥指着那一艘木质帆船，称其为"一只船"。我的文章发表之后，有关部门也是从善如流，采纳了这一建议，保留了"一只船"街道这个地名，让我的"脐带"迄今犹在。吊诡的是，时隔多年之后，有几家影视公司来拍摄这条街道的传奇，他们从网上扒下了我的文章，直接当作了解说词，但没有一个人当面采访过我，这至少是他们的损失。因为在我的父母搬离这里时，我特地撬下了那一块老旧的铁皮门牌，保存至今，上面的地址是：兰州市一只船北街108号。

相比我写过几本书、几行诗，我觉得自己干过的最漂亮的事情，就是捍卫了一条街道的历史，同时也保住了"叶舟"这个名字，谢天谢地。

文化艺术报：您在《甘肃日报》工作多年，媒体工作的经历对您的写作有什么影响？

叶　舟：曾经有整整六年的时间，我一直在埋头办报，心无旁骛，没写过一篇小说，甚至没写过一行诗，简直到了身心分裂的地步。我知道，世界上或许并不需要我这样一个新闻编辑，但它可能需要像我这样一个诗人、一个小说家去干点什么。仰赖于甘肃日报社的善待和礼遇，为我成立了"叶舟工作室"，让我一直在从事文学创作，几乎没有任何的干扰，我心存感激。

在我看来，新闻结束的地方才是文学的起点，哪怕是一条简短的社会新闻，其中都包含着足够多的文学元素。新闻是喧哗的、表象的、站在前台的，而文学需要刺破那一张报纸，去究问事件背后的纹理、轨迹与世道人心，后者可能更有力量，也更有说服力，这也是我的兴趣所在。我虽然离开了新闻一线，但这一段经历教会了我对这个时代、对整个社会的热情与敏感，当然也不乏剖析和怀疑的能力。一个人在年轻的时候有过一段新闻生涯，想必也是一件幸事。

文化艺术报：《凉州十八拍》以《赵氏孤儿》为引子，有一个救孤的内核，通篇展现的是义，兄弟朋友之间的小义，慢慢演变成了救亡之义。这部作品有没有故事原型？

叶　舟：坦率地讲，没有故事原型，这完全是我虚构出来的，但是一定要追溯源头的话，我想恐怕也来自父辈们的生活。我父亲这一辈兄弟三人，他最小，两个哥哥都是一米八几的汉子，高鼻深目，肩背宽厚。小时候，两位伯父来兰州城看望我们全家时，我惊讶地发现，这三兄弟点灯鏖战，一边饮酒，一边谈论凉州往事，那种神秘的方言虽然令人费解，但又让我觉得他们来自《三侠五义》和《说岳全传》这样的连环画册，这是"义"的最初启蒙。

《凉州十八拍》里"救孤"的故事貌似有两个层面，一个是北疆贩马集团续门被满门抄斩，但主人的遗孤被五名忠仆救了下来。这些义士一路躲避追杀，南下进入了武威城。只为了少主子能活下来，在十几年的光阴中，他们隐姓埋名，忍辱负重。另一个层面，待这个孤儿长大成人后，他又去救别的孤儿，去拯救沦落在险境当中的红军，也就是西路军战士。实际上，那时的中国也形同一个"孤儿"，内战频仍，山河破碎，民心瓦裂，急需一种不畏死、不屈服的少年精神，去收拾残局，去重振魂魄。这个故事当中频繁出现了一个切口，问这个孤儿原本姓什么。回答说，姓续。什么续？答复说：续命的续，续香火的续——我以为，这才是《凉州十八拍》真正的精神底色，也是整个故事的主轴。

其实，《凉州十八拍》的叙事是相互缠绕的，它总共有三条线索，一条就是前面说到的徐惊白的孤儿身世，以及他的成长与觉醒，另一条则是徐惊白的姐夫顾山农，在那个山河动荡的大时代面前，他凭着一己之力，苦苦经营着贯通河西一线的贸易保价局，但是在暗中又拼命守护着河西走廊自汉代以来最大的机密——铜奔马，不愿意让它被军阀集团和地方势力所掠夺，进而戕害百姓、糜烂西北。然而，顾山农的隐忍与保守，让他走向了妻弟徐惊白的反面，这是大浪淘沙的必然结果。第三条线索是河西走廊境内重要的历史人物与边地传说，诸如鸠摩罗什、罗什塔、萨班渠、左公柳等等，也都被我有机地融入了小说当中，尤其是古典名曲《胡笳十八拍》奠定了整部书的架构，让这个故事飞扬了起来。

文化艺术报：《凉州十八拍》这部作品的现实意义是什么？

叶　舟：我认为，自古以来，河西走廊就是我们这个国家的心腹地带，它不仅仅提供了一种地理上的战略纵深，而且还提供了一种文化、思想的纵深。寻龙问穴，爬梳历史，我们这个民族最初的精神原点其实就是从这个方向上获得的，我们的边塞诗，我们的英雄主义和浪漫主义，我们少年时代的目光，概出于此。我曾经写过一篇散文《何为丝绸之路——以河西走廊为例》，我说当时对整个西北边疆的经略其实有两个集团，一个是军事集团，另一个则是文人集团。在军队收复山河之后，文人们就跟了上去，像李白、高适、王昌龄、王之涣、岑参、王翰这样的诗人开始为这片大地贴上标签，他们用诗歌给每一座山冈、每一条河流、每一块绿洲命名。我想说的是，中国人的精神原乡也在这里，开疆拓土的边塞诗恐怕也只有在这样的壮烈风景中才能写就。

但是，因为众所周知的原因，这一片疆域渐渐地板结了、荒凉了、天远地偏了，成了不毛之地，成了一块生锈的地带，无论从精神还是意志上来讲。我写过大量的诗歌，包括后来的长篇小说《敦煌本纪》和《凉州十八拍》，我渴望用自己的这一支笔去除锈，对，就是除锈。

文化艺术报：从《敦煌本纪》到《凉州十八拍》，您塑造了一批充满阳光朝气的少年，他们是否代表了新时代的凉州文化和希望？

叶　舟：在早年报章上的一篇专栏文章里，我发现了"锈带"这个词。所谓锈，不仅仅是地理上的，还指向了政治、文化和经济，还包括人心和偏见。我撒出了这一群少年,用他们的血勇之情,用他们的无畏和果敢,去清除这些锈迹,把这一片锈带重新擦亮,让丝绸之路重新闪光;另外一层意思,除了赵氏孤儿这种忠贞果敢、赴死勇毅之外,我其实更想谈的是,我们需要重新去擦掉人们心中的锈迹。让路途畅通只有贸易和交流。有一句话说"通则不痛,痛则不通",就跟人的血管一样,这条丝绸之路必须打通,让它呼吸顺畅、长风浩荡起来。在小说里,其实就是为民族寻找一个巨大的后方——战略的后方,文化的后方,思想的后方。

文化艺术报:很多作家都有特别的嗜好,譬如王祥夫的墨镜,您和弋舟的帽子。帽子对您有特殊的意义吗?

叶　舟:其实你不知道我戴帽子的时候心里有多痛苦,我之所以戴帽子是因为头部受过伤,我多想做一个长发飘飘的少年,但是现实磕磕绊绊,这种擦伤太多了。而文学是干什么的?文学是来修复的,不管是狭义上对个人身体的修复、生命的修复,还是广义上对文明的修复、文化的修复,文学就是能起到这个伟大的功效。这一点,孔圣人可以做证,日光可以做证。

文化艺术报:您的业余生活是怎样的?还有其他的兴趣爱好吗?

叶　舟:我的日常生活其实很单调。除了白天写作,最喜欢的就是读帖、临帖,练习毛笔字。酒量在三四两左右,有三十年的烟龄。

杨争光

小说的身上挂满了锁，它需要不同的钥匙

杨争光

  陕西乾县人。1982年毕业于山东大学中文系。深圳市文联原副主席，深圳市作家协会副主席、影视家协会副主席。长期从事诗歌、小说、影视剧写作。著有长篇小说《少年张冲六章》《我的岁月静好》等，中短篇小说集《黄尘》《黑风景》《赌徒》《老旦是一棵树》《公羊串门》《鬼地上的月光》《驴队来到奉先时》《棺材铺》等。作品曾获庄重文文学奖、夏衍电影文学奖、人民文学奖等。作品被翻译成多国文字在国外出版。

  电影《双旗镇刀客》获日本夕张国际冒险电影节大奖；西柏林国际电影节新评论奖；1992年香港金像奖十大最佳华语片之一等；《五魁》获鹿特丹国际电影节观众最佳选票奖；《杂嘴子》获威尼斯电影节国会议员奖；《黄沙青草红太阳》获布拉格国际电影节大奖；《How Harry Became a Tree》（根据《老旦是一棵树》改编），2001年法国/意大利/爱尔兰联合出品。《水浒传》获中国电视剧飞天奖、中国电视金鹰奖；《激情燃烧的岁月》获中国电视剧飞天奖、中国电视金鹰奖等。

  杨争光的最新长篇小说《我的岁月静好》入选2022年中国作家协会重点作品扶持项目，并荣获第九届"深圳十大佳著"，这是2012年以来，杨争光唯一一部新作，也是自《少年张冲六章》之后的唯一一部长篇小说。《我的岁月静好》一经出版，好评如潮。

文化艺术报：诗人、小说家、剧作家这三个身份您最看重哪一个？

杨争光：都看重，关键是写好。我希望我能多写小说，却又是一个任性的人，管不住自己。我有许多想写而没写的小说，放在笔记本里。想小说比写小说轻松，更让我兴奋。想法只是想法，写出来才是小说，想法里的小说与小说距离遥远，甚至在两个世界。但愿我能把想法世界里的小说拉到小说的世界里来。

诗比小说单纯，写诗比想写诗有意思。我1988年之后就没有写诗了，过去的几年里又心血来潮写了两百多首诗，学生帮我放在了电脑里。

电影和电视剧都是订货性质的。虽然是订货，依然对电影心存梦想。希望能写出既是订货又是自己喜欢的电影。目前正在忙于一部电视剧和一部电影的创作，希望能有好的结果。

2017年前我从抑郁症里走出来，受朋友怂恿做了一个公众号。传统的阅读与传播正在遭遇历史性冲击，网络给了写作更为广阔的疆域和可能。我也试图改变一下自己。过去非朋友要求我不写短文，做公众号就得写。对我这样贪玩懒散任性的人，逼迫是有效的，三年里我写了几百篇文章。

我还有意识，也专门花时间梳理了一下中国四十年来的诗创作和中篇小说，各编选了一套丛书，虽然说好的出版因故搁浅，对我却不完全是白费工夫。我对四十多年来的诗和小说有了我个人化的梳理，也有许多新的发现。我还有意识回顾了中国百年来的散文，也有编丛书的企图。中国是一个文章大国，白话文百年来创作了多少文章？又有多少是有价值的？

我因为写作《少年张冲六章》，认真阅读过从小学到高中的语文课本和政治课本。我们的孩子接受的语文教育比我那时好多了，但不能止步于纵向比较，更要有横向比较。在隧洞里行走很容易感受到进步，因为堵住了横向的视角。横向看，我们的文章大面积同质化，少有思想，少有发现。在隧洞里思考世界、思考人，会有多少发现？而这些，即使选出其中优秀的给我们的孩子，又能有多好的营养？

对文章的梳理和对生活的梳理一样，悲哀多于兴奋。

文化艺术报：很多批评家把您归入先锋文学行列，您认可这种说法吗？您最早接触先锋文学是什么时候，您是如何看待先锋文学的？

杨争光：我的阅读总是滞后的，可见，很难有先锋性。

1986年，我在陕北的一个峁沟里待了整整一年，在那儿的窑洞里，读了马尔克斯的《百年孤独》，很喜欢。喜欢他童稚一样看世界、看历史、看人的目光。把人的孤独、群体的孤独写得那么热闹、那么华丽、那么有趣味。时间和历史像毛线团一样团在一起，渗透出的是一种巨大的孤独，时间的，也是历史的。

我很早就听说博尔赫斯了，也看过他的几个短篇，比如经常被人提及被人称道的《小径分岔的花园》，却没有什么感觉。一个被称为给小说家写小说的大师，我竟对他的作品没有感觉，这让我很惭愧，甚至自卑。2005年住到深圳后，博尔赫斯像一个永久的话题，依然有人说。深圳朋友看我一脸茫然，又实在想接近这位伟大的作家，就送了我一套博尔赫斯的作品集。我对博尔赫斯就有了一次认真阅读，结果是依然没有感觉。我也真诚向推崇他的朋友讨教过，也看过推崇他的文章，都让我不知所云。至今，我也没有走进博尔赫斯。如果非要问我阅读的感受，我也只能老实回答，他的小说没有质感。我认为好的小说应该有质感，以中国的文艺理论说，不仅是血肉和骨骼，即使是精气神，也应该有它的质感。对博尔赫斯的小说，我的感觉也许是错觉，那就只好承认我的无力，因为无力，无缘走进这位作家的伟大。

我也曾有意先锋了一下，写过几篇作品。大概是2000年，有一篇《爆炸事件》，发在《人民文学》。有一组三篇《我的邻居》《两层小楼》和《哀乐与情节》，发在《中外文学》。还有一组三篇更短的，《上吊的苍蝇和下棋的王八蛋》《谢尔盖的遗憾》和《高潮》，发在两个杂志上。之所以分开发，是因为第一家刊物的退稿。这样的小说并不比《驴队来到奉先畤》《老旦是一棵树》更受关注。这也给了我一个偏见，就是，进入现代艺术的小说，在我们这儿很难找到读者，即使是编小说的资深编辑、大名声的批评家。哪怕是小说家，又有多少能够体认小说艺术的现代性？我自己就不能走进博尔赫斯，也很难欣赏卡尔维诺。我看过他的一个三部曲，我喜欢《树上的男爵》的立意，不喜欢它的表达。

在我们这里，先锋文学和其他先锋艺术一样，大多标签大于文本。以先锋自居，很容易被观念拐带。昨天的先锋到今天就可能成为中锋或后锋，甚至连锋也谈不上了。对先锋来说，这实在是很尴尬的。

我从没想成为一个先锋作家，也无意于文体实验，甚至有意识居后一些。我苦恼的是具体这一部这一篇的表达，而不是所谓的形式和文体的创新。契诃夫是19世纪和20世纪之交的作家，他简约的表达至今还是极具现代性的，不比后来的海明威差，也不比卡尔维诺落伍。我敬佩所有敢于实验的开创者，我没有这样的勇气和才力。

文化艺术报：批评家李敬泽认为，"杨争光笔下的人不再是现代文学中被界定的'小人物'，原来人无分大小，每一个生命都具有乾坤般的存在的重量"。作为一个思想型的小说家，您被认为很难归类，您是如何看待这个问题的？

杨争光：创作者的风格不是预先设计的，而是在创作实践中自然形成的。托尔斯泰写了《战争与和平》，形成自己的风格没有？和后来的《安娜·卡列尼娜》比较呢？把这两部和再后来的《复活》再比较呢？是不是要用更抽象的词来概括？如果托尔斯泰写《安娜·卡列尼娜》时，念念不忘《战争与和平》的风格，还能写出我们看到的这一部《安娜·卡列尼娜》吗？如果写《复活》又念念不忘《战争与和平》与《安娜·卡列尼娜》共有的风格，他的压力会有多大？能写出我们看到的这一部《复活》吗？我觉得还是把风格的问题交给文学家为好，创作者只管关心并尽力写好每一部作品。只要忠实于自己，总是有一以贯之的东西、相对稳定的东西在每一部作品之中，能让聪明的读者看到隐现在每一部作品中那一个独一无二的作家。这就是作家最鲜明的风格，最大的辨识度。

我不相信写《从两个蛋开始》《老旦是一棵树》和《上吊的苍蝇和下棋的王八蛋》的不是同一个作家。

文化艺术报：20世纪80年代中期到1999年，您的短篇《从沙坪镇到顶天峁》《蓝鱼儿》《高潮》，以及中篇小说《黑风景》《棺材铺》《赌徒》《老旦是一棵树》这些风格十分鲜明的作品足以奠定您在中国文坛的地位。调到深圳后，您的作品越来越少，好像一直没有写过深圳题材的作品，深圳本土就有人批评您是一位深圳的陕西作家，理由是您的书写总是以故乡为核心的乡土题材，以后会不会写写深圳，要是写，会写怎样的深圳？

杨争光：觉得我到深圳之后作品越来越少，是一种误会。事实上，长篇小说《从两个蛋开始》《少年张冲六章》都是调到深圳之后写的，还有《驴队来到奉先畤》，等等吧。我自己认为，仅这几部作品，在我整个的小说写作中，都是我不会轻看的。电视剧《激情燃烧的岁月》也是调到深圳之后做的，给电视剧《我们的八十年代》做总编审还要更后一些。还有几部电影，当然，更有许多的想法，还没写，因为各种各样的原因。

我很少写有关深圳题材的作品，这倒是一个事实，也是我的一个遗憾，以后应该会写的。以前写过一个舞剧剧本，以深圳的从无到有为原型的，起了一个名字：《关于一座城市的舞蹈》，想法是整台舞剧，利用现代舞台声光电的技术，以国标舞为主要表现手段，兼容现代舞与街舞，拒绝芭蕾舞。当时主要的想法就是这个，写得也很顺利，也通过市文联在协会申请了文化基金，但后来听说，排演的不是我写的这个。我当然希望我能写和深圳有关的东西，也有过准备，但至今没有写。原因大约是，这座城市的光鲜与亮丽，睁眼就可以看见。但何以光鲜，何以亮丽？原因会多过满城的勒杜鹃，证据及其说服力也如莲花山和西丽湖一样确实。但这就是这座城市，从起始到庞大，从小水洼到音乐厅，从荒地到中心书城的全部真相吗？与光鲜和亮丽杂糅的，也有汗水与血泪，有牺牲，有戕害，有掠夺，其强悍与掠夺，是否残酷到丧失人性？其证据说服力是否也和它光鲜亮丽的证据说服力一样多，一样确实？人类建造城市，应该是要让人类有更好的生存、更美好的人性。文明的路径上，生长的不仅仅是光鲜与亮丽，应该也掩蔽着血腥与罪恶。如果我要写它，我该怎么写呢？我不知道。一座城市首先是一个人性的世界，人性的世界不会是单一存在。至今没有写，首先的原因，也许是因为对自己的审视与掂量，能不能书写？有没有足够的智慧？还是干脆承认了吧，到现在为止，我依然没有书写它的勇气和自信。当然这并不意味着我不喜欢热爱这个城市，也许更意味着我对这座城市的感情。

文化艺术报：您是如何走上写作这条路的？

杨争光：高中毕业回乡当农民那几年，我们县文化馆每个暑期都会选拔业余创作骨干，举办写作培训班，每期一个多月，有老师指导，让我们编写戏曲剧本。我经朋友引荐，得到认可，几乎每期都会参加。我写成的剧本没有排演过，但培训班却让我做一个写作者的梦得以延续。

我从未中止过阅读。我经常被我妈用笤帚打得满院跑，她认为农村人的正经事是做农活挣工分，而不是看书。还有个理由是，长时间看书会看坏眼睛。

写作培训班的学员们，在恢复高考后，大多考上了大学。

上大学是我能够继续写作并能写成一些作品的更为重要的机缘。不但脱胎换骨，也能重新装备自己。依然还在农村的那些同伴们，有些还在坚持写作，却没有我这样的幸运。我也给刊物推荐过他们的作品，成功率很低。他们是我的镜子，因为各种原因想放弃写作的时候，我就会想起他们。他们写作的条件比我差多了，他们不放弃，我想放弃的理由就都不成其为理由了。

小学四年级的时候，我就想当作家，不知天高地厚。我很庆幸，我坚持下来了。也有坚持的条件。还会坚持下去的，不坚持不行啊，别的不会嘛，只能写作。

文化艺术报：在您四十多年的写作生涯中，您最满意的作品是哪些？

杨争光：我很难说我对哪个满意哪个不满意。我只能按时间段来说。

1988年以前，我写诗。从发表第一首诗到不再写诗，前后约十年。如果加上大学前在农村的那一段时间，还要多一些，十多年吧。海天出版社出版的我的文集，有一卷是诗，按写作的年份编选排序。"我和诗的相遇，正在我年轻的时候。它参与了我年轻的思想和情感，快乐和疼痛。我做过诗人的梦，也为要做一个诗人写过许多诗。我庆幸的是，这样的诗并不是我的诗的主体。我更多的诗是写给我的亲人、我的朋友和我自己的。这也许更符合诗的内质"——这是我写在那本"诗歌卷"后《序或跋》里的一段话。

2008年，我又写了一首一百多行的诗，是写给我的一位朋友的——《给我的蟑螂兄弟》，好像没在出版物上整个发表过，也收到了那本"诗歌卷"里。我虽然不写诗了，但我并未离开诗。我依然读诗，尽管读到的好诗很少。

1986年，我开始正式写小说。所谓"正式"，书面一点说可以叫"自觉"。此前也写过小说，也发表过，是客串。到20世纪80年代末，我写了一批短篇小说。那时候，我希望我的小说不要超过五千字。我关注的是"生存状态"，当自然人和社会人聚集在一个躯壳里的时候，会发生些什么。90年代初的那几年，我写了一批中篇小说。那时候，我希望我的中篇小说不要超过五万字，其中有《黑风景》《棺材铺》《老旦是一棵树》等等，我的关注点依然在民间，包括家族和村社文化与国民的根性，还有民间暴力。我以为民间正是我们文化传承的土壤。国家是家族和村社的扩大化复制。

20世纪90年代末，我写了一些自以为是实验性的作品。比如《谢尔盖的遗憾》，想写绝对的自我意志，写社会个体矛盾的生存状态；比如《上吊的苍蝇和下棋的王八蛋》，是想呈现遗忘和记忆这种悖论式的存在，会使我们处在什么样的困境；比如《高潮》，想写的是一个女人的性高潮可以和政治历史的模式化运行有关。

2000年以后，我又写了一些小说。我希望我的小说能触及我们文化的源头和根系。困境中的我们何以如此无奈、无助、无力、无聊、无味。我们飘浮却无精打采，我们沉沦却无轻无重。如此"乏"的我们，在什么样的境况下才能点亮灵魂和精神的灯盏！

当然，小说不是论文，我知道的。我说过，小说的身上挂满了锁，它需要不同的钥匙。

我很难回答我自己最满意的作品有哪些。在微信里看到黄永玉好像回答过类似这样的问题，他说得很调皮，问母鸡下了这么多年的蛋，最满意的是哪一个，母鸡会怎么说呢？这不是逃避，也不是说我对我的作品都很满意。事实上，我对我们大半个世纪以来小说创作的水准，整体评价是不高的。

文化艺术报：您是电影《双旗镇刀客》的编剧、电视剧《水浒传》的编剧之一和电视剧《激情燃烧的岁月》的总策划，这些影视剧当年都有不错的口碑及市场影响力，您是怎样处理写小说和编剧的关系的？

杨争光：把小说改成剧本，或把剧本改成小说，我都有实践。改剧本为小说是因为不让拍，我觉得可惜才改写的。我有过好几部这样的作品。《双旗镇刀客》拍了就没有改写成小说的必要。

我的体会是，小说改剧本容易一些，剧本改小说难。小说《流放》也是从剧本改的，竟改了一年。发在《收获》之后又拍成电影了。

文字的画面感和影视的镜头是不一样的，文字的画面有想象的加持，影视的镜头要的是具体和真切，需要表意饱满。对小说来说，叙述也许是必需的，对剧本则是多余。小说不能是一个又一个画面的组接吧？短小说也许可以，长一点就有可能别扭。

文化艺术报：2011年的《驴队来到奉先畤》之后，您再也没写过小说。重新写小说，为何会写《我的岁月静好》这种您以前从来没有碰过的题材，有什么特别的意义吗？

杨争光：我在《我的岁月静好》后记里曾说过：

"2011年的《驴队来到奉先畤》（首刊于《收获》）之后，不再作小说，想来，已十年有余，直接的原因是2012年突如其来的抑郁症。每天都在每时每刻的焦虑与间歇性恐惧里度过，说生不如死并非夸张，又没有去死的勇气。绝望时从二十六层楼上往下看过几回的，终于没有纵身一跳，也许是抑郁之症还不彻底之故。

"2012年，实在是一个大的节坎。

"这样的境况，能有的只是煎熬，岂止不能作小说。

"洋药和中草药都用过，起作用的似乎是洋药。如果非要质问，'也用了中草药啊！'那也是确凿的，我无意也无心辩解。

"三年煎熬，终于从抑郁症里爬了出来，依然不作小说，因为身弱心虚，也因为世界已不是2012年之前的世界。现实里正在发生的人事，似乎比所谓的小说更小说，每一个更小说的人事，使小说家们的想象和笔力频显寡淡。如此，还有多少作小说的理由？

"冀望岁月静好者似乎越来越多，自以为岁月静好的们在微信朋友圈的晒好也就格外显眼。这就给了我一个刺激，想探究一下静好们的静好以及何以能够静好。结果，就有了这一个《我的岁月静好》和能够岁月静好的德林，以及种种。

"德林是要看世界的，却并不因为小说家们的寡淡和现实世界的魔幻。"

文化艺术报：为什么把小说的题目定为《我的岁月静好》？小说主人公企图用"岁月静好"抵抗"岁月不好"，最后却成了一种带点自我欺骗式的逃避和掩盖。"不好"依然坚硬存在。

杨争光：小说写好后，发表之前，曾起过许多名字，最后确定了这一个，是因为《收获》和人民文学出版社的朋友，他们认为这个合适一些，我觉得也不错，就用了这个。

在并不静好甚至疯魔的岁月里，却能拥有静好的岁月，是要有一些超常的能耐的，如有好事者愿意罗列，可以编一册指南或秘籍，仔细看去，既有静好们与时俱进的创新，更多的还是悠久的祖传。这也正是我们这样的国度适宜养育岁月静好的一个因缘。

德林应该属于知识阶级，不仅是岁月静好的拥有者，也是岁月静好的阐释者、光大者。"行年五十而知四十九年非"的，是圣人和圣人之徒，如德林。他的知识和智慧，以及合适地运用，令我感佩，也发冷，以至于惧怕，也时时怀疑着我自己，是没有静好的能力，还是抑郁症依然在暗里作祟——你以为你爬出来了，实则是一个抑郁症患者的妄想！

屋前河塘里的野鸭拍打着翅膀，给水面划出一道道优美的弧线，正是屯溪的雨后，阳光鲜活，花草昂扬，红硕的凌霄，初孕的葡萄，一团团圆润又蓬勃的绣球——各样的生命都要静好到兴奋了……满世界不仅是冀望岁月静好的世界，也是拥有着岁月静好的世界。

我又有些羡慕德林了，我相信，无论在什么样的境地，他和如他一样的人们，是不会抑郁的，更不会焦虑和恐惧，都能拥有他们的岁月静好，而且，是不容置疑的。

文化艺术报：您的作品一直被认为给中国当代文坛带来了一股混杂着黄土狂沙的西北风。在长篇小说《我的岁月静好》中，您放弃了此前浓烈的"西部传奇"风格，以平淡直白的语言写了"一个以观看为生活之法的知识分子，观看邻居现场杀人，观看自家拆迁，观看妻子提出离婚，观看自己与生活的荒诞故事"。

杨争光：从骨子里说，我的写作从来没有离开过现实关怀，也没想过要离开，就是想离开也做不到，即使是历史题材的作品。面对诸葛亮，我们审美价值的坐标是"智慧"，是"聪明"，是伎俩的"妙趣"，而我对这是有"看法"的。非人性的、丧失生命关怀的审美里没有悲剧，没有崇高，没有庄严的道德理性，没有对生命的悲悯，有的只是游戏和游戏的快乐。

人有耻感之后，才有多种可能性，也许，还有悲悯……这种自认静好其实是一件非常耻辱的事情，我们却会用很多理由来辩护。就像穿上一套衣装，好像很正常，还很光鲜，就应该这样，不这样的话又能怎么样？这是最好的了。好像还真找不到比德林更好的方式了。

文化艺术报：《我的岁月静好》一改您此前浓烈的"西部传奇"风格，以平淡直白的语言将日常琐碎纳为小说的聚焦点，这部作品可以视作您在文学创作上的分水岭吗？

杨争光：是不是个分水岭我不知道。按照前边我们说过的，我已经有许多个分水岭了，是不是？

我有个看法，要能写出中国农民和读书人的"面目"，也就差不多写出了中国的面目。我一直关注两种人，一种就是农民，因为我始终认为咱这个国家就是个农民国家，思想情感、好多心理包括处理问题的方式都带着农业社会的那种文明。但是当你面对一种新的文明的时候，有很多东西就是腐败、迂腐的东西，甚至是反动的东西，依然在我们生活中。人虽然住在城里边了，但处理爱情、处理婚姻、处理家庭依然还是那种方式。还有一种是知识分子，就是中国的读书人，他们是少数。一般来说，读书人是这个社会的中坚，应该引领风气、带动落后的东西朝文明的方向去。但事实上这类人很难出现，在这里你也看不到现代人、现代化的这种曙光，这种光点都看不到。

更多的是德林这种人，他们就是有这种能力，能够永远保持、推崇

"采菊东篱下，悠然见南山"，他往往会忘记陶渊明的"刑天舞干戚，猛志固常在"，他忘记这个东西——逃避矛盾，逃避现实，尤其是逃避责任的时候，他总是会有一套说辞。

李泽厚有一个"民族文化心理结构"的说法，我认同。这种文化心理结构一旦形成，就很难改变。德林也有这种东西，我姑且称之为"岁月静好型文化心理结构"。

德林这种人肯定是岁月静好，但这样的人和这样的社会，确实就让人很绝望。能看这部小说的人应该很少，读懂这部小说的人应该更少，小说里的人物相互之间也很难读懂。

当然，小说不是论文，说了那么多，可能都是隔靴搔痒，甚至不着边际，德林是学哲学的，他有好多他自己的哲理名言，比如：

"经验告诉我，对马莉，用笑最有效果。对父母，我多用点头。对兄弟朋友，我多用握手，我上去一只手，再捂上去另一只。一握手，又是朋友兄弟。一点头，又是骨肉父子。一个笑，又是好夫妻，进一个被窝。"

德林自称是一个经验主义者，一个经验主义者不会为幻境而活，也正因为务实，经验主义者就有了他所谓的岁月静好，即使在非人的境地，也能活出色彩和精彩。

文化艺术报：考上山东大学之前，您一直是在农村生活，在那个物质与精神都极为匮乏的年代，能读到的都是些什么书？

杨争光：高中毕业到上大学之前，我在村上当了四年人民公社的社员，对农活很不在行，村人的讥讽嘲弄让我很自卑，同龄人也不愿和我一起。我妈是哀子不幸惜子不争。那时候，书就成了我的朋友。

毕竟是民间，在农村还有遗落的书籍，比如《苦菜花》《迎春花》，连封皮也没有了，也不知道书名，饥不择食，有食胜过无食。上大学之后才知道，这样的阅读竟都是粗粮！物质与精神匮乏的生命，怎么可能不缺营养？怎么可能有健康的体魄，健康的精神与情感？就这还想当作家，在四年级的时候就想了，就阅读那些小说。

我和一个同学拉生产队的葱转村卖，挣了十块钱，去县城新华书店全买了书，至今还记得，有鲁迅的两本小册子，还有一本《用阶级观点阅读〈红楼梦〉》，是李希凡先生写的。怎么也想不到，多年后我竟成为他山东大学的校友。又多年后改编央视九八版《水浒传》，他是顾问之一，我们在一起讨论《水浒传》。

也能找到细粮。当时有中华书局出版的《中华活页文选》，选辑的古代文学作品大都是精品，有许多在大学学习中国文学史时又重新学了一遍。《红楼梦》可以读，也能买到。我现在还保存着人民文学出版社出版的《红楼梦》，序言是李希凡先生写的。我买的那本小册子，很可能是带序言的单行本。

高中二年级分班，分在了政治理论班，生吞活剥地阅读了马克思的原著。教政治的老师就是我们县的哲学家了，给我们讲《费尔巴哈与德国古典哲学的终结》《反杜林论》。那时候全民学哲学，有艾思奇先生的《辩证唯物主义与历史唯物主义》。现在回头看，哲学在那个时代的我们手里，可以那么——那么Low。

农村几年，唯一喜欢的是读书，拿到什么读什么。一位收留了我们全家的邻居有一本小开本竖排版的《唐诗三百首》，看我爱读书就送给了我，我至今保存着，已没有了封面和前边的几页。以上所说的，几乎就是我全部的积蓄和贮藏了。我带着它们，走进了山东大学。

也有写作的训练，除了自己在本子上的胡写乱记，要感谢我们县文化馆和文化馆的老师。回到农村，修水库是最有个人时间的封闭式劳动，在外地不回家，劳动回来就是自己的时间，遇到雨天，时间就全是自己的。我喜欢秦腔戏，大队有宣传队，每到快过年时会排戏和文艺节目。听朋友说文化馆办戏曲创作学习班，我就写了一个独幕戏剧本，朋友拿给馆长，竟被选中，从此一年一度文化馆的创作学习班我都能参加，绘画、诗歌、戏曲还有讲故事。文化馆的老师各有专业，让我大开眼界。经他们介绍也看了一些书，柳青的《创业史》第一部，就是那个时候看的。它也许是陕西几代作家作品里，对陕西作家最具影响力的作品。

文化艺术报：您是从农村走出来的，又先后在天津、西安、深圳等大城市定居，在您的作品中，大部分还是写乡村里的人，很少写到城市。在您看来，如今的乡村与您曾经生活的乡村相比，发生的最大改变是什么，您还熟悉今天的农村吗？

杨争光：如果没有童年和少年的乡村生活，我的写作就不会是现在的风貌和样态。如果没有上大学以及后来的深圳，我童年少年的乡村经验，在我的作品中就会是另一个模样。大学以及到天津、到西安再到深圳，使我的目光有了不同的焦距，视野的版图不再单一。生我养我的乡村是生命的出发地，不同的城市，尤其深圳，是生命的再造之地。出发地更多的是自然、是情感，再造地更多的是认知、是精神。我每年都会在老家待一段时间。因为朋友的倾情相待，我有好多作品是在老家完成的。

常回老家，也因为母亲。我住县城，她住乡下，见面不多，对她对我都有一种踏实感。在深圳，相距三千多里，她会担心我；回到老家，即使生病她也踏实。母亲去世以后，老家对我来说就立刻空洞了许多。母亲在，我就不会长大，母亲走了，我一夜之间成了年过花甲的老人。

虽然乡村正在荒芜，但对我来说，哪怕只是一片荒草，也是我的老家，是一生的。

文化艺术报：您最初的写作是从诗歌开始的，后来又写小说和剧本，您是如何看待这三种文学体裁的？

杨争光：我曾经认为诗是各种文学样式中最高级的，现在不这么看了，早就不这么看了。文学可以有各式各样的文体，都可以达到文学的极致，当然也都有可能很烂。应该看重极致和烂，而不怀有文体歧视，也许更接近公正。

我对诗有过十多年的迷恋。在上大学的前两年几乎阅读了学校图书馆能找到的所有诗集，包括汉译诗。那时几乎每天写一首诗，回头看，大部分很幼稚。诗的阅读和写作有效强化了我的表达训练，对诗性的认知，拓宽了我对文学和艺术审美的视域。这两样，尤其后一样，使我终身受益。写小说和电影，我依然看重诗性。有人说我的小说土得掉渣，却不显土，洋气。如果是真的，我就会认为是得益于写诗的训练和对诗性的不弃。

文化艺术报：您的作品里有很多对话，您也很擅长写对话，写小说的都知道对话是很难写的，您觉得怎样才能写好对话？

杨争光：叙述语言是小说家的，对话是人物的。小说家既是他自己，又是每一个人物。对话是塑造人物的重要手段，也许还是最直接的手段。如果能准确把握人物在事件、情节、具体场景中的心理状态和情感状态，他或她会说什么样的话就好把握一些，容易找到他们应该有的语言。我希望我能把握好每一个人物，包括哪怕只出现一次的人物，尽可能让他们准确地表达自己。哪怕是一句语焉不详的反应，哪怕是一个没有字面意思的语气词，也希望在对话中写出节奏。

对话也可以叙事的，也可以推动情节向前或者拐弯的。我曾在写作中实验过，证明是有效的。

文化艺术报：在您的创作中，哪些作家对您的影响最大？

杨争光：从简洁上说，我得益于写诗。写诗要求字数少，十多年写诗的经历给我一个习惯，节省文字，这个习惯被带到小说的创作。海明威的简洁对我也颇有启发意义。

我对契诃夫的评价很高，他是最具智慧的小说家。托尔斯泰，墨西哥著名作家胡安·鲁尔福，还可以列出很多。中国的，我最喜欢的是《史记》和《红楼梦》，还有鲁迅的作品。他们是中国文学史上的三座高峰，都是令人赞叹的存在。

我喜欢读话剧剧本，也佩服很多剧作家，比如莎士比亚、莫里哀、迪伦马特、奥尼尔、阿瑟·米勒等等。我认为，老舍最好的作品是他的《茶馆》。

文化艺术报：早先，一些批评家谈到您的中篇小说《黑风景》《赌徒》《棺材铺》《老旦是一棵树》的时候，批评家用乡村地理学、地域文化小说、农民的仇恨和暴力的黑暗性劣根性、残酷叙事等等来概括您的立场，您怎么看？

杨争光：小说是描写、描述、表现、表达人的艺术。在我前期的小说中，侧重表现原始的、自然的状态中的人。他们生存环境一般比较恶劣，相对封闭，也相对独立，常常处于一种自生自灭的状态，几千年的农村人都是这样生活过来的。我一直有一个观点：都市村庄。谈到这，就说到农民的根系，它是扎在土壤中，不是钢筋水泥中。我要做的就是要把树苗连泥带水提起来。

批评家的各种分类和分析，自有他们的道理。在我看来，小说是复杂的，人和人组成的社会比小说更复杂。

文化艺术报：在您的创作中，影视作品是非常重要的部分，比如《双旗镇刀客》《五魁》，作为《水浒传》的编剧和《激情燃烧的岁月》总策划，您当年在影视界也是风云人物吧？

杨争光：我肯定不是影视界的风云人物，但确实亲历了20世纪末十年以及其后许多年中国电影电视的演变历程，也算是一个当事人吧。是当事人，也是局外人。在文学也是这样的，写诗写小说与文学有关，与文学界关系却不是很大，当然也有很多朋友，都是我很敬重的作家。如果要用一句话说我这一段时间的写作生活，我愿意说我是一个把小说和电影电视写作真当一回事来做的散淡人。由于真当回事儿，就会认真，自己较劲，不管是小说写作，还是电影电视剧的写作，都一样的，有汗水也有心血，就和种庄稼的人把种庄稼真当一回事儿一样的，扯不到什么高尚，也扯不到比写作以外任何行业的人更辛苦。

文化艺术报：相比您当年的写作道路，您认为今天的年轻人，要写出来是更难还是更容易一些？

杨争光：现在的年轻人，自尊心很强，在我看来无异于抚摸的异见，在他们就成为有伤自尊的批评了，会怀疑自己，甚至扭身而去。看似精致，其实精致包裹着脆弱，没有那种在摸爬滚打中生长出的坚硬与粗粝。

我做电影的经历告诉我，一个团队里的互相碰撞、互相激发，哪怕是挨"砖头"，都会使自己获益、让作品有亮点。

罗伟章

真正的创作是对某种启示的忠实记录

文化是土
艺术作翼

罗伟章

罗伟章

著名小说家,四川省作家协会副主席。著有长篇小说《饥饿百年》《谁在敲门》《声音史》《寂静史》《隐秘史》,五卷本《罗伟章中短篇小说》,散文随笔集《把时光揭开》《路边书》,长篇非虚构作品《凉山叙事》《下庄村的道路》等。作品多次进入全国小说排行榜,曾获人民文学奖、全国读者最喜爱小说奖、《当代》长篇小说年度五佳、《长篇小说选刊》金榜领衔作品、亚洲好书榜、《亚洲周刊》全球华语十大好书等,系中宣部全国文化名家暨"四个一批"人才。

2022年,是罗伟章的丰收年,长篇小说《谁在敲门》获首届高晓声文学奖,长篇报告文学《下庄村的道路》获"五个一工程"奖,中篇小说《镜城》获第七届郁达夫小说奖、第十三届"万松浦文学奖",长篇小说《隐秘史》上榜《扬子江文学评论》2022年度文学排行榜长篇榜、《南方周末》2022文化原创榜,《凉山叙事》上榜名人堂2022年度十大人文好书榜等。

文化艺术报：您的长篇小说《谁在敲门》长达六十三万字，先后登场的有名有姓的人物，一共有一百六十人左右。其中，又有多达三四十位人物能够给读者留下相对深刻的印象。但如果想进一步从中确定到底哪一位或者哪几位算得上是小说的中心人物，却又是非常困难的一件事情。看完《谁在敲门》，感觉这是一部没有主人公的长篇小说，是一部人物群像式展览结构的长篇小说。批评家王春林更是把《谁在敲门》定义为一部当下时代乡村世界的日常生活浮世绘，这是有意为之的吗？

罗伟章：是的。小说发展到今天，已形成相对固定的范式，这种范式被广泛认同，因此也很容易形成作家的思维模式。就长篇小说而言，基本上是用一个戏剧化的事件和由主要人物带出的人物群像，去呈现社会结构和命运走向。经过众多作家的实践，证明这是一套很有效率也很成熟的写法。但既然成了模式，就有固化甚至僵化的危险。我写这个小说，开始就希望破除戏剧化成分，让生活自在流淌。王春林说是"日常生活的浮世绘"，岳雯说"最是尘网深织"，都是从这个意义上去评论的。这种写法有它的难处，需要耐心、感受能力和发现人物内在价值的能力，同时还需要静水深流地把握和表达时代的能力。批评家们也这样认同，认为这种写法更考验作家。当然，同时也考验读者。

文化艺术报：长篇小说《谁在敲门》对曲折幽微的人情世故的深入理解与把握，被批评家贴上了"人情小说"的标签，青年批评家黄德海更是把《谁在敲门》与《红楼梦》相比。对人情世故的洞察和表现是《谁在敲门》的显著特色吗？

罗伟章：人情世故不是凭空而来，它来自生活的教育与磨砺，我相信没有一个作家的写作只是为了表现人情世故，人情世故背后的柔软与坚硬，我们和他们的来路与去向，才是小说的骨头。当然你要说它构成《谁在敲门》的显著特色，也是可以的。但我再一次强调，那只是表象。

我熟悉川东北的乡村地缘与生活，所以把《谁在敲门》的故事放在川东北山村。小说当然写到了城乡二元结构时期，人被牢固地锁定在自己生活的空间。我耳濡目染，那里的人物几乎都有外出史或者迁居史，他们与故乡联结的那根血管过于纤细，不是逢着大事件或者重要节点，不会轻易归乡。在这部小说里，第一代是纯乡村。第二代有些已经是城里人，但由于种种原因又回到乡间，由此带来了不少生活的错位。第三代有的通过读大学，找到了稳定的工作，有的通过打工，寄居于城市，都不再从事农耕了。我写到了李志和妻子青梅，这两人无力在城里扎下根，乡村又回不去，处于一种无根状态，精神委顿，靠啃老过活，变为城市空心人，这给城市文明带来挑战……

法国史学家布罗代尔说："山排斥伟大的历史，排斥由它带来的好处和坏处。"这话多半是事实，整体是傲慢或者促狭。文明是排斥不了的，没有哪种文明的保存，是通过排斥而取得了成功。山千千万万年矗立在那里，人类和存续于人类的文明，则如同河水，流动既是河水的体态，也是河水的使命。一滴水，再加一滴水，不是两滴水，是一大滴水，这是水与河的关系，是自我与他者的关系，也是个体与时代的关系。但没有一个时代是孤立的。每个时代下的人们，骨髓里都敲打着古歌。祖辈的付出与寂寞，深潜于我们的生命。而前方和更前方，是生命唯一的方向，我们的歌哭悲欣，证明了我们在朝着那方向，认真生活。

这部小说最初的名字，叫《家春秋》。听上去显得有些狂妄，似乎要把伟大的巴老《家》《春》《秋》三部曲一笔收下。当然我没有这样的意思，但也免不了令人遐想。出版社就提到这事，没说我狂妄，只说跟巴金的小说太同名。我原拟了几个小标题，第一个小标题就是《谁在敲门》，那就把这个小标题变成书名吧。出版社觉得非常好。我后来想，确实也比《家春秋》好，而且好很多。成稿把小标题去掉了，是因为我不想在河上修堤坝。之所以还分了章节，完全是从阅读习惯考虑的。

文化艺术报：在小说创作之余，您还写了《凉山叙事》《下庄村的道路》两部长篇报告文学，《下庄村的道路》还获得了中宣部"五个一工程"奖，能谈谈这两部作品的创作初衷吗？

罗伟章：这两部作品起因都是约稿。《凉山叙事》是当时国务院扶贫办和中国作协共同发起的一个行动，叫"扶贫路上的文学力量"，约了全国二十五个作家，写二十五个点位。《下庄村的道路》是中国作协创研部来电话，说重庆市巫山县有个村干部，带领全体村民用最原始的工具，在悬崖绝壁上修了一条路，希望我去写篇报告文学。我首先要做的事，是转换角色：把要我去写变成我主动想写。通过深入采访，这种转换完成了。然后是对凉山和下庄村各自的生活样态和精神实质进行提炼。《凉山叙事》因为重在阐发移风易俗，因此得纵论古今，找出根源；《下庄村的道路》相对单纯些，领头人毛相林被称为"当代愚公"，我要挖掘出其传承性和当代性，如果只有愚公精神而没有当代愚公精神，这个人和这个作品，也是很难成立的。

文化艺术报：在创作《下庄村的道路》前，您在素材搜集和整理方面做了哪些工作？

罗伟章：先是看，再是访。看是指提前准备，看些相关资料，而做这个工作是没有气味的，但是写作需要气味，所以访才是重点。访的层面很多，不只是下庄村，还有巫山县，还有重庆市，以及与之毗邻的若干地区；也不只是下庄村人，更不只是毛相林一个人，还要扩展到当下人、时代里的人。如果这类写作只写出了个案，没有表达出时代情绪和时代精神，就谈不上意义。

文化艺术报：《凉山叙事》和《下庄村的道路》这两部长篇报告文学作品与您以往的创作体裁不同，怎样做到从虚构转向报告文学？

罗伟章：这也没什么特别的。两种文体有密切的相关性，也就是文学性，其次是分清它们各自的路径，一个是从虚构走向真实，一个是从事实抵达真实，报告文学属于后者。因这缘故，掌握大量的事实，然后分析这些事实，寻找出本质性和规律性的东西，就成为创作报告文学的命脉。

文化艺术报：作家胡学文曾谈到您早期的中篇小说《大嫂谣》《我们的成长》《我们的路》等作品"沉重却不绝望"，有着能带给读者希望的"温情的底色"。在您的作品中，一直沿袭着这种悲悯情怀，这和您的阅读还是成长经历有关？

罗伟章：要说，应该都有关吧。那是一种生命态度，生命态度如何形成，分析起来是十分复杂的。

关于悲悯，我曾跟武汉大学一位教授讨论过，他的意思是，你只要在悲悯，你就是站在居高临下的立场上。初一听我还惊了一下，细一想却也没啥道理。事实证明，具有悲悯情怀的人，都是在平凡中蕴含热情和博大的人，居高临下不可能悲悯。揭开伤疤不是我的本意，伤疤给予我的痛，才是我绕不开的东西。写作是从个人通向人人，作家的任务，就是凿开那条通道，然后去表达你的发现、痛楚和热爱。

文化艺术报：当今文坛，很多人说宏大叙事的现实主义文学已经落伍了，年轻作家和读者更喜欢现代风格的作家，您是怎么看的，您的写作风格有没有受到影响？

罗伟章：每个时代都有每个时代的文学，这个很正常，但我们需要辨析的是，一种文学形式的产生、兴盛或衰落，背后体现出的是价值观。比如唐诗宋词，诗表达庄重与巍峨，词则可以歌唱晓风残月，这就是两代人对精神态度和价值观念的诉求。但到了今天，我们既读唐诗，也读宋词——只要是好的。文学过不过时，不是形式或流派，是作品本身。在我心目中，没有流派。有了这种认识，我当然就不会受影响。

文化艺术报：《隐秘史》是您以"史"命名的三部曲中的最后一部，此前的《声音史》《寂静史》，均反响热烈，分别进入中国小说学会年度好小说、《扬子江文学评论》全国小说排行榜，《声音史》获十月文学奖，《寂静史》获《钟山》文学奖，《隐秘史》荣获首届凤凰文学奖，批评界认为"这部作品超越了许多同类题材的主题呈现"，"成为突破传统乡土小说艺术范式的'有意味的形式'——以一种更加恢宏的时空概念打开了人的内心世界'隐秘史'"，这三部作品在您心中处于什么位置，是不是您最重要的作品？

罗伟章：它们在我心里都有很好的位置，但不能说是最重要的作品，如果我这样说了，《谁在敲门》怎么办？《饥饿百年》《大河之舞》《太阳底下》《世事如常》怎么办？还有我那么多中短篇呢。这听上去像是玩笑，其实不是，一个写作者如果足够认真，他写出的作品在他自己眼里，就都是重要作品。

文化艺术报：您对19世纪的作家更钟爱，尤其是托尔斯泰，这是一种情怀还是他们的作品比现代作家更加优质？

罗伟章：当然是从作品论。他们更广阔，对人的定义有更多的质疑和探讨；他们心里有"信"，这种"信"不一定是信仰，而是对更高尺度有敬畏和期待。

把托尔斯泰的几大部长篇都读过了，读过不止一遍两遍了，我便对着他的画像说："你能教我。"

他能教我什么呢？我书架上的许多书，都能教我修辞和技巧。但在托尔斯泰那里，技巧完全内在于人物，没有他的准确、浩瀚和深刻，就学不来他的技巧，我知道自己是学不来的。

然而，他指证了人类忧伤的核心，注目于世界可能裂开的伤口和应该成就的和谐，他用自己的全部文字，阐扬着文学的更高规律和更高使命。

人类文明的支撑，包括文学的柱石，靠小聪明是靠不住的。小聪明只能造就趣味和雷同。托尔斯泰于我的意义，是让我认识到自己的渺小。

到这时候，我明白自己是走在怎样的路上了。对伟大著作的阅读和日复一日的写作，让我发掘和看见了自己——自己最坏的和最好的部分。

文化艺术报：您说过好的文学就是"从别人的故事里看见自己"，这句话有特别的意义吗？

罗伟章：没有啊，就是这样啊！一个好的作家，都是有心的，毛姆批评许多作品有强烈的感情，但是没有心，而好作家有心；因为有心，就能将心比心，就有了灵魂。在读者方面，好读者也是有心的，总能在好作家的作品里审视自己，从而建设自己。我们读书，如果不能联系自身，书的价值就会大大缩水。

文化艺术报：早年《大嫂谣》这一批中篇小说之后，一些评论家说您是"底层文学"的代表作家，因您的作品中描绘了形形色色的"小人物"，涉及社会的各个阶层，您好像很不喜欢"底层文学"的代表作家这个称谓。文学没有边界，也没有地域的界定，只有好坏，现在批评界似乎很少再提"底层文学"了。

罗伟章：我不是不喜欢"'底层文学'的代表作家"这个称谓，我是不喜欢一切标签。标签意味着限定，而写作的大快乐，就是撤除栅栏和限定。阿来评价《隐秘史》，说"上及审美的天空，下及生活的暗流"，不管他说得对不对，我欣赏这种上穷碧落下黄泉的感觉。写作一旦进入这样的状态，文字就生出翅膀了。

文化艺术报：乡村被认为是中国当代作家表现最为优异的场域。柳青、路遥的写作是否对您产生过影响？面对不同的社会现实和时代背景，您书写乡村的角度和方式有什么不同？

罗伟章：前辈作家对后辈作家，都应该是有影响的，后辈作家都是要记恩的。但我也不能攀附说柳青和路遥对我有大影响，《创业史》和《平凡的世界》我都没有通读过，路遥的书我认真读过的是《人生》，《人生》真好，现在读还是好，对一个作家来说，这就非常了不起了。

我写的乡村，和柳青、路遥他们的当然会不同，时代不同了，生活面貌不一样了，生活面貌是要深刻触及内在星空的，因此乡村的魂也变了。写作方式上，我会借鉴20世纪作家的探索成果。前面说我对19世纪作家更钟情，但事实上，20世纪作家在文体上作出了巨大贡献，如果对这些贡献和成果视而不见，那当然是愚蠢的。

文化艺术报：您的创作在很大程度上都关联着您个人的生活经历，

您如何看待虚构与现实之间的关系？

罗伟章：说关联我的个人生活经历，那其实也是一种假象。我说过，如果我写出的文字跟我的生活太像，就感觉这个小说写坏了，必须重新写了。真正进入小说写作，就必定进入虚构的想象。但我主张不要廉价想象，也就是毫无生活体温和逻辑的想象。

文化艺术报：在尝试了老师、记者等不同的职业之后，为什么会在而立之年选择辞职专职写作？您选择辞职的时候，正处于世纪之交，市场经济蓬勃发展，文学创作也不似20世纪80年代那般火热，在这个时候选择全职写作，应该需要很大的勇气。

罗伟章：不需要勇气，甚至与勇气无关，问心就是了。确实想写，不写不行，那就写吧。当然上着班也可以写，但我那时候的小环境不适合，认识的人太多，酒局太繁，所以才辞职，离开故乡，到了成都。

记得二十多年前的那个中午，同事们都回家吃饭或下馆子去了，我一个人待在办公室，阳光从窗口照进来，无所用心地落在宽大的写字台上。

门外的车声，时高时低，时急时缓，像大河里的浪头子，给人苍苍茫茫的感觉。苍苍茫茫，是属于时间的。

在这样的时间里，一个声音对我说：你应该去写作了，人生仓促，再不写你就老了。这声音清晰到如同雕刻，却只让我一个人听见。于是我听从了它的指令，顺手撕下一张公文纸，写了辞职报告。

那时候，我在川东北的达州城，任职所在单位某部门的主任。我辞职，不是辞主任，是辞公职。

我当时根本没想过走另一条路，诸如停薪留职，或设法调到一个相对清闲些的地方，是直接就把公职辞掉了。这种辞法似乎也不必要领导批准，报告一交，即刻走人。

而今想来，做得这么决绝，唯一的原因和所有的原因，是那个声音唤醒了我，并戳到了我的痛处。

我是热爱写作的，念大学时的生活费，多靠文章维持。大学一年级，参加四川省大学生征文比赛，还得过第一名，从马识途老人手里接过了奖杯。

但毕业过后，就把写作忘了，并非因为有了工资，不愁吃穿，而是浮于人事。如此混混沌沌地，竟过了十一年。

后读《古诗源》，其中有首短歌，很是让我震动。说的是，与其掉进人堆，不如掉进河水，掉进河水还有救，掉进人堆就没救了。

多年以后，知道我那段经历的人，常当着我的面，说我"执着"。如果这是夸我，就实在是把我高看了。我就是胆子大而已。

钱是分文不名的了，事实上，为到成都落脚，钱袋早已抠穿，漏成了负数。儿子又正上幼儿园，没成都户口，进不了公立学校，只能高价读书，也只能继续借钱。

可是，一辈子这样借下去吗？即是说，靠我一支笔，真能写出个光景来吗？我算什么？念书那阵，无非在《山花》《青年作家》《中国青年》《大学生》等刊物发表过作品，全都没过万字，且丢了这么多年。

写得累了，停下歇息的时候，就不能不想到这些事。

钱是一方面。另一方面，我差不多是在糟蹋自己的人生。在先前的单位，鞋踩脚踏的，虽说不上康庄大道，也有其自在随心的宽阔：效益很好，职业也算光鲜体面。

再说主任都当了，难保不当个别的啥。分明有坦途可走，偏要拐到深谷峻崖白水黑浪的小路上去，不知是太把自己当回事，还是太不把自己当回事。

我的老同事和老熟人，都在这样关心我。又过些时，他们听说，罗伟章的腰佝偻了，佝偻得不成样子了，头发一根不剩地全白了，才三十多岁，就从头到脚是个老头子了；听了，为我愁，深更半夜打电话来求证。

我的头发现在白了许多，但当年，是一根也不白的。腰板是我想弯的时候就弯，不想弯就是直的。可换个角度看，那些说法又并无错处。它描述了一种人生败象，一种边缘化或被边缘化最可能呈现的景观。

来成都的前五年，要不算回老家，我的出行半径不会超过一平方公里。对一个正值盛年的人而言，这够窄的，窄得跟家畜——或者说得明白些吧，跟一条狗的活动范围差不多。

老实说，时至今日，我还常常怀念那五年。那是彻底的属于我自己的五年。我读书、写作，两种生活都让我快乐。

写作基本在白天，晚上读书。写作也可称勤奋，但与读书比，就算不上。多数时候，我睡在书房里，睡地铺，吃完晚饭一会儿，就躺到地铺上，捧了书读。

顺便一说的是，躺着读书，比坐着和站着都更入心，大概是解除了体力的负担，便更能专注的缘故。

来成都写了十多年小说，又有了另外的境遇，因我写过《饥饿百年》《大嫂谣》《我们的路》等小说，被评论界说成是"底层叙事"代表作家之一。又因为写过《奸细》《我们能够拯救谁》《磨尖掐尖》等小说，被说成是"中国教育小说第一人"。

被界定，是许多作家欢迎的，为的是批评家在论述某个话题时，可以被提及。但我从不在意那些，我还写过那么多别样的小说。

文学只有在文学自身的范畴内，才能呈现它的宽阔。即便是很窄的题材，也有窄的锋芒和锐利，并由此写出大的格局，成就宽广的风景。

因此，我不仅要说世间的宽和窄取决于不同的标准，还要说世间无所谓宽窄。如宽一样窄，如窄一样宽，有了这等心境，就能拥有舒阔的人生。

文化艺术报：我看到您的一篇文章写道，家里人多，没有自己的书房，您是怎么读书写作的，现在有自己的书房了吗？

罗伟章：开始一大家人挤在一起，实在没有多余的空间，我便只能在饭厅里写作。后来岳父母和姨妹都搬走了，儿子也到外面读书去了，家里空旷起来，我完全可以辟出一间屋来做我的书房，但我没有。我的书房还是在那饭厅里。包括妻子，她的书架和书桌，开始蜷在卧室的阳台上，现在依然蜷在那里。许许多多个日日夜夜，我们是那样度过的，我们和我们各自喜爱的书，包括那特定处所的气场，已彼此渗透。总之是习惯了，跟自己的手眼心长到一起去了。就我而言，只有在老地方才能心无旁骛。更深人静时分，我常常从地铺上爬起来，打开书柜门，闻书的气息。后来读《过于喧嚣的孤独》，很能理解里面写到的书报的气息。书的气息是木质的气息。在这样的氛围中，看书的名字、作者的名字，契诃夫、福克纳、叔本华、麦尔维尔、马尔克斯、曹雪芹、司马迁……他们就在这里，与我为邻。非但如此，还和我同居一室。

书也好，书房也好，终归是为我所用。张爱玲不喜存书，书稍多就送人，甚至扔掉。钱锺书杨绛夫妇也是。当然他们有特殊性，钱锺书那种照相似的记忆，世所罕见，非常人能比；但他夫妇俩不仅书少，书桌也极简朴，是两张学生桌。海明威当年在巴黎，照片上都是赤膊袒胸，坐在卧室里打字。塞林格更是常常一丝不挂，安然地在没有邻居的屋外写作。抗战时期，巴金和沈从文避难桂林，是共用一张石桌，《边城》就是那样写出来的。尤其不能想象的是萧红，她被囚禁在那霉气冲天的小旅馆里,眼看就要被卖进妓院,是如何写出了深致婉转的《春曲》……我的有些熟人和朋友,把书房弄得过于讲究,过于具有仪式感,比如不许外人进入,连家人也不许;比如熏香;比如要给书放轻音乐;比如写作前要面对书架,闭目吐纳。这自然是各人的习性,不好多说什么的,我只是觉得,书是生活的一部分,阅读和写作同样是生活的一部分,不该与日常如此隔绝。

文化艺术报:您是如何走上写作之路的,在写作上,受到了哪些人的关爱和指导?

罗伟章:我哥喜欢读书,我很小的时候,他很得意地背诵《古文观止》里的文章,也很得意地把他的作文念给我听,我至今记得他作文里的某些句子,像"大地在沉睡,昆虫在长鸣",让我第一次知道大地也是要睡觉的;由此推演,天底下的一切,包括石头、水、神仙……都是要睡觉的。这着实让我惊讶,并对万物感到无比亲切。要说,大概这就是文学兴趣的起源了。当然最根本的起源还在于母亲早逝,我六岁的时候母亲就去世了,你投奔的怀抱空了,内心茫然而孤独,得找到另一种方式说话。我读高中时就向外投稿,但没有发表过,读大学才开始发表作品。

成为作家的因素,我不知道,因为每说出一点,都可能遭遇反证。但我想,执着地侦察人生的困境,对生命的敬意,与万物荣辱与共的情怀,还有对经典的阅读,至少是需要的。

想在写作上被人提拔是难的,那完全要靠自己。写作不存在也不需要提拔。指导却会无处不在,就看你是不是有心。人家一句无心的话,对你可能就很重要。所有说出过那种话且被我听进去了的人,都是我的指导者。我专事写作后还遇到过几个好编辑,首先发我长篇散文的是

《天涯》的王雁翎，首先发我短篇小说的是《长城》的杨金平，首先发我中篇小说的是《青年文学》的赵大河和《当代》的周昌义，那两个小说差不多同时发出来。《人民文学》的宁小龄看到我发在《青年文学》又被《小说选刊》转载的小说后，有天晚上十点多给我来电话，对我那个小说作了评点，指出了不足，然后希望我也给他写一篇。于是我写了《我们的成长》，他拿去就发了头条。这些人，都对文学极其认真、虔诚。你一个无名小卒写的东西，人家都认真对待。但是一个真正的写作者，主要还是看自己的宽度和深度；写作者只关注自己的内心，且用自己的方式去表达。只要你努力，也到了一定的水准，总有人会认真对待你的。

文化艺术报：现在有一个有趣的现象，在既邀请了批评家又邀请了作家的文学座谈会上，往往批评家到得比较多，而作家缺得比较多，似乎二者很难说到一块儿，您会出席这些文学活动吗？您怎样看待当下批评家和作家的隔膜？

罗伟章：也出席呀。我们都希望是真作家、真批评家，只要"真"，隔膜就并不存在。批评家首先要读作品，不读作品就张嘴说话，事先也就解除了"真"，和作家之间的对话便不可能成立。这样的批评文字满天飞，正意味着批评的缺失。真正的批评是一种发现。在这一点上，我非常认同乔治·斯坦纳的观点，他认为批评家要与书评写手区分开来，要百里挑一，把好作家和好作品推荐给公众。但我们的许多批评家做不到这样，他们把研究和判断简化为牢骚，把评论作品简化为挑刺——而不是甄别，更谈不上发现。一个普遍存在的事实是，批评家对作家和作品越是不了解，说话口气就越大，就越敢指点江山。作家跟批评家的会议，变成了庭审现场，批评家既当公诉人，也当法官，审判的对象是作家，而作家还不能抗辩，否则就说你不接受批评。但文学的事实远不是这样的。批评家可以当法官，只是这法官不是谁都能当，要舍得下笨功夫，要有公正，有慧眼，有对文学和读者高度的责任心；其次要求，要有洞察力，有思想。批评家经常指责作家没有思想，但他们自己在这方面似乎也并没提供什么价值和意义。那些让人敬重的批评家，不仅能给出一种方向，作家甚至还能从他们那里得到灵感。当然这样的批评家非常少见，其实是罕见。

另一方面，如果没有深入的、令人信服的剖析，只一味表扬，一味说好话，那样的好话是廉价的，跟一味挑刺的"批评"，没有本质上的区别。

再一方面，作家的脆弱也显而易见。不知从什么时候起，文学界似乎形成一种心照不宣的"共识"，作家坐到批评家面前，就是为了听好话。这简直近于无耻。这种不健康的风气背景深厚，由来已久。爱听好话是人之常情，但那是感性的层面，感性层面要经得起理性层面的过滤。作家要学会脸红，要有耻感，要掂量自己配不配那样的好话。同时——如狄德罗所言，我们不仅要听赞美之声，还要考察一下赞美者的德行。

总之我觉得，批评家自以为享有裁决的霸权，而作家发现你事实上并不具备享有霸权的能力；作家内心的孱弱；文学界的不正之风……使批评家和作家不能达成真正的交流。这方面我更喜欢诗人，他们的闹闹嚷嚷至少包含着一种民主。不过据说现在的诗评也已败坏了。

文化艺术报：以前看过您一篇文章，谈到您在写作中遇到难题，就会走向托尔斯泰，向大师寻求力量。从早期的《大嫂谣》到最近的《寂静史》，您的作品中始终有着悲悯情怀，这和阅读大师的作品有关吗？

罗伟章：前面说了，托尔斯泰并没教会我什么，他太高了。他从未受到现实世界的深深伤害，却写出了巨大的悲悯之作。他是对人类存在意义上的悲悯。他小说的结构，教堂般恢宏庄严。这实在太高了。太高的人是不会教你的，正如"篮球之神"乔丹，优秀到伟大，退役后却不去当教练，那是因为他当不好教练，在他那里非常简单的事情，你却要通过努力才能做到，甚至百般努力也做不到，他就不能理解，也指不出让你改进的方法。托尔斯泰于我就是这样，因此我举不出具体的实例来说明他怎样推动了我。我只是从他那里接受宏观的教益，那就是：如何强健自己的灵魂，如何面对自己的工作，如何让一些普通的词汇跟自己的写作达成平衡。

我读书没有系统……我当时睡在小小的书房里，搭地铺，晚上十点左右关了电脑，就躺下看书。稍不留心，就看到凌晨一两点，当熄灯就寝，我感觉充实而且幸福。许多时候，关了灯又开灯，又接着读。读得乱七八糟的，没什么系统，要说有一点，是我喜欢上一个作家之后，会尽量多读他，除他本人的文字，还有关于他的文字，只要能找到，都不想放过。雨果、陀思妥耶夫斯基、梭罗，也包括毛姆的《月亮与六便士》，当时都给了我难以言说的震撼。但最初震撼我的，是毛姆，是他的《月亮与六便士》。这书是从地摊买来的，淡红封面，满目尘埃。读这书的感觉，正如伍尔芙描述的那样，让自己灵魂中的孱弱和陈腐，土崩瓦解。这感觉并不愉快，甚至很难受。优秀的书会给人快乐，伟大的书一般不会，伟大的书往内里走，走到幽暗的深处，让你触摸到自己，并把自己扒出来，修剪或洗涤。这过程即便不是脱胎换骨，也要经历一番疼痛。生长的疼痛。疼痛过后，你明白自己变得不一样了——变得更好了。

说到读书这事，我特别赞同布鲁姆的看法，他在《文本的研习》中说：与草草读完许许多多的书相比，深入地阅读一本书的经验会教给我们更多的东西。好好读一本书，也就可以以此为基点阅读任何一本书，而把书当作流通货币的人则根本不可能完完全全进入一本书。另外我觉得，一个人一定要隔一段时间就读一部大部头，这几乎说不出理由，但我觉得是这样；我有好久没读过大部头了，这让我空，而我没读大部头的日子读的是鲁迅，按理不应该空，但就是空。大部头（当然是杰出的那种）是山峰，短文章（当然也是杰出的那种）是山峰上的土石和花草。我实在应该马上去找一本大部头来读了。

穆 涛

文章的气象，就是人的气象

写文章要说真话

穆涛
2023
六月

穆 涛

《美文》杂志常务副主编，中国散文学会副会长，西安市作家协会主席，中国作家协会散文专业委员会委员，西北大学教授、博士研究生导师，陕西省文艺评论家协会副主席，享受国务院特殊津贴专家，陕西省有突出贡献专家。著有散文集《俯仰由他》、《看左手》、《明日在往事中》（与贾平凹先生合作，贾平凹作画，穆涛行文）、《先前的风气》、《中国人的大局观》、《中国历史的体温》，随笔集《肉眼看文坛》《放心集》《散文观察》。《先前的风气》一书获第六届鲁迅文学奖和"2014中国好书"奖。2017年获全国五一劳动奖章。

《先前的风气》获得鲁迅文学奖后，沉寂八年，作家穆涛的两部历史散文集《中国人的大局观》（陕西师范大学出版总社）、《中国历史的体温》（百花文艺出版社）出版。出版后再度引发关注和热议，《中国人的大局观》获首届"漓江文学奖"、获评《中国出版传媒商报》"2022年度影响力图书"、获评《文学报》2022年度好书。《中国历史的体温》入选探照灯2023年3月"中外文学佳作"榜。

文化艺术报：获得鲁迅文学奖后，一旦谈及获奖作品《先前的风气》，您都颇为低调，一直在说："这就是一本编辑手记。"批评家鲍鹏山直言："《先前的风气》是承续着散文的文脉的，是承接着先前的散文风气的。是立德立言之文，是敦厚风气之文，境界高迈，超越是非，文字厚道，几乎圣贤气象，直接最高境界。"您是怎么看这本书的？

穆　涛：《先前的风气》中的文章，基本是《美文》杂志每期扉页上的导读语，只有一页纸的地方，字数有限制，想多写也不行。

这个栏目，以前是平凹主编写。由他写，读者爱看。他写得好，编辑部琐碎的稀松平常事，也写得神采飞扬。有一天他把我叫到办公室，说这一段事情多，让我替他写几期。我说这是主编的活，我干不了。他问我："知道做副主编最重要的是什么吗？"我说："听主编的话。"他说："回答正确，写吧。"从1999年开始，就这么写下来了。平凹主编写的叫"读稿人语"，我写的叫"稿边笔记"。

扉页上的这些话，写起来挺费劲的。要体现编者的用意，又不能太具体。平凹主编倡行"大散文"的写作观念，大散文是什么？散文写作应该大在什么地方？这些东西是不能喊口号的。我从中国古代文章的多样写法入手，再参照史料，一粒芝麻、一颗苞谷地收拾，尽可能去掉书袋气。假装内行的理论腔，读者是厌烦的。有一次研讨会上，一位评论家说我举贾平凹的大旗，我当场反对，平凹主编那天也在场的。旗子是什么？节庆日挂出来，平常日子卷起来。以这样的意识从事文学工作是不妥当的。2011年吧，陕西师范大学出版总社的刘东风社长找到我，建议把这些文字归拢一下，结集出版，并一起商量了书名，于是就有了《先前的风气》这本书。

《先前的风气》是2012年出版的，2014年获得鲁奖，运气不错，同年还获得了"中国好书"奖。

获奖后，有记者让我说感言，我只说了一句话："平凹主编让我做编辑，还主持常务工作，我却得了创作的奖。让我当裁缝，我却织布去了。"

文化艺术报：您长期沉潜于典籍阅读，上读先秦典籍，下读唐宋、明清文献，经、史、子、集，从典籍中汲取养分，抒写散文，把自己由一个编辑、作家读成了"汉代的经生"，这种阅读是为了探究世道民心，还是您的精神取向？

穆　涛：我不是作家，是编辑，我下功夫读了一点汉代和汉代之前的书。不是为了写作，是编辑《美文》杂志的需要。

《美文》杂志的主编贾平凹提倡"大散文"写作，他个人比较关注汉唐文化，我是副主编，要把他的理念具体化来编刊，就开始阅读汉代的一些作品了，比如董仲舒的《春秋繁露》、贾谊的《新书》、司马迁的《史记》、班固的《汉书》，在具体读书的过程中，感觉汉代的东西很值得我们今天借鉴。

今天的大学教育，还有中学，教历史的方法不太对路数，把历史弄浅了，差不多快弄死了。我们经常说承续传统，接通文脉，不过嘴上说说而已。"五四"时期那一批文化人是通中国文脉的，"五四"的功德是让我们建立了现代意识，但有一个大的遗憾，他们反传统下手重了，矫枉过正，后来再经过"文化大革命"，让我们这一代人和历史产生隔膜了。没有历史感，看社会问题的眼光会短浅。

我有一个熟人的孩子，在英国一所比较好的大学读书，他和我说过一个事情，他同学里有欧洲国家的，也有埃及、日本和韩国的，老师时常让他们谈一点自己国家的文化，要求谈具体的人和具体的书。有一次分给他的题目是介绍儒家。这个孩子一直很优秀，小学中学一路考试名列前茅，关于"四书"和"五经"的名词解释他是烂熟于心的，但英国教授不让这么谈，要谈对人和书的具体认识。最让他不好受的是这个题目让日本同学完成了，他觉得很没面子，用他自己的话说，我给中国人丢脸了。他让我推荐书，我就说读读"五经"吧。同时介绍了一点汉代整理"五经"时的具体情况，也提醒他先不要看《易经》，到了一定岁数再看。一年后他又来看我，带着一个本子，他把《诗经》抄了一遍。

为什么我要讲这个呢？我们今天把"五经"视为典籍，觉着有多么高大上，望而生畏，望而生敬。但在汉代，"五经"是大众读物，和"四书"是明清的大众读物一样，科举考试考这个。汉代还没有科举，是察举制，相当于推荐制，但推荐的基础和标准是"五经"。

文化艺术报：您在一篇文章里谈道："读书和吃饭一个道理，吃饭长身体，读书长脑力、长精神。有人说读书是雅事，我觉着是苦事，需要辛苦扎实去做的一件事。一说雅，就虚了，弄虚就会有假。"今天人们似乎很难坐下来静心读一本书，您是如何坚持，排除干扰的？

穆　涛：中国人重视读书的这个传统，是因为"学而优则仕"，读书出众的人，又有能力，可以出仕做官。这个"优"字，不是优秀的意思，通"悠"，指有余力，有做事的能力。从汉代开始，隋唐之后，这项制度进一步完善为"科举制"，直到清末废止。科举考试，是我们中国的智慧创造，用今天的眼光看，至少有两个亮点：一、科举考试的大门是开放的，底层的百姓可以通过科举改变人生命运；二、科举考试是智慧中国建设的一种探索和实践。官员手中的权力，融入了中国传统智慧的内涵。为了写作去读书，我觉着，这是把关系弄颠倒了。因为读书养脑子，长主见，一个人长时期读书积淀，再用心研究社会和人生，有了主见，一点一点表达出来，写成文章，这是写作的基本途径。为了写作去找书读，写出的文章会窄。掺进一些"硬知识"，也会有"夹生感"。好比为盖一个房子，去找建筑材料。如果你是大户，家底充裕，这个房子会水到渠成；如果家里没存货，穷人一个，现去挣，房子盖起来也是东挪西凑的。

读书要有目的，就像吃饭。要去干活，就得吃，再难吃也得咽。真正累的是干活，吃饭吃累的人，是闲着的贵族，还有老人。

文化艺术报：一部好的文学作品，什么是最重要的？

穆　涛：文学写作，认识力是第一位的。无论散文，还是小说，跟人怎么活着是一个道理。一个人目光长远，看问题透彻，就会得到尊重。文学写作有点像跳高比赛，跨过了两米六的高度，就是破纪录的冠军。用什么姿势都可以，俯卧式、直跨式、剪式什么的，腿脚笨一点也不伤成绩。如果横杆只是一米，再不断翻新姿势花样，别人不会当成跳高，还以为是练体操呢。

散文与时代的关系，就是文学与时代的关系。

文化艺术报：您说过作家写农村，要警惕"失真"，但中国作家"失真"着写农村，是有传统的，能否具体谈谈这种"失真"背后潜藏着的文化伤痛？

穆　涛：当下的中国农村正在经历前所未有的大转变，在脱胎换骨般变化着。改革开放四十多年，基本上形成了由"乡土中国"到"城乡中国"的社会转型，"土地"一词的内涵也发生着质的变化。简单地说，土地不仅仅生产庄稼了，传统的乡土观念也在裂变。当下有两亿九千万"农民工"，这是中国职业中的"新人类"，分布在中国所有的城市，包括县城。在这个群体的背后，还有几千万的留守老人和留守儿童。今天的农村问题，不再是简单的文明与落后、进步与保守，已经关乎中国的社会进程以及未来趋势。这样的现实状态下，如果再用"田园诗"那样的眼光观察并书写中国农村，就有点不合时宜了。

把当代文学和现代文学相比较，还可以发现一个明显的欠缺点，进入现代文学史的那些作家，中国传统文化底子厚实，他们启动了向外国作家学习的程序，眼界和眼光开阔了，但他们创作的作品中国气韵浓郁，也饱满。今天的文学杂志与现代文学杂志比较，同样可以印证出这样的认识，当代的文学杂志对中国传统文化和文学，继承和研究得远远不够。

比如"文学标准"这个问题，中国古代的文学是有中国标准的。但自从白话文写作以来，直至今日，已经一百年了，我们尚没有建立在现代汉语基础上的严格的中国文学标准。一个国家的文学，是呈现国家精神的。应该认识到，我们已经到了建立中国文学标准的时候了。中国文学要有"中国芯"。在这个问题上，文学杂志要有所作为。

文化艺术报：《中国人的大局观》这本书一经面世就备受关注，中国人的大局观究竟指的是什么？

穆　涛：大局观是指生活态度。我们要蹈大方，但大方是什么呢？大的东西是无止境的，外延是广阔的，是可以无限探索的。大的东西有时候不一定是在远方，可能在我们心里面，在我们认识里面，是需要我们具体认知、认真探讨的。

文化艺术报：在《中国人的大局观》中，对"时间""春天""春秋""二十四节气"这些概念，您以"引经据典"的方式进行了"注释"，这些都是需要深厚的学养支撑的，您对古代典籍的阅读是从何时开始的？

穆　涛：1998年我主持《美文》工作，担任副主编，平凹主编提倡大散文写作主张，他建议我读一些汉代的文章，这是原因之一。第二个原因是我个人喜欢韩愈的文章。我们读中国古代文学史，知道韩愈在唐代推动"古文运动"，所谓的"古文"具体指的就是西汉及西汉之前的文章。这一时期的文章行文朴素，清醒大气，这样的状态也是韩愈文章的特点。

宋代的苏轼评价韩愈是"文起八代之衰"，讲韩愈的写作扭转了八个朝代文章的衰势，而回归到中国文章的文宗正统。由唐代上溯八个朝代，正是上接西汉。由此可见，苏轼与韩愈不谋而合，他们同时推崇汉代的文风。苏轼的这句评论，还另外带出他的一个文学判断，他讲的由汉到唐的八个文风衰势时代里，包括晋代的陶渊明，和我们冠以"风骨"的魏晋。在苏轼看来，这两种写作方式均不入中国文章的主脉大统。

我从汉代的贾谊、董仲舒、陆贾、晁错开始读起，之后又系统读了《史记》《汉书》《淮南子》《礼记》，渐渐沉浸其中。汉代被称为"大汉"，还有一个词，"汉唐气派"，汉代的气派和气场，有大的智慧之光。今天很多东西都可以直接上承到汉代，汉代坚守中国的大传统，同时又是一个开放的思维形态。比如丝绸之路，在汉代之前，中国不跟外国人往来，丝绸之路开启之后才有了世界的概念，有了交流和交往，它代表了一种中国人思维方式的转变。汉代开启的这种与国外的交流交往，使中国成了一个本质上的世界强国。此外，还有一个重要因素，我们今天读到的秦朝之前的典籍、历史文存、孔孟之道、诸子百家等，百分之九十五是汉代的学人们重新整理出来的，这也是我越来越对汉代的历史感兴趣的原因。

文化艺术报：您的两部新书《中国人的大局观》《中国历史的体温》都是历史随笔，您过去的大部分著作，也都是从历史经典中来。您觉得书写历史随笔，应该遵循怎样的历史观？

穆　涛：我不是刻意准备去写这本书的。河北廊坊有一句土话，挺形象，"搂草打兔子"，本来是去拔草的，顺手打了一只兔子。我读书有一个笨习惯，说是做笔记，其实就是抄书。这也是逼出来的，尤其是史书，没有时间专门研读，工作中杂事多，有空了就抄几段，事情忙了就放下。我个人的经验是，抄书好，抄一遍等于读三遍。我的抄书卡也简单，把A4白纸一分为二，一个章节或一个文章抄得了，就装订成册，中间有了想法和感触，随手写在纸卡上，一并装订。我的这种"活页文选"累积了三个纸箱子，有一年暖气管渗水，其中一个箱子腐败了一半，心疼死了。亡羊补牢，后来买了一个大樟木箱子，不仅防潮，还防蛀虫。作家写历史人物或历史事件，要留心一个重要问题。中国的史书体例很特别，有纪（本纪）、传（世家，列传）、表（年表）、志。写一个人物，仅仅读他的传是不够的，可能在皇帝纪中也有记述，文武工商不同人物，可能在志、列传，甚至年表中都有相应的记载。写一个人物，只读他的个人传，可能真的会挂一漏万。

文化艺术报：您说有了时间就有了历史，这对于现代社会有什么意义？

穆　涛：我们为什么回头看？其实多数情况下是为了往前走。往前走会遇到很多问题，也会遇到很多障碍，有些地方可能走不通，有些时候辨识不了方向，那就回头看看我们历史上发生的事，从历史经验里找找方法，找打开难题之锁的钥匙。在历史典籍中找答案，是我们的愿望，我觉着可能性不大。历史可能有相似之处，但不会重合的，重演的历史一定不是既往的史事，而是新的存在。

在我的理解中，我们反观历史，很多时候是在找启示，给我们今天如何往前走提供一种智慧的选择。

文化艺术报：当年您在《长城》杂志顺风顺水，也在石家庄安家，后来来了《美文》杂志，这是怎样的一种机缘？

穆　涛：1991年时，我在河北的《长城》杂志做小说编辑。主编交给我一个任务，让我去约贾平凹的稿子，最好是小说，散文也行，而且说得很严重，约到有奖励。原因是1982年贾平凹在《长城》发表过一篇小说《二月杏》，刊发后受到不少批评，之后再没给《长城》写过东西。去西安之前，我做了些功课，把两三年间贾平凹发表的小说找来读了，还读了一些评论他的文章，把观点也梳理了一下。到西安后，一位朋友带我去他家里，他挺客气，还说对《长城》有感情，批评的事与杂志无关，但不提给稿子，说以后写。我知道这是托词，便把读过的小说逐一说了我的看法。他听得特认真，但直到我们告辞，也不明确表态。

第二天晚上，我独自又去了他家里，开门见是我，还是那种客气。我说，昨天忘了说几个评论文章的观点，今天来补上。我把几个观点陈述了一下，也说明了我的看法，有同意的，也有不同意的。他一下子聊性大开，谈了很多他的想法。聊的过程中，我看见墙角有个棋盘，就问：“您也下围棋？”他说：“偶尔玩玩。”他建议下一盘，我说好呀。我本来是想输给他的，趁着他赢，我抓紧要文章。下过十几手之后，我就发现要输的话，太难了。后来是他主动推开棋盘，"咱还是聊写作的事吧"。接下来就融洽了，他铺开宣纸，给我画了两幅画，还写了一幅书法。我拿着字和画，说："其实我就想要您的小说。"他笑着去里边的屋子，取出一个大信封，说："你读读这个，咱先说好呀，这个小说是给别人的，我想听听你的意见。"我接过来一看，地址是《上海文学》，收信人是金宇澄。记得当天晚上西安下着小雪，我是一路走回我的住处的，四五里的路程，心情那个爽朗。

  这是个中篇小说，名字叫《佛关》，当天晚上我就看了大半，写得真是好，酣畅淋漓的。第二天一早，我先去复印，当时复印还贵，一张一块多。再到邮局，把原件挂号寄回《长城》，忙完这些，回宾馆再看小说。一个下午看完了，晚上我拿复印件再到他家里，他翻看着厚厚的复印件，看我在稿子边上写的读后记，说："复印挺贵呢。"我说："您的手稿我早上寄回《长城》了，打电话跟主编也汇报了，他说发头条。"他听过就笑，说："你是个好编辑，我们西安市文联正筹备办一本散文杂志，创刊时你来吧。"《佛关》刊登在《长城》1992年第2期。1992年9月《美文》创刊，1993年3月，我到《美文》报到。后来见到金宇澄兄，为《佛关》这个小说向他致歉，他笑着说："平凹跟我说过了，说被你打劫拿走的。"

  文化艺术报：您和贾平凹老师既是朋友又是同事，为了让您安心，他连续两年跟您去石家庄过年，用真情打动您的夫人随您调到西安，这种感情是多么真挚。你们在工作、生活中是如何相处的？

  穆 涛：我给你说一件事，让我感慨至深的事。二十多年了，一直铭记着，从不敢讲。

  1998年4月，我做《美文》副主编，主持常务工作。当时我爱人还在《长城》做编辑，她在石家庄长大，父母年事已高，孩子又小，她对来西安工作有顾虑。记得是1999年底，腊月二十左右，平凹主编跟我说，想去石家庄看看。我说快过年了，春暖花开的时候去吧。他说这几天正好有时间。说走就走，我们两个坐火车到的石家庄。当时没有高铁，火车慢得很。路上他告诉我，不见生人，不住宾馆，在你家里住两天就回。其实这挺让我为难的，我家房子是那种老式的两居室，一间孩子住，女儿穆一九岁，儿子穆拾三岁，姐弟俩住上下两层床。他说我住孩子房间，大学宿舍都是这种上下铺。我拗不过他，就这么安排了。在石家庄三天，他也不出去转。我约来三个老友跟他打麻将，都是编辑，《河北日报》的桑献凯，《诗神》的杨松霖，《文论报》的刘向东。他们四人打，我负责倒茶，下楼买烟，到时间点做饭。

在石家庄三天，关于我爱人工作调动的话，他一句也没说。他走后，我才想明白，他来石家庄，是告诉我的家人和朋友，我在西安挺好的。

2000年春节前，他又跟我回了石家庄。我不让他去，但他坚持去，托熟人早早买了票，当时的火车票很不好买。这一次，我给他安排住部队的招待所。安静，没人打扰，就是吃饭不太可口。三位老友陪他打麻将之外，还见了画家韩羽先生，两个人一起又写又画，很愉快。他这次到石家庄，我爱人感动了，跟他说："贾老师，您别再辛苦了。我同意去西安工作，什么工作都行。"一家人跨省调动很麻烦，又一年后，我爱人调到了西北大学出版社，还是做她喜欢的编辑工作。女儿就读西安最好的中学，西北工业大学附属中学，儿子读西北大学附属小学。

平凹主编的两次石家庄之行，我一直记在心底。他于我，不仅是知遇，更是安身立命。

文化艺术报：您和贾平凹合作的《看画》在读者中影响很大，可否谈谈创作起因？

穆　涛：《看画》，是贾平凹的画，以及我的添足文案。最初应《十月》杂志之约，是顾建平兄的创意。后来就移植到《美文》上，作为一个固定栏目，有十几年了。平凹主编有一次问我："你写了几十篇看我的画的文章，关于我的画，你怎么一个字也不写？你都看哪去了？"我说："写您的画好吧，有人会说媚上；说不好吧，有人会说我抗上，还是不写为好。"

平凹主编的画，也是他的文学创作，我行我素，不拘不束，兴致而来，兴尽忘归。有时突然而至的一个灵感，他会先画出来，之后再慢慢写成文字。最近这几年，他开始研究技法了，一次他问："什么最难画？"我说："画云。"他铺开一张纸，一团一团地挥毫，之后端详了一会儿，在边上题字：羊群走过。画面上，是云之下的羊群，还是羊群走过之后的云团，出其不意，似是而非。"知非诗诗，未为奇奇"。

我读他的画，是领略他的精神。《看画》这个栏目，出版过一本书，叫《看左手》，意指他右手为文，左手为画。

文化艺术报：您在西安读书、工作生活有三十年了吧，这座城市在您心中是什么位置？

穆　涛：2018年，西安市给我颁发了一个极大的荣誉，叫"西安之星"，我从市委领导手里接过证书，貌似平静地走回座位，但晚上回到家里，是掉了眼泪的。到西安快三十年了，这是西安给我上了精神户口，我融入这个城市了。如果我是一棵苗，是西安这块厚土让我破土的，如果我是一棵树，是这块厚土让我长起来的。谢谢贾平凹，谢谢《美文》，谢谢西安！

文化艺术报：当年我们在西大读书的时候，您是著名诗人，后来在《青年文学》杂志发了一篇短篇小说《茶酽了》引起震动，再后来，您最醒目的身份是编辑，《美文》杂志常务副主编，您的文学才华很多时候都被编辑身份的光芒遮挡。直到散文集《先前的风气》出来，人们才发现，穆涛是一个实力派作家，这个过程相当漫长，您最满意的是哪个身份？

穆　涛：回头看，说从前，是反省不足，可以把自己的薄弱处看得更明了一些。我是河北廊坊人，1980年到张家口师专上学，那一年十七岁，三年后分配到承德钢铁厂。承钢在当年是一家有影响的国有企业，我们那一批进厂的学生有好几百人，来自全国多所学校，多数是学习冶炼和矿山开采的。那个时候正值改革开放初期，大规模经济建设风起云涌，钢铁是紧俏物资，与钢铁相关专业的学生是紧俏人才。当时师资也缺乏，但没有那些人抢手。我在工厂总部招待所住了一个月后，被分配到下属的太庙铁矿中学，距厂部大约有五十公里的山路。

我当时教书还算认真，因为是人生第一份工作，有新鲜感。学生基本是职工子弟，不同于一般山区的孩子，有知识基础，后来还有考上复旦等名校的。

但实话实说，我投入程度不够，心里想的是怎么才能尽早离开那个地方。当时矿中教师也紧缺，调走是不可能的，很苦闷，但也没有办法，只好闷头读书。鲁迅的书就是这一阶段读的，还做了细致的笔记，后来再到西北大学上学，这时期的阅读打下了比较结实的基础。一边读书，一边写作，也开始陆续发表文学作品。

1984年11月，我有幸去石家庄参加了河北省业余文学创作会议，这个会在当年挺重要，是省委书记提议召开的。这次会议坚定了我从事文学工作的信心，这之后先在承德的《热河》杂志，继而在石家庄的《长城》杂志做小说编辑，还在《文论报》待过一段时间，中间在西北大学上学两年，1993年3月到了西安的《美文》杂志，做散文编辑，一直到今天。严格说，我的文学写作一直是业余的，最初的职业是教师，接下来一直做编辑，"编龄"三十多年了。

文化艺术报：您在一篇文章里说"散文是说话。说人话，说实话，说中肯的话"，主持《美文》杂志这么多年，您对目前的散文写作满意吗？什么样的散文写作符合您的文学标准？

穆　涛：散文是说话。说人话，说实话，说中肯的话。说人话，不要说神话，除非你是老天爷。不要说鬼话，除非你是无常。也不要说官话，就是个官，也要去掉官气，官气在官场流通，在文章里要清除。也不要说梦话，文章千古事，要清醒着写文章。说正常人的话，说健康人的话。

今天的散文写作，文学标准也是不太清晰的。在散文这个概念之外，还有杂文、随笔、小品文等名目。小说以长篇、中篇、短篇区分，诗歌以抒情、叙事、哲理等区分，但散文内涵和外延的界定比较模糊，有待研究界做出理论的梳理与认知。

文化艺术报：家庭对您的创作有何影响？

穆　涛：母亲去世早，当时我每天的家务活有两项"规定动作"：早上外出捡煤核，中午和晚上给一家人做饭。主食是玉米面饼子，我们河北老家叫"棒子面饽饽"，"贴饽饽"我不会做，鼓捣着做点"副食"，熬点棒子面粥、蒸红薯、烩大白菜什么的，我同龄人都会干这些。小学三年级，我从邻居家好不容易借到《水浒传》，每天干完家务活，就在屋里看。我父亲发现后，黑着脸训我，让我快还回去。他认为这是闲书，是对学习没有用处的东西。小说我看得正带劲儿，没舍得还，找空隙偷偷看，屋里看不成了，就躲院子里。结果有一天，父亲提前回家，我因为沉迷于小说中还没做饭，正坐在屋门口凑着光亮看小说，父亲突然一把抢过书，同时飞来一脚，我还算敏捷，闪身就跑。那天晚上没让吃饭，后半夜饿得受不了了，也不敢找吃的。

我父亲是有点文化的，他只是顽固地认为，小说不是正经书。长大以后我更多地理解了他的坏脾气。当时，我母亲刚去世一年多，一个中年男人，又当爸爸又当妈妈，真是不容易。我大学毕业的第二年，1984年，我的父亲去世，他劳碌清苦了一辈子。我后来一直没把《水浒传》看完，一看到这本书，就想到老父亲的苦命。

文化艺术报：您和贾平凹老师比较亲密，他会送您字画吗？

穆　涛：我有他多幅画，其中三幅是用劳动得来的。

有一年夏天，出奇地热。编辑部几件事情交织在一起，连着轴转。当时办公室还没有空调，开着电扇汗更多。他让人给我捎过来一幅画，四尺整张宣纸，核心是一个写意的盘子，盘子里有一团隐隐约约的物质。下方是题款："天热，送穆涛冰淇淋，记着吃完盘子还我"。这是第一幅，他主动给的。

另两幅是我赢来的，是战利品。一幅牛，一幅虎。20世纪90年代的《美文》编辑部，其乐融融。中午都不回家，在单位凑合着吃。饭后聚一起打扑克，主要玩一种"挖坑"的游戏。只有我们两个人时，玩"一翻两瞪眼"，一副牌放桌子上，各自抽出一张，以点数大小简单取胜。一回是他抽了"Q"，我抽的是"K"，我赢到了虎。赢到牛的一回是我抽了"2"，他得意地看了我好一会儿，一伸手抽出了"A"。他气得把牌扔地上，我捡起来，严肃地告诉他："A是一把手，是主编。"

虎是上山虎，一身倦态。题款是："当人愤怒时下山变成了虎，当虎上山后又变成了人"。牛是牛头，笨笨的一张大脸。题款是："能驮，能哞，能犟，能忍受，不识方向就低下了头"。

文化艺术报：您做了三十多年的编辑，最后说说您和作者之间的故事吧。

穆　涛：说一下我敬仰的汪曾祺和孙犁先生的两个细节。

1991年，汪曾祺先生和施松卿老师受《长城》杂志邀请到石家庄，住在河北宾馆。我年轻，被安排照料老两口的生活起居。每天的行程满满当当，参观、游览、座谈，这些场面事情没我什么事，我只负责早晚。早餐很简单，但晚饭之后事情就多了，见各方重要人物，而且每晚都要写字作画，基本是客人走后才开始"操练"。领导每天给我一个名单，我配合汪老按这个单子或写或画。汪老风趣、随和，作书画却认真，不敷衍应付。当年也不时兴润笔，全部是"义务劳动"。每天都有人索要字画，汪老没有过一句怨言或不耐烦的话。我记得最多的一个晚上是三十多幅，房间都铺展不开了，放在外面的走廊上。松卿老师心疼汪老的身体，不停地在房间里走，我都不敢看她的脸，觉着自己像一个罪人。汪老在石家庄的最后一个晚上，说："今天活少，给你写一幅。"我掏出一直带在身边的册页簿，"您给我写一句鼓励的话吧。"老人想了想，写下八个字"以俗为雅，以故为新"。让人敬仰的作家，不仅因为作品写得好，还有很多作品之外的东西。

在《长城》工作期间，我编辑过孙犁先生与一位中学同窗的往来通信专辑，记不准确了，好像是三十多通。我拿到手的不是信函原件，是手抄之后再经过复印的。有些地方字迹不太清晰，我知道孙犁先生素来对文章的编校要求严格，因此特别小心，但杂志印出来后，还是有两处小的疏失。过了一段时间，孙犁先生托人捎话给杂志的领导，指出了疏失，据说挺生气，但也表示了谅解，特别讲了做编辑要精益求精的叮嘱。又过了一段时间，一个朋友去天津专程看望老人，带回老人题写的"坚持不懈，精益求精"的书法。我听说后便到朋友家里，见到了这幅字，特别喜欢，便跟朋友借回来看，这一"借"，到今天也没有还。

高建群

独与天地精神往来

一代高僧唐玄奘，在圆寂时说，我早就该死恶我这有毒的身子了。我在这个世界上该做的事情也已经做完了，讨厌告别的时刻到了。既然这个世界不能长驻，那么就让我速速归去吧！高建群摘自旧作，献给我的菩提树，以为文化艺术报读者朋友。

愚子2023.3.24.西安

高建群

新时期重要的西部小说家,陕西省作家协会副主席,陕西省文联原副主席。享受政府特殊津贴有突出贡献专家,国务院跨世纪三五人才。高建群被誉为浪漫派文学"最后的骑士"。代表作有中篇小说《遥远的白房子》《雕像》等十九部,长篇小说《最后一个匈奴》《六六镇》《统万城》《愁容骑士》《大平原》等。长篇小说《最后一个匈奴》产生重要影响,被称为陕北史诗、新时期长篇小说创作的重要收获。评论家认为,高建群的创作,具有古典精神和史诗风格,是中国文坛罕见的一位具有崇高感和理想主义色彩的写作者。曾获"五个一工程"奖、老舍文学奖、郭沫若文学奖、庄重文文学奖等奖项。

文化艺术报：新年伊始，陕西新华出版传媒集团旗下陕西人民出版社出版了您的书画作品集《七十耳顺》。您的文人画和书法作品适意而行，仪态生动、有趣，古人说"诗不能尽，溢而为书"，在小说和散文中没有言尽的东西，在书法和绘画中能够尽兴吗？

高建群：书不能达，变而为画。五十五岁的时候，办过一个书画展，在亮宝楼，名字叫"化大千世界为掌中玩物"。六十岁的时候，办过一个书画展，名字叫"六十初度"。而今我已经快七十岁了，还差一年半。如果按民间的虚岁算叫平七十了。感谢翟映川、李婷夫妇美意，要给我办一个书画展，而且是与我尊重有加的大漫画家王培琪先生合办，他们意在双剑合璧，惊艳而出。一番盛情，令人感动。开始我想将此次展名叫"长安老树阅人多"，意蹉跎大半生阅人无数，有点倚老卖老的味道。后来觉得"七十耳顺"这个展名当更好。"夫唯不争，故天下莫能与之争。"

文化艺术报：可否谈谈您写字和画画的初始，是在写作之前还是成名之后？

高建群：我的母亲不识字，我那时候都写了二十多本书了，母亲却一个字也没有看过，于是有一天我说，我画一幅画给你看吧！这样我开始画画。母亲属鸡，她生日的时候我画了一只大公鸡，挂在她的床头。每天早上起床母亲就能看到它，每天晚上睡觉母亲也能看到它，她脸上洋溢着笑意，我在那一刻很满足。母亲现在已经九十多岁了，她是河南扶沟人，当年花园口决堤时的幸存者，那一年她六岁，我的父亲是关中人，所以我们这个家庭是河南梆子和陕西秦腔的一台合奏曲。

文化艺术报：评论界总喜欢用史诗来形容一部恢宏叙事的作品，认为恢宏叙事就是史诗。您的《最后一个匈奴》和《统万城》都被称为史诗，您认可这种称谓吗？

高建群：陕北的地域文化中，隐藏着许多大奥秘。毕加索式的剪纸和民间画，令美国研究者赞叹的绝不同于温良、敦厚、歌乐升平的中国民间舞蹈的那个安塞腰鼓，以赤裸裸的语言和热烈的激情唱出来的陕北民歌，响遏行云的唢呐（民间给唢呐取了个饱含诗意的别称，叫"响器"），四百五十万堂吉诃德式、斯巴达克式的男人和女人，如此等等，不一而足。

解开这些大奥秘的钥匙叫"圣人布道此处偏遗漏"，这是清廷御史（大约还是梁启超的岳丈）王培芬视察陕北后奏折上的一句话。遗漏的原因是在两千多年的封建岁月中，这块地域长期处在民族战争的拉锯战之间。退而言之，儒家文化并没有给这块高原以最重要的影响，它的基本文化心理的构成，是游牧文化与农耕文化的结合。而作为人种学来说，延安以北的黄土丘陵沟壑区和长城沿线风沙区，大约很难再有纯正的某一个民族的人种（尽管履历表上都一律填写着汉族）。他们是民族融合的产物——民族交融有时候是历史进步的一种动力，这话似乎是马克思说的。评论家肖云儒先生又将他的这一阅读心得转告于我。

陕北高原最大的一次民族交融，也就是说构成陕北地域文化最重要的一次事件，是在汉，即公元2世纪。南、北匈奴分裂（也许昭君出塞是导致这次分裂的原因），北匈奴开始了我们前面谈到的那一次长途迁徙，南匈奴则永远地滞留在高原上了。刘成章先生如果有意做一次回溯的话，他也许会发现他正是滞留在高原上的后裔之一。史载，汉武帝勒兵十八万，至北方大漠，恫吓三声，天下无人敢应，刘彻遂感到没有对手的悲哀，勒兵乃还。我想那时，南匈奴已经臣服，北匈奴也大约已经迁徙到了我逡巡北方的那个地方了。

我的长篇小说中那个农耕文化和游牧文化所生的第一个儿子，他的第一声啼哭便带着"高原的粗犷和草原的辽阔"。他们构成了有别于中国其他地域的一种人类类型心理。如果我是一个严肃的学者和小说家，我只能做出这种解释，我也只能以此作为出发点，来破译这块玄机四伏的土地上的各种大文化之谜。

我的世纪史正是在这样的文化背景下展开的，我的人物和20世纪陕北高原上的几乎所有重大历史事件，正是在这样的文化背景下活动的。如果没有这个背景，所谓的史诗只有徒具形式而已。

文化艺术报：很多人以为您是陕北人，其实您出生在临潼，从部队退伍后在延安生活了多年，四十岁以后调到西安，这种生活经历对您的创作有怎样的影响？

高建群：其实我小时候就住在延安。现在的清凉山新华书店旧址，一孔有着佛像的石窟洞，我小时候家就在那里。父亲在《延安日报》编辑部上班，母亲到新华印刷厂去当工人，将我用一根绳子拴在台阶上，每天看着滔滔延河，看着工人在喊着凄凉的号子，凿着石头在修延河大桥。我说过我有三个精神家园，一个是渭河平原，一个是新疆的阿勒泰草原，再一个就是陕北高原，这也就是我人生的几个阶段。我的文学生命应该定格于大西北的这三个角落——渭河、额尔齐斯河和延河。在渭河边，我度过了卑微和苦难的少年时代。苍凉的青春年华则献给了额尔齐斯河边的马背和岗哨。站在亚细亚大陆与欧罗巴大陆之交，倚着界桩，注视着阿提拉大帝和成吉思汗那远去的背影。我又曾在延河流淌过的那个城市里生活工作过近三十年，走遍了高原尝遍了草。正是这三条河构成了我文学作品的主要源泉和基本面貌。

文化艺术报：您是从何时起喜欢文学的？您的父亲解放前就参加革

命，后来是延安市的副市长，是受家庭的影响吗？

高建群：我大约从进入边防站的第一天晚上起便开始写诗，这样写了五年。我离开部队时，在哈巴河全团军人大会上代表所有退伍老兵的发言，亦是一首名叫《向八一军旗告别》的诗。我的诗听哭了台下的退役老兵，也听哭了那些刚刚入伍的新兵。我虽然在新疆军区《战胜报》和阿勒泰地区的《阿勒泰报》偶然发表一些"豆腐块"，但是，真正算得上处女作的应该是那组名为《边防线上》的诗歌，时间是1976年，《解放军文艺》8月号，署名：战士高建群。

文化艺术报：现在很多人认为路遥已经过时了，他的作品真的会过时吗？

高建群：你们都不了解路遥，他不会过时。路遥是一个雄心勃勃的人物，一个堂吉诃德、斯巴达克式的人物。路遥身上的能量只发挥了极小的一部分，他身上的那种陀思妥耶夫斯基式的文学的潘多拉盒子，并没有完全打开。如果他还活着，如果他继续写作，那么他将具有无限的可能性。

文化艺术报：路遥是您的好友，您即将有一本写路遥的书《我与路遥》出版，路遥对您有何影响？

高建群：对于陕北文学来说，路遥永远是第一小提琴手，而我只是第二小提琴手。

路遥之所以被我们时常念叨，不能忘记，正是这种"殉道"精神，他的口头禅是：对自己要残酷。在陕北高原通往外部世界的道路上，一代一代横七竖八地躺倒着许多失败者，但是还要有人继续走通高原，这就是路遥的意义。而对于文学来说，谁一旦被文学所绑架，谁就注定这一生充满苦难。陕北有一种习俗叫"献牲",年节了,猪啊羊啊抬到那里去,献给山神土地。而对于作家来说,他是把自己当作祭品献给缪斯。

在长篇小说创作上,路遥给过我很多指导,只要他学习到一点新的东西,得到一点感悟,他就告诉我。记得有一次他告诉我,说巴尔扎克说,所谓长篇小说就是写人与人之间的关系,你倒来倒去,就构成一部长篇小说。后来我在写作《大平原》的时候,如果有一点绊瘩了,就想起这句话,在人物关系中去找产生摩擦的东西。

路遥来延安,每一次见到我,都说不要计较身边那些鸡零狗碎的事情,拿起笔来写作,一天写两千字,一个月就是个中篇了,再拿出一个月来修改,第三个月把它投出去,就这样闷着头写,写上几年你就超越了自己,也超越了周围的人一大截子。

文化艺术报:在您五十年的文学行旅中,您有哪些心路历程?您有哪些变与不变?变的是什么,不变的又是什么?

高建群:我是一个生活中的作家,我不允许自己躲到象牙塔里,所以我所有的作品都是从生活中来的。现在这个时代,每天都在变化,现在的一天可能相当于过去的一百年。艺术家还在那儿觉得自己了不起,觉得自己是精神贵族。出席个宴会,觉得自己生活得很好,觉得自己还比别人懂得多。从那一刻起,他就不是艺术家了,而成了艺术的敌人。我这样说可能很残酷,但遗憾的是这是事实。

作家为什么会缺少激情呢?就是没在生活里走。作家不跟生活接触,你要产生宏大叙事,是根本不可能的。凭你的小脑袋,坐在房子里想的那些事情,跟外面发生的事情相比是很可笑的。我永远把自己当作一个最普通的人,甚至比最普通的人还要低,我走向民间,和老百姓一起承受着社会进步带来的种种快乐，也承受着社会弊病带来的各种痛苦，迎接这个时代，走过这个时代。

文化艺术报：《丝绸之路千问千答》是特别的存在，它突破小说、散文、传记和游记的文体限制，以宏阔历史叙述与当下人文体验相结合的方式，穿插讲述游牧民族的简史、游牧英雄的传奇及有关丝绸之路文化交流的著名人物的生平事迹；在追述长安、喀什、塔什干等丝路名城历史过往，描绘欧洲异国风物见闻的同时，叙写"欧亚大穿越 丝路万里行"活动途中的历险故事等，涉猎十分广泛，写作这本书，您做了哪些准备？

高建群：我是受西北大学出版社委托，并以西安航空学院人文学院院长、西北大学丝绸之路研究院特约研究员身份，写作《丝绸之路千问千答》一书的。2018年参加"欧亚大穿越 丝路万里行"活动，我带了法显之《佛国记》、玄奘之《大唐西域记》、徐松之《西域水道记》等书。自西安而伦敦，一路车行两万两千公里，经过十七个国家，行程整七十天，得这些书陪伴同行。回程中汽车装船海运，这些书籍则飞机托运而回。

我说过，为了准备这一次行程，我曾前往汉中的城固县，向博望侯张骞告知我的此行，我还从张骞墓园封土上，抓了一把土，带在身边，而现在，允许我把这一把土扬向空中。晚风，你吹吧，让这抔土四散撒马尔罕，四散费尔干纳盆地，我说，张骞会有所知觉的！

我还说，为了准备这一次行程，我还专程前往河南洛阳偃师市（今偃师区）陈河村。我来到高僧玄奘的家中，为他献上"万世玄奘"的牌匾，还在院中那口井边，用辘轳绞上来井水，用井水浇院子中那些已经枯萎的花。当村上人告诉我，这家已经是绝户了的时候，我痛苦地吼道：他将是万世玄奘，我们都是他光荣的子孙。

文化艺术报：著名作家白描曾经说："中国作家中，高建群绝对是一个特例，个例。很多作家，成名作即是他的代表作。一本书写完，就再也写不出来好东西了。高建群是一个例外。他每闷着头三年，就会有一部大作出来，而且是厚重之作，超过上一部。建议大家研究一下'高建群现象'。"您是如何看白描老师的评价的？一个作家，在漫长的写作生涯中，要超越自己需要具备哪些条件？

高建群：从事文学创作四十多年来，我一直诚实地活着，诚实地写作，所以作品就一部一部地写出来了。在研讨会上，我的每一部作品评论家都给予了比较高的评价。在《大平原》的研讨会上，北京的评论家们说高建群是一个独特的作家。很多作家第一部成名作都成了代表作，其后的写作一部不如一部，只有高建群是一个意外，是一个另类，他每一部作品都受读者欢迎。我觉得，我永远把自己放在"平原"的位置上，不会觉得写几部书就了不起。

其实当年的"陕军东征"至今依然被认为是新时期当代文学最重要的事件，那是种种因素共同缔造的，有必然也有偶然。当时文学环境较为宽松，路遥写出了《平凡的世界》，接着《最后一个匈奴》《白鹿原》《废都》先后问世，而且陕西文学有优良传统，有柳青、杜鹏程这样的榜样。

可能我也是双重性格。在艺术上很张扬的，在《最后一个匈奴》北京座谈会上，评论家蔡葵老师说："有人说高建群骄傲、目空天下，我觉得中国这么大一个国家，这么多的人口，没有几个像高建群这样自信力极强的作家，那才是不正常的。"他这么说过。

文化艺术报：您没有上过大学，没有受过系统训练，但和您接触过的人都有一个共识，那就是您的肚子里装着一个图书馆。您平时是怎样读书的？

高建群：我第一次读大量的书，是"文革"开始，记得当时我从图书馆搬来了大量书。那时不上课，我就在家读这些书。这些书大部分是中国的，除四大名著外，二流的、三流的古书都有，比如《五女兴唐传》《济公传》等。但给我留下深刻印象的，不是那些名著，而是一套八卷本的《中国民间故事集成》。这些民间故事打开了我的眼界，让我知道世界很大，很远，很辽阔。

给我影响最大的一本书，是罗曼·罗兰的《约翰·克利斯朵夫》，这是1979年读的。省作协恢复活动后办了个读书会，我是第三期。班主任黄桂华老师说，这是一本孕育了中国一代人文知识分子的书，讲的是个人奋斗。该书是读书会必读书目之第一篇，这样我就陷进四卷本《约翰·克利斯朵夫》的情节里。我读完了，像做了一场梦一样。人的心灵原来可以丰富到如此的程度呀！在脱离了兽性之后，人的心灵可以变得如此崇高，如此美好，如此深刻，可以如此有尊严地活着呀！

相形之下，我才发现自己此前的那些所谓创作，距离真正意义上的文学还很远。

给我重要影响的另一本书，是大诗人拜伦的《唐璜》。这个叛逆的浪子拜伦，他要离开英国了，于是挥舞着黑手杖，指着雾伦敦说："要么是我不够好，不配住在这个国家；要么是这个国家不够好，不配我来居住！"说完，登上一辆豪华马车，右臂挽一个白人美女，左臂挽一个黑人美女，开始在欧洲大陆游荡。这个《唐璜》就是游荡的产物。他一路走，一路写诗，一路将这些诗寄给出版商，换行程的路费。我写《最后一个匈奴》时，案头放着两本参考书，一本即《唐璜》，一本则是《印象派的绘画技法》。《唐璜》教给我大气度，教给我如何用一支激情的秃笔，在历史的空间里左盘右突。莫奈、德加、雷诺阿、高更、梵高这些印象派大师，则教给我如何把握总体和谐。

给我影响颇大的两本书是《人类与大地母亲》和《历史研究》。这两本书是一个叫汤因比的英国学者写的。这人在英国的地位，相当于咱们的中国科学院院长那样的角色吧。他的这两本书，像一个学者写出的历史小说。他从两河流域的文明开始写起，写了埃及文明、叙利亚文明、古希腊文明、中华文明、古印度文明、古罗马文明、日本文明等等，写这些文明板块的发生、发展、强盛、盛极而衰的过程。这两本书给了你一个居高临下认识世界的角度，它像一个大包袱，把这个世界一包裹之，告诉你各文明板块是怎么回事，并且试图探讨人类未来的走向。

文化艺术报：当年"陕军东征"在文学界引起了很大的反响，至今依然被认为是新时期当代文学最重要的事件。时过境迁，今天的陕西再也没有出现当年的盛况，甚至青黄不接，您认为是什么原因造成了今天的尴尬局面？陕西文学如何才能重铸辉煌？

高建群：三十年前，《最后一个匈奴》在北京做新书发布会。当时，我在会上说，希望首都的媒体不要只关注《最后一个匈奴》，不要只关注高建群。我说，我们陕西还有位好作家，叫陈忠实，老陈也在写长篇，他的长篇叫《白鹿原》，应该很快就要出版了；还有一位好的作家，叫贾平凹，贾平凹也在写长篇，他的长篇叫《废都》，在年底或者明年年初就出来了；还有一位好作家叫京夫，他写的长篇叫《八里情仇》，已经出版了。后来大家又加上程海，写《热爱命运》的，所以这几本书，也随着《最后一个匈奴》引发了大众的关注。当时《光明日报》有个叫韩小蕙的记者，她是《最后一个匈奴》发布会的与会记者，写了一篇报道叫《陕军东征》，在《光明日报》刊登后，轰轰烈烈的

"陕军东征"现象就开始了。当时中国的大江南北,大家谈论的主题都是这几本书,人们去书店把这几本书买回来,不管读不读,往书架上一摆,表示自己紧跟时尚,自己是文化人。

当下不少作家,想着小情小爱,钻到象牙塔里顾影自怜。这么一群小格局的作家,他们与其说是在写作,不如说是在糟蹋文学。

文化艺术报:您说过:"我们每个人都生活在自己的故事中。或者换言之,我们每个人都生活在自己的命运中。你一出生,命运就锁定你了,而你的故事就开始了。"要是有一天您写一部自传,您会写哪些故事?

高建群:那年在北京的梅地亚中心,女作家毕淑敏说现在世界流行一种最新的心理测试方法,叫"你的生命选择"。她让我在一张纸上写上五种我认为最重要的东西,不要犹豫,哪件东西最先浮现在你脑海,你就迅速抓住它写上。不要去做道德评判,要诚实。写好了吗?那么,现在请你思考一下,划掉其中不重要的一件。这个划掉的过程就是你丧失的过程。这个丧失是痛苦的,但你必须划掉。好的,再划一件,再划一件,再划一件,现在,白纸上只剩一件东西了,这件东西就是你生命中最重要的东西。一个名曰"你的生命选择"的心理测试就算完成了。

我给我的白纸上写下的第一个词是"烟",之所以写它,是因为我当时正在抽烟。我给白纸上写下的第二个词是"写作",因为我手里当时正拿着笔。我给白纸上写下的第三个词是"家庭"。第四个词是"女人"。第五个词是"麻将"。五种重要的东西,白纸黑字,列了出来。

确实,这五种东西,于我来说,都是不可或缺的,它们简直构成了我生命的全部。但是毕淑敏女士在那里说话了,她要我划去其中的一种，狠着心将它划去，将它从你的生命体中剥离。

第一个，我划去了"麻将"。这些年，我常常问自己，我为什么打麻将，我为什么要把自己宝贵的生命浪费到这种无益的事情上去。我得出的结论是，这实际上是成年男子面对生活重压的一种逃避，一种自虐行为。再见吧，麻将，当这物件从我体内被挤出后，我心头涌出一股留恋和一种悲怆。

下来再涂一下。我这次涂掉的是"烟"。对烟，我也同对麻将的感情一样，爱不能，恨不够。在极度疲惫的伏案写作中，烟是唯一伴随我的朋友。我知道抽烟不好。我爷爷死于肺气肿，这与抽烟有关。当划去这一格的时候，一想到自己再也不能抽烟了，我突然产生一种失重感。

接着再涂。我权衡再三，这次涂掉的是"女人"。年轻的时候，我曾经在自己心目中，塑造过许多理想女性形象，但是如今，随着渐入老境，我明白了一个重要的道理。这道理就是世界上没有圆满，那些惊世骇俗的大俊大美，只是人类的创造，或者说人类的一厢情愿。现在，我将自己的思考在梅地亚中心的这张白纸上做了总结。我涂掉"女人"二字。

我第四个涂掉的是"写作"。其实这些年来，我常常有收笔的念头，产生这念头的原因是我对文学写作开始处在一个自我怀疑中。文学究竟对社会有多少裨益？鲁迅先生将他的手术刀换成一个叫"小大由之"的笔，究竟值得不值得？这几年我一直想这件事。社会派给我一个角色，这角色叫"写作者"，你得硬着头皮将它扮演好，直到谢幕的那一天，就像卓别林死在舞台上一样。现在，当白纸上只剩下"写作"和"家庭"四个字时，我毫不犹豫地划掉了"写作"。

"家庭"两个大字，现在凸显了出来，占据了整个白纸。是的，对于我来说，这是最重要的，我生命中的唯一。在人类生生不息的生存斗争中，往上，我继承了父亲，往下，我延续给了儿子，人类的这根链条在我这里得到可靠的延续。记得小仲马在《茶花女》的演出获得巨大成功之后，打电话告诉他的父亲说，《茶花女》可以和大仲马最伟大的作品媲美。结果，大仲马回答说："亲爱的孩子，我最伟大的作品就是你呀！"

文化艺术报：您的作品在众声喧哗的当代文学流派中独树一帜。您作品中所透射出的浪漫性，正是中国文学中所匮乏和追求的，这种浪漫主义的文学气息在今天慢慢消失了。在您看来，今天的文学界最大的问题在哪里？

高建群：我在西安高新区挂职时的欢迎会上，有一个发言叫《艺术家，请向伟大的生活本身求救吧》，这个发言稿后来新华社发了通稿。我说，一个有出息的艺术家，应该像巴尔扎克、托尔斯泰那样，做这个时代的书记官，记录这个伟大的时代，他应该深入到最基层的生活中去，和这个时代共同地受难、共同地欢乐。真正意义上的创作是一种创造，很多人以为那是个技术活，不是那个样子的。其实是用笔蘸着你的血在写，在把你对世界的认识告诉别人。把你经历过的苦难、得到的感悟、经历过的思考，像遗嘱一样留给后人，那才是创作。任何题材只要沉下去，都能写出好的作品来，只要你能钻进去，肯定能出大作品。最好的作品是啥呢，应该是曾经震撼过你的事，过了很多年你还没有忘记，一刮春风、一下秋雨就让你想起来的，这里有文学的因素，你写出来这才是好作品。

文化艺术报：写完《统万城》，您再也没有写长篇，近期有写长篇的计划吗？

高建群：一家文艺出版社最近约我将我的中篇小说《遥远的白房子》改成一部长篇，接下来我或许会写这个长篇，我已经准备了很久，看看吧，希望还能完成。也许名字会叫成《中亚往事》，也许会叫成《白房子卡伦》，写成一部与世界文学对话的书。

文化艺术报：谢谢高老师接受我们的专访，最后再问一个问题，您是陕西作协资格比较老的副主席，前后有三十年了吧，在您看来，陕西有哪些比较好的苗子，对陕西文学的未来，您有信心吗？

高建群：陕西作家最大的优点就是对文学有敬畏感，就是把自己作为祭品，献给文学这个女神。我觉得西北地区不只是中国的地理高度，也是中国的精神高度，崇尚一种精神。现在有很多文学新苗在从事写作，也都写得很刻苦，但要成为大作家，还缺"文比天大、一身傲骨"的精神。文学不是拜码头，必须要沉下心来，把心胸打开，一路走来吸收营养，这样会越来越有成就。

鲍尔吉·原野

每个人理应赞美一次大地

> 这土雨衣,你的身体闪亮,像纤细的茎秤通主玻璃和水。
>
> —— 阿赫玛托娃诗 鲍尔吉原野

鲍尔吉·原野

蒙古族。中国作家协会散文委员会副主任,辽宁省作协副主席。获第七届鲁迅文学奖、第五届中国少数民族文学创作骏马奖、2021年度中国好书、人民文学奖、百花文学奖、内蒙古文艺杰出贡献奖及金质奖章、赤峰市百柳文学特别奖与一匹蒙古马。

文化艺术报： 那年我们在朝鲜开笔会，丁一鹤说原野老师是中国唯一的能用写散文的稿费收入在北京给女儿买房的作家。我们住一个房间，您洗完澡在浴室忙着给一家报纸写专栏，写到半夜，一大早又起来去跑步，感觉您的精力特别旺盛。

鲍尔吉·原野： 回忆起来，那一次笔会很有意思。我们住在平壤的羊角岛国际酒店。你知道平壤的大街上是禁止跑步的，我只好围着酒店跑了二十圈，约十公里。

文化艺术报： 最近读了您的新书《乌苏里密林奇遇》，我不知怎样形容我的感受，我觉得在中国当代文学作品中已经很久没读过这样的作品了，苍茫宏阔。读完这本书，我的心被带到遥远的额尔古纳左岸，俄罗斯土地那片原始森林当中。虽然您写出了那里植物的丰富，动物的奇异，以及江水山峰的苍茫险峻，但最吸引我的是您笔下的人物，鄂伦春猎人，吉卜赛艺人，算命人，边防军人，形形色色，目不暇接。这一切从两个中国孩子的眼中看到，壮丽强劲。我觉得我看到的不是一部小说，而是一部电影，久久难以忘怀。人们说中国当代文学同质化倾向越来越严重，您这部作品为什么如此与众不同？

鲍尔吉·原野： 文学作品不是流水线的批量产品，最应该有鲜明的艺术个性。如果我的作品在语言上、腔调上与别人的作品雷同，我就干脆不写了。即使是山野一朵朴素小花，也要按照自己的意思开放，为什么不呢？在《乌苏里密林奇遇》这部作品里，鄂伦春人、吉卜赛人、俄罗斯人各自按照自己的民族特征思考问题、处理事情以及言说。他们共同的背景是苍茫宏阔的原始森林和雄浑的锡比特山脉。地理环境塑造了他们粗粝野性的性格，而民族背景增添了这些人物身上独具魅力的诗意个性。

文化艺术报：是的，我在这些人物身上看到了充沛的诗意。尽管这部长篇小说情节紧凑，读起来让人欲罢不能，但人物的对话以及他们的命运特别富有诗意。在我的阅读中，莎士比亚、雨果和茨威格作品富有诗意，我好久没有看到富有诗意的人物刻画了。您这部作品自然鲜明并且毫不做作地写出了人物的诗意，比如那位在森林中营造一个独特的中国民居的老爷爷徐白城，他的碗筷、铁锅上面墙壁挂着的盖帘以及墙上的年画都带有一百年前的中国风貌，而徐白城是在俄华人的第三代，从未回过祖国。但他一举一动都保留着中国东北农民的姿态，这真是诗意丰沛。

鲍尔吉·原野：有人误解诗意，认为诗意只存在于诗歌当中。没错，好的诗歌富有诗意，但好的小说、散文、电影、绘画，甚至音乐都饱含诗意。柴可夫斯基的《六月船歌》让人听过心都化了，是什么让人的心化了？是其中的诗意。您刚才说得对，长篇小说中的诗意不仅存在于风景描写之中，那只是表象，诗意还应该从人物身上散发出来，这才是真正的诗意，打动人，令人难忘。

文化艺术报：书中那个设赌局的吉卜赛人瓦洛佳，诨名又叫八撇胡，奇言异行，乖张可爱。他设的赌局一盘接一盘，看了让人叹为观止，但最后他还是告诉这两个中国孩子，赌博看上去像一个天梯，实际是一条死路。还有那个掉进捕鹿的陷阱里等待死亡的醉汉，他把会唱的歌曲都唱了一遍，连起来就是他一生的画卷。书中最令人动容的形象是一对祖孙俩——瓦夏奶奶和残疾儿童娜塔莎。她们的命运那么凄惨，但你用最美好最细微的笔墨把她们刻画得美好澄澈。可是我还有一个问题：您常年生活在中国的大都市，怎么会想起写这样一部作品呢？

鲍尔吉·原野：前不久我遇到了黑龙江作家阿成，他对我说，原野啊，我看你背影就像一个随时奔赴远方的人。阿成大哥说对了，在我内心排第一位的不是功名利禄，也不是灯红酒绿，而是远方。是云层下面连绵不断的高山和横在面前咆哮奔流的大河，是草木以及野生动物粪便的气味，是日落之后牛羊此起彼伏的叫声。在我心目中，牧马人、养蜂人、地质队员和边防军人都闪闪发光。他们黝黑的脸庞、狼吞虎咽的吃相、坚定而深邃的目光都是最美的肖像。我愿意为这些粗犷野性的人们画像。

文化艺术报：在信息化时代，年轻人更看重时尚品牌、夜场和电子产品。您写这些蛮荒的场景是不是落伍了？

鲍尔吉·原野：我不这样看。勇敢的意志品质、坚韧不拔的追求是人类永不过时的精神财富。酒吧夜场塑造不了人的勇敢气质，但大自然会赋予你所需要的一切。有一个词叫作进化，人类是从哪里进化的？正是大自然。动物的听觉、视觉、奔跑与飞翔的速度以及敏锐的判断能力都是从大自然中进化而来的。大自然过去是，现在仍然是人类的导师。我非常愿意把我的人物放在大自然中锤炼，展示他们身上的聪明与勇敢。

文化艺术报：读这部书，各民族的习俗也给我留下深刻印象。您怎么可能了解到这么丰富的边疆少数民族的资讯呢？我感到十分惊讶。

鲍尔吉·原野：我对生活在中国东北和内蒙古的蒙古族、达斡尔族、鄂温克族、鄂伦春族、赫哲族的传统文化有浓厚的兴趣。当年中国和蒙古国联合申报蒙古族长调成为世界非物质文化遗产成功之后，代表中国官方所作的蒙古族长调的阐释文章由我撰写，发表在《光明日报》上。我对古代中国东北的渤海国、高句丽国的历史也有兴趣。很早以前，我就注意采集俄联邦远东地区的鄂温克人、鄂伦春人、楚瓦什人、华人的历史文化。他们的生活与历史构成了斑斓的民族学、民俗学和文学的画卷。他们的历史和心灵当中承载着西伯利亚厚重的记忆，各自具有鲜明的文化特征。他们与大自然的植物和动物形成强烈的依赖关系，在这个基础上诞生的文化极其迷人。相对而言，俄联邦境内的北亚少数民族保留的民族传统更纯粹。在契诃夫写下《萨哈林旅行记》之后，远东似乎成了文学表现的盲区。在我看来这是一处富矿。十多年前我游历过俄联邦南西伯利亚的广袤地带，跟许多少数民族族群有过交流。这种田野调查对我了解他们的生存现状和文化大有帮助。当你听到他们的妇女和儿童唱起歌时，你从旋律和歌词中能感受到难以言传的悠远与深情。在广阔的大地上，他们都是大自然的子孙。彼此互为兄弟，相互帮助，相互学习，共同缔造了苍茫的文化。我爱他们，我也是他们的兄弟。这种情谊在作品中有所流露。

文化艺术报：有批评家说"从鲍尔吉·原野的作品开始，中国的蒙古族作家在用世界文学的角度书写草原与自己的民族"。您是如何用汉语建构自己的"心灵世界"的？

鲍尔吉·原野：莎士比亚和契诃夫互相并不认识，但他们都参与构建了世界文学的篇章。杜甫和马尔克斯也不认识，他们都是世界文学的重要作家。那么，我们说世界文学的时候到底在说什么呢？法国作家罗曼·罗兰和奥地利作家茨威格的作品有那么充沛的爱，但他们对爱的表达又那么不同。可是我们愿意把这两位作家并列在一起。杜甫写出深沉的、含着眼泪的爱，川端康成的作品透过日本式的幽眇，同样传达出强烈的爱。契诃夫的所有作品几乎都与俄罗斯大地的苦难相关，既有物质的匮乏，又有精神的绝望。如果你愿意读第二遍、第三遍，会发现契诃夫每一个字都在诉说爱。那么我们提起世界文学这个概念的时候，是说作家情感的相似性吗？不，我们在世界文学里看到了完全不同的景观。这些作家的创作个性和作品的相异性如此强烈，使我们觉得每个作家的作品都像一个路标，通向东南西北，而不是一个共同的方向。然而我们咀嚼并消化了这些作家提供的文学大餐后，感知人类有共同认可的精神价值，关于爱、关于自由、关于永不屈服等等。我们发现，那些世界文学大师看上去像在夜空中发光的星座，然而在人间充满荆棘和泥泞的大地上，他们比我们走得更远，他们始终在人间。我们知道的世界文学大师只是我们认知领域里的一部分，再过一百年，二百年，五百年或一千年，还会诞生新的世界文学大师，我们永远不可能知道他们的名字。我相信他们的作品和之前的世界文学大师一样，书写出文学可能创造的深邃、广博和优美。所以说世界文学并不像世界贸易组织一样，每个国家派一名代表就可以进入。似乎没有人被赋予职责去做世界文学大师的筛选工作，但似乎所有人都在做这项工作。他们是读者，翻译家，编辑家，出版家和文学批评家。起决定性作用的不是各种家的选择，而是时间。所有的作家都像天空上的飞鸟，只要他们愿意，可以飞向任何地方，但有一些鸟飞向被称为世界文学的地方。他们在飞行中一定经历了暴风骤雨，经历了干渴饥饿和天敌的袭击。他们自己也不知道为什么要飞到那里，是命运选择了他们。是不是少数民族作家更容易进入世界文学领域？不一定，这不是题材的问题。题材只是木匠手里的木头，跟制作工艺没关系。对作家而言，如果作品获得各个国家与各个族群读者的赞赏，一定和这个作家的精神指向有关系。他们不仅深入挖掘自身族群的文化特征，而且把这些特征变为美学意义上的艺术品。在文学史上，有些作家写的作品和自己的民族没有关系。比如史蒂芬森的《金银岛》和吉卜林的探险故事，那完全是伟大的想象力的结晶。是的，想象力是文学最宝贵的财富，它可以超越题材。中国作家特别喜欢引用福克纳用自谦口吻说的"邮票大的地方"。然而福克纳的文学疆域有多么宽广，那是他心灵的领地。我们不要忘记福克纳在诺贝尔文学奖授奖词里说的另外一句话，他要用作品完成"人类文学殿堂穹顶最上端那一块压石"。人们知道，建造宫殿穹顶和建造赵州桥一样，最上面那块石头安放妥帖之后，整个穹顶的石块都坚实如磐。这才是福克纳的野心，也是他作品的写照，跟邮票不邮票没有关系。每个努力的作家像运动员一样希望自己有机会参加国际比赛，但这仅仅是愿望。如果没有相应的官方成绩，连参加世界级马拉松比赛的报名资格都没有。一个作家应该了解世界文学的边界，也应该了解自己创作的边界，量力而行。

文化艺术报：您的长篇小说《乌兰牧骑的孩子》登上许多图书畅销榜单，获得2021年度中国好书称号。您这本书写了五个蒙古族孩子的故事，草原上的蒙古族孩子比平原上的孩子似乎有着更蓬勃的生命活力，我想知道，这种生命力量的源泉是什么？

鲍尔吉·原野：《乌兰牧骑的孩子》一共写了三部。第二部书名叫《篝火与星空》，第三部叫《鹿花斑的白马》，贯穿其中的是五个蒙古族孩子。他们的父母是下乡为牧民演出的内蒙古文艺轻骑兵乌兰牧骑的演员，生活场景是内蒙古东部的白银花草原。在作品里，虽然主人公是孩子，但我写的是内蒙古草原的全景画和风情画，记录蒙古族牧民的生产生活方式、传统习俗、民间故事和民歌，重点刻画蒙古族牧民善良豁达的心灵。做到这一点，需要深厚的生活积累，尤其需要对蒙古民族整体性格的准确把握。写少数民族并不是为你的主人公取一个少数民族名字，然后让他们到山上放羊就完成了。如果你不懂语言，就进入不了这个民族的内心，永远不知道他们的欢乐和痛苦。《乌兰牧骑的孩子》三部曲出版之后，我买了很多送给从小在牧区长大的蒙古族作家、教师、职员,包括当年的乌兰牧骑队员,请他们阅读并提出意见。他们读后觉得这是一部写出了原汁原味的草原生活的文学作品。我听了这些话,悬着的心放进肚子里。我毕竟没在牧区长大,唯恐写不出草原深处的风貌。有一些蒙古族的作家认为《乌兰牧骑的孩子》三部曲诗情画意,充满浓郁的民族风情,值得一读再读,可以作为反映蒙古族人民在新中国成立之后蓬勃向上的精神面貌的经典作品流传下去。蒙古族作家尤其赞赏作品中的人物对话,说这完全就是牧民们说话的样子。简短、饱满、幽默,仿佛说话的人有着黑红的脸膛和拿着放羊鞭的大手。有人说,作品刻画的20世纪60年代中叶的牧区风情,距今已有六十年光景。那些场景,那些风俗,现在读起来十分珍贵。这本书也为蒙古民族留下了一段鲜活真实的历史,值得珍惜。

文化艺术报:近年来,您创作的草原题材的作品不光有《乌兰牧骑的孩子》,我看到还有长篇小说《翡翠地》《母鸡麦拉苏》和《动物园地震》,您能为读者介绍一下这些作品吗?

鲍尔吉·原野:儿童长篇小说《翡翠地》是一部幻想小说。说的是两个蒙古族少年拿着画册识别家乡的植物和动物,他们福气很大,进入一个奇异的地方,名为翡翠地。在那里,他们和动物互通款曲,畅所欲言。那里的天空、大地、植物、花朵和人间完全不同,令他们耳目一新。大家知道,在中国的童书市场上,外国作家的幻想小说占主流,中国作家写得不多。评论家认为《翡翠地》以中国本土美学元素,塑造出一个全新的中国式的幻想小说。这部作品获得张天翼儿童文学奖和童阅中国原创好书等奖项。《母鸡麦拉苏》是一部童话,故事发生的背景也在草原。蒙古族女孩塔娜发现她家一只母鸡会腹语,塔娜把耳朵贴在母鸡的肚子上听她说话。这只母鸡比上帝更了解这片草原的事情,比如哪些动物在决斗,鸟儿要往哪里迁徙,等等。母鸡还知道哪里有宝藏。于是,蒙古族孩子塔娜和白查干在母鸡麦拉苏的引导下,开始了一场探险之旅。《动物园地震》也是童话,说的是一座建立在草原上的动物园因为地震,动物们逃出了笼子,进入广阔的大自然。一方面他们获得了自由;另一方面,他们因为长期得到人工喂养,不知道荒野上哪里有食物,哪里有水。这时动物园的人正在寻找这些动物,因为动物是国家财产。一个选择摆在动物们面前:吃尽千辛万苦去追求自由,还是回到动物园去过有吃有喝的囚禁生活。动物们选择了逃跑。一路上它们经历了惊险的、令人发笑的、不平凡的历程。这些作品有两个特色,一个是情节紧凑、故事好看。在少年儿童看来,天下所有的书都应该有一个好看的故事,否则什么都不是。第二个特点是语言幽默。动物们的幽默承接大自然的智慧,和人类的幽默绝不相同,更质朴也更好笑。我觉得马克·吐温作品里的幽默就是来自大自然的幽默,不做作,回味无穷。我创作的以草原生活为背景的儿童文学作品,还有一个套系,即明天出版社推出的"鲍尔吉·原野讲给孩子们的自然之书",已经出版四部——《送你一条大河》《草原上的小黄羊》《赛马的孩子》和《悠扬的木库连》。这套书有文字,又有插图,阅读对象是识字不多的儿童朋友。虽然是低幼读物,但写起来难度很大。首先,所有的故事都发生在草原,无论写动物,写蒙古族孩子,写体育运动,写古老的乐器,都在草原,不好写。其二,每本书都是不到两万字的短篇小说,语言简洁,故事鲜明,不允许玄幻与穿越。需要用特别简练的手法讲一个摇曳多姿的故事,不必渲染,也不必议论,故事从头贯通到底。写起来很难,必须把人物塑造好。第三,故事要有时代感,主人公和读者生活在同一时代。他们虽然生活在牧区,但也要有鲜明的时代印记。写起来需要精心构制,步步为营。其实我不需要把自己写作的战线拉得太长,但我很珍惜这种机会——用文学方式描述草原文化和蒙古族生活方式以及他们的传统美德。现在牧区的孩子上小学就进入城里，在城里读中学和大学。他们毕业之后当然还留在城里。我惊讶地发现，蒙古族的孩子们在时代浪潮的推动下，已经远离蒙古族古老的文化传统。一个民族的独特性，说到底就是他们的传统文化。所以我尽管劳碌，仍然愿意耐心书写我所了解的草原故事，把它留给后人。

文化艺术报：您的话题一直没离开草原，让我想起您获得鲁迅文学奖的散文集《流水似的走马》，颁奖词说这部书"具有轻盈的速度和力量。鲍尔吉·原野将茫茫草原化为灵魂的前世今生……为悠久的草原文明提供了雄浑细腻的美学镜像"，您觉得呢？

鲍尔吉·原野：《流水似的走马》我前后写了二十七年。我的意思是说，从我从事散文创作到出版这本书，前后有二十七年的光阴。我把这期间写草原的篇目集合反复筛选，写了二十七年，选了二十七年，最后保留这些篇章。我希望最后编出的散文集横看竖看都是一个立体的草原的世界，空气里弥漫着草原的气息。我过去发明过一句话，叫"一生只做一件事"，后来众口流传。这本书也是我为这句话所作的注脚。我非常喜欢这本书的装帧设计和印制。湖南文艺出版社的责任编辑苏日娜付出了很多辛苦和智慧。书的封面是蒙古人喜欢的蓝色，布面精装，封面凹印。蒙古文书法"流水似的走马"是我父亲亲笔书写。内文每一辑都有我父亲手书的蒙古文书法辑名。当年我让父亲写下"父母亲"和"胡四台老家"的蒙古文书法，他写下的是"可爱的父母亲"和"祖先生活过的胡四台老家"。他告诉我，不能直接说父母亲，要说可爱的慈祥的父母亲。胡四台是我们老家的名字，也不能直接说出来，要说美丽的、我想念的或者祖先生活过的胡四台老家。我父亲说，人对万物的美好感情都表达在定语里。他的话让我很震惊，如同告诉我要用干净的手帕抹去宝物上的灰尘，让宝物闪闪发光。"流水似的走马"是蒙古族民间俗语，形容经过马倌调教的最好的走马的步态像潺潺的水纹一样温柔而富有节律。这本书出版后，书中好多篇章被翻译成蒙古文发表。我到牧区采访，好多人当着我的面用蒙古语背诵这部书里的篇章，他们的语气和表情充满自豪感，我极其震撼。文字有时像山上的滚石一样，力量越往后越大。你把话说到人家心里，读者会永远记着这些文字，会用真诚的、崇敬的眼光注视你。我常常被牧区的人们注视得手足无措。我在作品里写到的只是我在内蒙古草原所看到的一小部分，更多感触还没有找到合适的出口。我很奇怪，那些在草原上孤零零的山丁子树，咩咩喊叫的羊羔，以及牧区的晚霞看上去那么寻常，但写到作品里竟会栩栩如生。这就是文学的魔力。

文化艺术报：我翻阅了您2012年以来的新浪微博，发现您真是热爱生活的人。在我的印象中，作家一般都是埋头写作，抽烟喝茶。您坚持跑步，每天做冷水浴，喜欢游泳，打太极拳，还坚持站桩、艾灸。您获得过全国无偿献血双年奖。20世纪90年代在杂志开过西方古典音乐的专栏。我的问题是，这些爱好会对写作有什么影响？是什么原因让您对体育活动产生如此深厚的兴趣？

鲍尔吉·原野：一言以蔽之，热爱生活。写作只是热爱生活的一个方面，相当于一棵树上的树杈。作为健康的树，还应该有许多树杈，以便让更多的树叶从阳光里获取能量。我的跑步活动从1996年1月1日开始，坚持至今。没参加过全马和半马比赛。跑步让我获得了充沛的体力，以应付长年累月的写作活动。要知道，写作耗费心血，许多同行患有失眠症、焦虑症以及心脑血管疾病，跑步可以幸运地预防这些疾病。

充沛的体力使我这几年在照顾父母方面有了本钱。2019年，我父亲患病五个月，多次住院。2021年，我母亲住院三十九天。虽然有护工协助，但我每天都到场。没有好体力，就尽不了这份心。我把体育锻炼获得的体能储备反哺到照顾老人身上，感到十分欣慰。我之前每天跑五公里，快跑。快跑意味着什么？痛苦。每天经历这种痛苦，会让人逐渐顽强。长期的跑步能提升人的意志品质，培养人的耐力。其实写作更需要意志力和耐力，我是受益者。我已经忘记为什么要坚持冷水浴，仿佛记得在一张报纸的小知识栏目看到一则资讯，说社会学家费孝通常年坚持冷水浴，他在运动中经受了被批斗、劳动改造等磨难，因为冷水浴而保持健康。我遂效仿之，坚持了二十多年但没挨批斗。洗冷水浴，从刚开始到今天，每一次洗前都要经历一次小小的思想斗争。洗完，身体和精神均感舒畅。形成习惯，不洗反而不适应。我到农村采风，冬天拎一桶水到外面，用冷水洗身子，最后把一桶水兜头倒在身上，房东十分震惊，他们一生也没见过这样的情景。其实即使冰天雪地，你迅速洗浴，然后迅速用毛巾擦干身子，反而不冷，感到身上滚烫。当然医生们认为有心脑血管疾病的人和女人都不宜冷水浴。冷水浴给我带来什么收益，我不太清楚，聊复尔尔。我学习太极拳有两个老师，一位是沈阳体育学院武术系的李老师，另一位是吉林作家李不空老师。太极拳极为玄妙，我们几乎没有办法把它拿到这里评说。我感觉太极拳和禅宗的意境相通，可以获得不可言说的安静。几乎所有人对世界的感知都来自动感，对静恰恰无从理解，甚至有恐惧。然而世界是由两部分组成的，动占一半，静占另一半。静（中医所说的阴）像大地的土壤一样养护万物的根基。太极拳挑剔，心里有一点乱就打不下去。而且，你不管打了多少年太极拳，你仍然会觉得自己在一点点进步。关于太极拳不能多说，因为越说越悬，最后像说梦话一样。无偿献血是一件有趣且有意义的事情，你一次拿出四百毫升血液去帮助一个你不认识的人，而你的身体很快制造出四百毫升鲜血，把血还给你。这不是很有趣吗？我多次献血，捐献过血小板，但这是十年前的事，《献血法》规定五十五周岁以上的人就不能再献血了。站桩和艾灸固然可以强身健体，它们更有独特的中国化的观察事物的角度，尝试一下很奇特。我艾灸坚持了十多年，站桩只站了两三年。倾听西方古典音乐也是我的生活乐趣之一。仅勃拉姆斯的《德意志安魂曲》这一首曲子我就听了二十多年。话说回来，这些爱好跟写作有矛盾吗？我认为没矛盾。这些爱好丰富饱满人的心灵，即使不写作，有这些爱好也是一件乐事。世界上不存在没爱好的人，有人声称他毫无爱好，无欲则刚。私下里他可能爱钱，或者爱一个清流的名声。

吴克敬

以工匠的精神爱恋文学

文学因人而兴 人爱文学 文学爱人 吴克敬

吴克敬

1954年生，陕西扶风人。毕业于西北大学中文系，获硕士学位。陕西省作协副主席。历任《西安日报》《西安晚报》副总编，西安市文联党组副书记、副主席。创作小说、散文、随笔八百余万字，作品见诸多家文学期刊和报纸。曾荣获庄重文文学奖、冰心散文奖、柳青文学奖等奖项。《手铐上的蓝花花》获第五届鲁迅文学奖中篇小说奖。《羞涩的火焰》《初婚》等多部作品被改编拍摄成影视剧。

文化艺术报：2023年您出版了两部长篇小说《源头》《姐妹》，这两部现实主义长篇小说出版后，分别上榜文艺联合书单、当当读书汇好书榜等多家图书推荐榜单。现实主义文学在今天是否依然具有生命力？

吴克敬：现实主义文学的生命力，以及鲜活性，具有强大的持久性。坚持现实主义创作的作家队伍也是最壮观、最强大的。秉持现实主义创作的立场和态度，成就着我的文学成就，像我获得鲁迅文学奖的中篇小说《手铐上的蓝花花》，获得柳青文学奖的中篇小说《五味十字》《状元羊》，还有拍摄成电视连续剧的长篇小说《初婚》等，就无不是现实主义创作的成果。新出版的长篇小说《源头》和《姐妹》，是一次新的证明，我没有理由不坚持走在现实主义的创作道路上。

但我要说，现实主义并不排斥别的创作模式。我就在坚持现实主义创作的基础上，已然做了些其他方式的尝试，譬如魔幻的那一种，浪漫的那一种，有机地结合进现实主义创作的主流模式中去，使我的创作，收获了一些意想不到的效果，是也不错的。

文化艺术报：凤栖镇似乎是您乡土文学创作中的实验场，您在多部作品中将故事的背景设置在凤栖镇。有批评家认为凤栖镇是您城乡文化间的传承和再生，呈现着您的价值取向，您认可这种说法吗？

吴克敬：骄傲我的故乡在古周原上的扶风县。我没有别的什么靠山，扶风就是我的文化靠山；我没有别的什么背景，扶风就是我的精神背景，我是把我的灵魂与故乡紧紧地捆绑在了一起。我以故乡为荣，我是故乡的游子。曾有人质疑我凭什么获得了那些成就，我不好与人争辩，心里暗喜，有人关心、关注我，我是应该有所回应的。我的回应先是忍，再是有所作为，农家出身的我，依凭我的故乡，文学地给予我的书写。我为我血肉和文学的故乡，确立了一个响亮的名讳，我叫故乡凤栖镇，也叫故乡凤栖地。"镇"这个字眼太局限了，"地"是整个古周原。

"周原朊朊，堇荼如饴"，《诗经·绵》里的两句诗，充分说明周原不仅生长甘美"如饴"的庄稼，也生长哲学的《周易》《周礼》，还生长精神的《诗经》。我出生在古周原上，甘为原上的一棵庄稼，丰沛凤栖地的收成，丰富凤栖镇的风味。

批评家敏感到了我文学的创作方向，不过我还要在方法上再做些努力。

文化艺术报：长篇小说《源头》您酝酿了十年，也多次去青藏高原实地体验，为什么会写这样一本书，有特别的意义吗？

吴克敬：生命的源头在哪里？在母亲的乳头上。

2010年4月发生在青海玉树地区的大地震，召唤着作家朋友，纷纷向高原上震区赶了去。我是次年春天的时候，跟随中国作协组织的灾区慰问团到达了那里。灾后的玉树满目疮痍，但不失其所独具的那种自然之美，天真蓝呀，云真白呀，是不到现场看不到的蓝和白；草真绿呀，水真清呀，是不到现场意识不到的绿和清。再还有视野远处的雪山与冰川，使我腿软得几欲跪向那遥远的圣洁的存在，我把一峰一峰的雪山，看成了母亲的乳房，我把一片一片的冰川，看成了母亲的肌肤！十年时间里，我倾听着雪域高原的呼唤，又数次去到那里，直到那位名叫熊宁的西安"最美女孩"，怀抱爱的梦想，把她美丽的生命，义无反顾地融进那壮美的地方，我是不能不为那里写点什么了。

2021年完成初稿，2023年出版出来的长篇小说《源头》，既是我对母亲爱的礼赞，更是对女性美的礼赞。

文化艺术报：早年您以中篇小说《渭河五女》成名，您的很多作品书写土地与乡村，现在的读者更倾向于阅读有当下经验的城市文学，您在创作中有这方面的焦虑与思考吗？

吴克敬：城市化的洪流，以前所未有的力量，严重地影响着乡村社会的发展。但我要说的是，中国是乡村的，乡村是中国的，这一历史的存在，绝不会因为城市化而动摇。尤其是文学的乡村，就更强大了，甚至可说中国的文学根，就深深地扎在乡村社会的泥土之中。一部《诗经》，足能说明问题。所以我不会为什么城市文学而焦虑，甚而怀疑那样的说法是否准确。

有人不是还标榜过女性文学、工业文学、军事文学等概念吗？我为此就曾苦恼过，难道文学也有性别之分？或者是工业、军事之分吗？

我回答不了这些问题，但我或许能说，城市文学还很年轻，年轻就有未来。

文化艺术报：进西安城之前，您在西府老家生活了近四十年，家乡在您心中有怎样的位置，对您的创作又意味着什么？

吴克敬：我向往天堂，但却发现去了天堂的人，很少回得来。天堂于人而言，是一趟回不了头的单程车。但我天堂般的西府老家，就不同了，我走得出来，更回得去。没走出老家的时候，我渴望走出来，可在我走出来后，却牵肠挂肚地思念着老家，特别是在我遭遇困难，或是被伤害时，老家扶危济困、救苦救难，是我坚持生命的理想的根据地。

我可以回到天堂般的老家，汲取营养，积蓄力量，开始我新的构想和新的成长。

文化艺术报：贾平凹在一篇文章里写过您早年是一个木匠，这些成长经历为您的创作带来哪些收获？

吴克敬："木匠行里，一根墨线是准绳""弯木头，直匠人"。将近十年的木作生涯，让我不仅学会了许多木作技艺，还懂得了木作的基本准则。

烙印在我身上的木作记忆，决定了我文学创作的方向和体温，我反对血腥残忍，还反对肮脏丑陋。我须怀抱注入我血液里的工匠精神，从事我热爱的文学事业，使我笔尖上的文字，能够温暖人心，给人以灵魂性和精神性的抚慰。

我愿我的文学作品，被我的读者拿回家去，不要丈夫躲着妻子看，不要妻子躲着丈夫看，更不要躲着自己的父母和孩子看。我希望一家人，能够互通有无，坐在一起阅读，甚或讨论。

文化艺术报：2018年，央视热播的电视剧《初婚》，由您的同名长篇小说改编，《初婚》描写了改革开放初期真实的乡村生活，从这部作品可以看出您对乡村生活的深度熟稔。进城生活工作已经多年，您始终没有停止对农村的观察思考，您将乡村与城市的矛盾、传统文化扬弃取舍的思考，融入您的作品中，能否谈谈创作《初婚》的初衷？

吴克敬：看多了赞美改革开放的文章，见多了肯定改革开放的文字。不过我要说的是，改革开放几十年，在历史的长河中，如是婚姻生活的一段蜜月期，美好却也短暂。如何持久这样的美好，是我们的希望，但仅有希望是不够的，还应付诸行动，并坚持不懈，哪怕流血流泪。

我生活在西安城里，但我熟悉的还是乡村生活，梦里与我同欢喜、共忧愁的人物，还是我乡村生活里的兄弟姐妹、父老乡亲。

他们吃得了苦，也受得了怨。特别是生活其中的女性，比男性似乎更受得了社会生活以及家庭生活的怨。我说过，男人受得了累，再苦再累，咬咬牙就过去了，但很难忍怨，一点点的怨，可能气破他们的肚皮！女人的好，就在于男人受得了的苦累，她们受得了，男人忍不了的怨，她们照样忍得住。

改革开放的事业，来日方长，不可能一蹴而就，基础是既要受得了苦累，还要忍得了怨气。

文化艺术报：1991年，您从西北大学毕业，被授予文学硕士学位。西北大学的学习，不仅使您的知识结构有了长足的进步，还使您的身份发生了质的变化。您不再是一个走村串户的木匠，而是一个国家干部。这种身份的变化，对您意味着什么？

吴克敬：文学的高贵性品阶，决定了文学的生长，必须来源于生活，而更要高于生活。

20世纪80年代初，文学的潮流把我挟裹进来，懵懂还又莽撞地写了些作品，中篇小说《渭河五女》就是那个时候写出来的，并幸运地刊发在1985年《当代》杂志第3期上。省、市多位文学名家，来扶风县为我的创作召开了一次十分专业的研讨会，使我深刻地感知到，文学写作仅有生活是不够的。此后，我暂停了自己的写作，寻找读书深造的机会。

西北大学给了我这个机会，我放下了挑在肩上的木作担子，坐进了大学的课堂和大学的图书馆，聆听着专家老师的声音，阅读着先辈名家的作品，如饥似渴地补着我的文学课，让我对于生活与文学的关系，有了一个比较清晰的认识。

文化艺术报：从西北大学毕业，您进入报社工作，这期间有很多年，您再也没有写过小说。您再次动心动笔来写小说时，时间已经过去了二十二年。这期间，您都在做什么，为什么年过五十以后，又开始写小说了？

吴克敬：谁不在生活中呢？柴米油盐酱醋茶，非常琐碎是吧？但生活的本质就在于此，深入不深入，你都是那么熬过来的。譬如一个农民，可以把他熬成个庄稼把式，却不能把自己熬成一个文学写作者。

立志在文学上有所成就的我，相信是积累下厚实的乡村生活了。不过那是不够的，我还得有城市经济生活，以及商场、官场生活，甚至历史文化生活。写作者有什么样的生活积累，才可能写出什么样的文学作品来。进入媒体工作，给了我这样的方便，我接触得到官场上的人、商场上的人，还有城市经济和历史文化生活方面的人。他们是我的导师，我从他们从事的事业以及他们人的本身，汲取了太多乡村生活所没有的新鲜体验和感受。

历练在媒体的场域中，我的思维开阔了，我的思考深刻了。反观我熟悉的乡村生活，就有了不一样的认识，写作起来，自然也就游刃有余，有了新的气象。

文化艺术报：您的作品大多都塑造的是女性形象，无论是中篇小说《渭河五女》中五位性格迥异的高考落榜女生，《手铐上的蓝花花》中的闫小样，以及长篇小说《初婚》中同一天嫁入谷寨婆村的三个新娘，《分骨》中在西安城讨生活的九位女性，都表达了对女性"真善美"的热爱。您说过："我能写出真善美的女性，都是因为我娶了个好老婆。近距离切身感受得到真善美，也才能写出真善美。"作为一位男作家，为什么喜欢写女性？

吴克敬：写作了《红楼梦》的曹雪芹，与写了《聊斋志异》的蒲松龄，是中国文学史上书写女性的高手。他们俩是男性，天才地写出了金陵十二钗，以及许许多多的狐妖鬼怪。阅读两位文学巨匠的作品，确定了我学习两位的方向，在谋篇布局时，女性主人公很自然地就先来到我的面前，鲜活给我看，她们各姿各雅，既占领了我的眼球，还霸占住我的思维，我倒是常想逃离开的，可她们的眼神，如一根魔法无边的绳子，束缚住我，难以逃离，甚或可以说就没想逃离。她们丰富着我的想象，饱满着我的理想，我还要继续来写她们的哩。

水做的女人，比泥做的男人，自然清澈得多，当然也透亮得多。

文化艺术报：您从何时开始写作的，写作初期作品发表顺利吗？

吴克敬：我初期作品发表还算顺利，一篇名叫《糜子》的散文，写出来即发表在1981年秋季的《宝鸡文学》上，这是我的处女作了。我感佩播种在土地里的糜子，如农谚描述的那样，"糜针顶破瓮"，还如农谚描述的"灾天不灭糜子根"。相信我的眼睛不说谎，真切地见识到了糜子的那一种性格，小小的一枚籽粒，收罢麦子，扶犁播种进泥土里，几天的时间，就可见糜苗儿刺出土来，如"针"一般尖峭，既不畏泥土的板结，更不惧礓石和瓦片的压迫，向着白天时的阳光、夜晚时的星月，奋勇地冒出头来，把图谋压迫它的泥土、礓石和瓦片，摔在它的身边，视作它的侍卫。

我感动小小糜子的胆量和能量，发誓就做一粒不起眼的糜子，成就自己的文学梦想。

我梦想能有自己喜爱的一个事业，我理想不被天灾人祸伤害。但那怎么可能呢，我看见的糜子成长在土地上，就难免遭遇灾害，可能暴雨凌虐，可能狂风肆虐，更可能高温干旱。好在是，糜子既扛得住暴雨的凌虐，还扛得住狂风的肆虐、高温干旱的伤害，顽强不屈地生长着它的生长，成熟着它的成熟，收获着它的收获。

糜子特有的这一种精神气质，深刻地感染着我，使我义无反顾地向着我热爱的文学道途，迈开了步子。

文化艺术报： 早期在农村写作，条件比较艰苦，您平时都喜欢阅读哪些书籍？哪些作家的作品深刻影响过您？

吴克敬： 蒲松龄的《聊斋志异》，是我生活在乡村时，阅读得最上心的一部书。那时我的内心，对我的未来失望透了，因此都要绝望了。《聊斋志异》里的狐妖鬼怪，成了我怀揣在心里不敢说出口的朋友。她们既爱人，还又热心帮助人，特别是心有志向，而偏又遭遇时势冷落的人，她们即会寻找到适当的机会，幻化成美貌如仙似的女人，做你的贤内助，帮你解愁消忧，实现你的梦想。

文言文的《聊斋志异》阅读的次数多了，还让我意外地获得了熟读文言文的能力。

《诗经》也是我乡村生活中，须臾不能离手的一本书。我从中认识了"风、雅、颂"三位老先生，他们仨该是中国文学的鼻祖呢。我热爱他们仨，自觉做他们仨的学生，让我收获了非常多的文学常识与知识，懂得了诗意的生命，长生不老，可以永年。

三位老先生，我私心最爱的是风先生。

文化艺术报： 您从基层一路走来，取得今天这样的成就，在写作方面，有没有人影响或者给过您帮助？

吴克敬： 散文《半个苹果》，我写了小学时的一位老师；散文《梅花酒杯》，我写了大学时的一位老师。他俩一个名叫李树风，一个名叫蒙万夫，两人在不同时期，给了我同一个文学的启蒙。

我怀念两位老师，祝愿去了天堂的两位老师，幸福安康，并能给我新的启发。

文化艺术报：您经常调侃说，您是"西府最好的木匠"，您的女儿高考时填报志愿报了同济大学建筑系，她说别人说爸爸是个小木匠，她就做个大木匠，她会读您的书吗？

吴克敬：当然是会读的。读过了还会与我交换意见，给我以批评。

中国的父亲，大多都很自信，喜欢孩子听他的话。对此我不反对，但也不甚赞赏。我在我的姑娘上初中时就给她说了，要她不要太听我的话。你听我的话，最后也许只能是个没出息的父亲样，而你不听我的话，追寻你心灵的呼唤，走你自己的路，才可能比没出息的父亲有出息。

事实证明，不太听我话的姑娘，读她的书，做她的学问，比我的确有出息。

姑娘不太听我的话，而我却很喜欢听姑娘的话，她读大学的时候，问了我一个问题，说你写来的作品，给谁看呢？她那一问，把我问得蒙了好一阵。我蒙着时，她又说了，给年轻人看呀。一个写作者，熬心费神地写来，能入年轻人的眼睛，才可能有未来。

文化艺术报：西北大学毕业后，您从一名一线记者做到副总编辑，媒体从业经历对您的创作有何影响？

吴克敬：媒体是我文学创作的温床，我相对重要的一些作品，几乎都脱胎于某件新闻事件。像我获得第二届柳青文学奖的中篇小说《状元羊》，就是我参加省级新闻奖评选时，见识到《宝鸡日报》报送的一幅新闻照片后，谨记于心，反复琢磨，于2007年重返文学写作的阵地，顺手牵羊，拉出来写就的。

再还有读者喜欢的中篇小说《先生姐》《欲望的绳子》等，都是因为媒体报道出的一起新闻事件，引发我的创作灵感，而写出来的。获得鲁迅文学奖的中篇小说《手铐上的蓝花花》，更是如此，那时我还身在新闻岗位上，敏感到几起新闻事件，相互映衬，能够升华为一部文学作品，我便毫不犹豫地做来，做成了几乎可以代表我文学成就的一部作品。

文化艺术报：您早期的作品，像成名作《渭河五女》，和近年的《初婚》《姐妹》等等，发生了哪些变化？

吴克敬：写作《渭河五女》时的我，凭着一腔热血与满腹激情，所描摹的仅是那个时代的生活故事，缺少思辨的力量，以及文化上的挖掘。此后二十多年，我在积累，更在反思，还在咀嚼，使我的写作从讲好一个故事，开始向以故事为基础，而能给读者提出他们关心的一些问题来，那些问题关乎我们的人生，关乎我们的社会，关乎我们的文化，总之要能使人有所感悟，有所获得。

近期出版的长篇小说《姐妹》，有批评家这么说："作家在虚实结合中，重新完成了时空的构建，让日常的生活变得不平常，让平凡的人变得不平凡；若是没有这样的文学想象，注定无法审视远去的村庄，刻画出不同人物的性格。"我感激他，他写出了我心中所想。

文化艺术报：您的很多作品直面农村现实，勇于面对中国农村发展中复杂尖锐的现实处境。在您看来，今天的农村、农民，和您当年熟悉的农村、农民的命运，有没有本质上的改变？

吴克敬：不能说没有改变，但改变了什么，我又特别糊涂。回家乡的路，硬化了，进村的街道整齐了，并建设了花园似的广场，安装了这样那样的健身器材，但看到人，不是老人领着小孩的手，就是小孩牵着老人的手。混合着牛马粪味道的炊烟，不见了影子，还有半夜的鸡叫声，和猪羊的叫声，也都听不到了。

人们关注的"农业、农村、农民"问题，似乎还是问题，需要耐心去解决。

文化艺术报：您是关中西府人，近些年却痴心不改地热爱陕北，写了很多陕北题材的作品，这是否是对自己的挑战？

吴克敬：成长在古周原上的我，掏心掏肺的总是古周原。但我欲望书写她的时候，又不知如何来写了。远离她，深入到一种别样的文化地域去，吃那里的饭，喝那里的水，交那里的朋友，回头再写熟悉的古周原，这就有了一种文学意义上的陌生感。

文学的功能，就在于把自己熟悉的东西，残忍地推开来，让其被冷落，进而遭受苦痛，唯如此，方能焕发出一种你不熟悉的陌生感来。而陌生感，是作家必不可少的原生创作动力。

因为对于陕北的陌生，我走进那里，蓦然感知到我们的文明，不仅有农耕与草原之分，还应有第三种文明的存在。这一文明就脱胎于农耕文明和草原文明之间，以长城为线，以陕北为点，带有强烈的杂交优势，历史地推动着民族文化的发展与进步。

流行在这里的信天游，注解着这一文明，使这一文明豪迈大气、嘹亮高亢。

文化艺术报：文学消费群体日渐萎缩，阅读小说的人越来越少，作家如何积极健康地引导更多读者走进书店或图书馆？

吴可敬：我写过一篇《请把我埋在书店里》的随笔，抒发了我对书店和图书馆的感情。被山呼"万岁"的人，没能长生不老，但把自己以书本的方式，跻身进书店与图书馆，不图谋自己"万岁"的人，反而却能长生不老。1985年秋，我参加省作协召开的青年作家创作会议，得到一纸购书券，我去钟楼书店买书，看见了我在县城书店想买买不来的《论语》《老子》《庄子》，以及《儒林外史》《老残游记》和《茶花女》《红与黑》等图书，我不歇气地把那许多书，打堆儿抱着，抱去交款处结算时，蓦然知觉著作了这些图书的人，年龄都很大了呢，大者几千岁，小者几百岁，可我看不出他们的老，而看出了他们的年轻。热爱他们的作品的出版家，为了满足读者的需要，以书皮能有的可能，设计这样一套新装、那样一套新装，让它们总是新装裹身，青春靓丽给热爱它们的读者。

书店和图书馆就是让成长的人们走进来，与历史上经典化了的著作及其作者同呼吸、共命运，领受他们青春不老的情怀，感受他们生生不息的秘籍。

文化艺术报：您如何看待作家与批评家的关系，您认为理想中的文学批评应该有怎样的面貌？

吴克敬：堪比兄弟，甚或父母、夫妻一样的亲人。别的人怎么看，我不好说，但我就是这么看的。一个作家每一次的写作，就如一次孕产一般，最需要专家学者的关怀与关心了。生理性的生育，怀胎十月，自会分娩出自己的孩子来，但文学的生育，就不那么规律了，常常是会难产的。"人生人，吓死人"，不用想象，经历过妻子分娩的人都知道，孕妇难产时的分娩，不仅撕心裂肺，而且血流如注。这个时候，谁能站在血身子的孕妇身边呢？只能是她的亲人了，亲人看得最清楚了，你生育的胎位正不正？脐带是否绕颈？亲人们的鼓励和帮助，是孕妇顺利生产的最大动力。

我十分享受评论家对于我的批评，并深切地感受到，越是推心置腹的批评，对我的帮助越是大。

文化艺术报：您说好木匠必须要打磨出好作品，在您看来，您理想的作品是哪部？

吴克敬：虽然《手铐上的蓝花花》为我赢得大的荣誉，但《状元羊》却先后被"中国当代乡土小说大系"与"中国乡土小说名作大系"收录了进去。不过，我个人似乎更看重《先生姐》这部中篇小说，主人公的夫妻俩，是都要做人的。做着人的夫妻俩，不仅难以获得人的尊严，还遭受到这样的屈辱、那样的凌辱，逼得两人不做人了，做起了鬼，反而得到了人的尊重和爱戴。

文化艺术报：您现在还会回故乡吗？有没有为故乡写一本书的计划？

吴克敬：在亮宝楼办过一届《把家送给家》的书法展，所展作品全是我写给朋友的中堂。展出过后，我让朋友把属于他家的中堂，摘下来拿回家去。朋友们要给我钱，被我全都拒绝了。对此我要说，不是我不爱钱，是因为收入中堂的钱，是对"家"的不尊重，甚或亵渎。雅昌传媒现场采访我，我说了"三堂"文明之于民族文化建设的重要性，既关乎人的精神，更关乎人的灵魂。

那么何为"三堂"呢，即传统意义的学堂、中堂和祠堂。原来的学堂，首先教授给学子的是常识，在常识的基础上，再教授知识；中堂，是一家人的精神出发点，而祠堂则又是一族人的灵魂栖息地。今天的乡村，少见"三堂"的存在，但"三堂"的意义并未从人的意识中消失。我这样年龄的人，或多或少，还都沾染了些"三堂"文明的遗风。我珍惜那样的存在，因此我是常要回到故乡去，充实我对故乡的人生和感受，我是必须为故乡写作一部大点儿的作品来。

作品的名字就叫《风先生》，是与"雅先生""颂先生"一起从《诗经》里走来的，他老人家活跃在我的故乡，他是我的老师和导师；我要做好他的学生，写出他鲜活了千百年的生命。

风先生是已做起我的代言人了，刚刚出版的长篇小说《源头》，和即将出版的长篇小说《扶风传》，他便风行其中，饱满着他自己，也丰沛着我的创作。

文化艺术报：请问您是如何看待目前的陕西文学的，有哪些好的苗子，您对青年作家有什么话要说吗？

吴克敬：我说不出一个具体的人来，但看得见一个群体，努力地赓续着陕西文学的血脉。

给青年作家说句什么话呢，想想还就是我说给自己的那一句话：文学真诚待我，我不辜负文学。

魏微

高品质是文学的立身之本

文学之于生活，
就像影子之于人。

魏微
23.6.16

魏　微

　　女，1994年开始写作，迄今已发表小说、随笔二百余万字。作品曾登1998、2001、2003、2004、2006、2010、2012年中国小说排行榜。曾获第三届鲁迅文学奖、第二届中国小说学会奖、第十届庄重文文学奖、第九届华语文学传媒大奖·年度小说家奖、第四届冯牧文学奖及各类文学刊物奖。部分作品被译成英、法、日、韩、意、俄、波兰、希腊、西班牙、塞尔维亚等多国文字。现供职于广东省作家协会，广东文学院院长。

文化艺术报：您成名很早，早年的《乡村，穷亲戚和爱情》《大老郑的女人》《一个人的微湖闸》《拐弯的夏天》《胡文青传》等作品有着广泛的影响力。2004年《大老郑的女人》获得鲁迅文学奖时，您刚刚三十四岁。2012年在《花城》发表了《胡文青传》之后，您几乎再也没有新的作品面世。现在，您用长篇小说《烟霞里》回应了大家的期待。整整十年，您在做什么？

魏　微：这十年来，我跟我的同龄人一样进入中年，体会生活的五味杂陈。另外还有阅读，我以前只读文学，中年以后开始读史，这对于我的写作是有帮助的。我有几年除了小说不读，什么都读，刻意让自己跟小说保持距离，这样隔了些年再回头读小说，又能读出些新意。比如有一次我读马洛伊·山多尔的《烛烬》，哇，写得这么好，有新鲜感，感觉到文学的魅力。再比如波拉尼奥的《2666》，也是好，我当时被惊艳到了，小说还可以写成这个样子。文学这东西，你必须常跳脱出来，才能保持新鲜感，每天盯着这件事，反而不行。

人民文学出版社约稿是一个契机。另外，这十年来的积累也到了，包括阅历、阅读，也包括语言、情绪，都到了一定程度。是时候开始写了。

文化艺术报：这十年间您一直在为写小说做准备吗？一个作家长时间不出作品，您会不会担忧被读者和同行淡忘？

魏　微：是的，一直在做准备。长期不写作，当然有焦虑，因为写作是我的职业，有时会觉得自己是个不称职的作家。外界有说我太懒，我认为不是，是到了中年以后，视野开阔，心胸开朗，看人阅世比年轻时复杂多了，写作难度上了一大截。年轻时的写作靠感觉，看山是山，是可以做到简洁有力的。到了中年不一样，看山不是山，看山还是山，太复杂了，要把这层意思表达出来，首先是个认知的问题，另外还有语言。我是比较看重语言的，语言有了，一切都有；语言没有，硬写都写不下去。语言挺神秘的，我找了它十几年都没找到，等到写《烟霞里》的时候，它自己来找我了。可能是积累到了一定分上，情绪饱满，语言自会来找你。还有一个现象，作家到了中年，写作的内在驱动力大多数不够，不像年轻时，有强烈的表达欲求，不写就堵得慌。到了中年，更看重写作的质量，如果功名心不是太重的话，是宁愿自己沉默，也不愿自己聒噪，挺丢人的，写得那么差，不过是为了在杂志上混个脸熟，怕人忘了他。就写作而言，这样写有什么意思呢？你写出来的东西都过不了你的心理关。最终就是我们这些对文字有要求的人，如果没有遇上一个外在契机去推动，很可能就不写了。我的契机是人民文学出版社，恰好语言也有了，各种机缘凑在一起，才有了这部《烟霞里》。

文化艺术报：您的长篇小说《烟霞里》一经问世，就广受关注和好评。创作这部小说时，您采用了极富挑战性的编年体结构方式，直接与历史对话，为此您做了哪些准备？

魏　微：皮相是编年体，骨相是纪传体。多年来，我一直有写编年体的意愿，人生几十年，一年年去写。一开始想写一部父辈的编年史，但后来发现语言跟不上，只好放下，重捡编年体写作，以我这代人为蓝本，是我在应稿后的一个本能反应，因为太方便了，不用做案头——虽然后来还是做了些。《烟霞里》开写于2021年8月，刨去中间开会学习、办活动的时间，我花了十三个月写成。看着一个个卓越的生命从我眼前流逝，他们从出生起人生的最初几年，他们和家人一起度过。祖父辈是干什么的，兄弟姊妹啥情况，性格是怎样养成的……尔后长大，求学，交友，跟各色人等打交道，他们本身就足以构成一个小社会。为此，做了两个层面的准备。因为写两条线，一是女主人公的个人成长史，二是我们国家改革开放四十年。第一是人物的准备，因为田庄跟我是同龄人，她到四十多岁时，也有从一个青年成长为中年的心路转变。这是生活和阅历、人生认知上的准备。第二是材料的准备，主要是改革开放四十年的历史，另外田庄的父母是知青，二十世纪七八十年代的历史也有很多准备。

其实我一直想用编年体结构，十年前就想写一个长篇小说，当时想写父亲辈的年谱。因为当时正在读抗战史料，所以就想写父辈、想写抗战，但因为语言感觉没找到，所以放下来了。放了十年，中间出了多少长篇，但是也没有人用年谱来写作。所以这次我写长篇的时候，最简便的方式就是写我这一代人，还是用年谱的方式来写。

文化艺术报：在一个跨越四十年的编年体长篇小说里，如何把握日常细节的书写？

魏　微：这篇小说最大的困难，是大与小之间的平衡。因为大的时代背景会占一些篇幅，会用概述的口吻。不过我都有写细节，比如大的时代背景里的大人物的书写、主人公和她的七姑八姨等等很多角色，会用一些细节来勾描、填充。我会遇上这样的困难，但细节是一个小说家必备的能力，是在一个人刚开始写小说的时候就具备的能力。

事实上，编年体的写法难度很大。在《烟霞里》新书发布会上，人民文学出版社社长臧永清谈到了《烟霞里》作者自设的创作难度："选取最具代表性的事件需要翻阅大量的历史资料，人物命运与时代变迁融合不好就会变成社会调查报告，魏微在创作中成功克服了这些难题。"北京大学中文系副教授丛治辰分享了编年体的阅读体验："读者会自觉不自觉地将个人在某一年的经历，拿来跟小说人物这一年的经历对照起来，这是一个探索和唤醒记忆的发现过程，非常有趣。《烟霞里》是一个非常丰富的小说。"

文化艺术报：小说女主田庄和您是同龄人，创作这部作品时，您会对自己生活过的年代产生新的认知和感触吗？

魏　微：这部作品对我自己来说也是一个重新认知的过程。因为很多事情我忘了，我现在对童年的事情记得会清楚一点。我觉得这像是老花眼，是衰老的表现，看现在的事情看不清楚，看青少年的事情会看得清楚。

二十世纪七八十年代，是我的青少年时代，我就觉得写得很顺。20世纪90年代是我的青年时代，我全忘了，必须得补课。写这篇小说，我觉得我自己重新活了一回。我把我青少年时代活了，把我到三十多岁以后作为一个将老未老的女青年的过程也活了，全部重新体验了一回。非常感激这篇小说，让我有一种活着的感觉。

文化艺术报：和您以往的作品相比，《烟霞里》这部小说有哪些突破自我的地方？

魏　微：首先跟我的年龄有关系。2005年移居广州是我人生的一个分水岭，从那一刻起我意识到，我是中年人了。中年人更喜欢读历史嘛。至于《烟霞里》是不是我的转型之作，我想引用张莉的话来回答这个问题。她说，就像萧红在写《呼兰河传》之前，所有的短篇小说都是为了写《呼兰河传》做准备。我之前所有的短篇小说都是在为写《烟霞里》做准备。《烟霞里》的一些元素，包括故乡、女性、成长、时代，都是我以前的小说里就有的，只不过那时我对时代的概括不像现在这么全面宏阔。到了现在这个年纪，我觉得自己有能力去把握更宏大的题材，另一方面把握细节的能力是我一直以来的强项，这个能力我也没有丧失。《烟霞里》是我现在这个年纪、这个能力能够写出的最好的东西。我觉得自己尽力了。

文化艺术报：小说主人公田庄，一个县城青年来到大城市，以文学为业最后在庸碌中早逝，这个人物身上有没有您的影子？

魏　微：有我的影子，但又不是我。田庄之于我，就像方鸿渐之于钱锺书。都是自己熟悉的生活、熟悉的人物，写起来得心应手，更重要的是，作家把自己放进去了，我认为这一点是很重要的，这是写作的诚意，字里行间能见得到生命，或者说生命感。现在很多作家，可能会编一个精巧的故事，但是这故事跟他本人没关系，看不到作者的喜好、爱憎、悲欢，他把自己藏得紧紧的，这样的文学当然不会动人。然而田庄毕竟不是我，她是20世纪90年代来到广州，我是2005年才来广州的。有论者认为，90年代田庄到了广州念中文系，在那样一个风起云涌的时代，她不应该处在一个旁观者的视角，但是我觉得，非要她去当弄潮儿，去辞职下海做生意，一是财经这方面我不熟，我当然可以去做功课，但很容易写成财经小说；另外，一写改革开放，常见的写法都是下海创业，这就会落入一种窠臼，总得有人来写普通人，或是一个时代里不那么主流，甚至是边缘的职业，比如文人、知识分子这个群体。

文化艺术报：以编年体写作这部长篇，您经受的最大挑战是什么？二十世纪七八十年代内地还是传统社会，90年代南方是欲望释放的社会。您的南方印象是怎么来的？

魏　微：我是2005年来到广州的，《烟霞里》我写得最怵的，就是90年代的广州，因为我不在现场，那个氛围拿不准。90年代我去过一次深圳，1997年，到朋友家过年，她家住在南山区的一个大房子里，吃穿用度很别致，跟内地完全不一样，屋里布置得像港剧里的人家，可能比港剧还要好，因为香港人大多住得逼仄，她家却是豪宅。因为是过年，街上没什么人，很干净，满眼都是高楼大厦，簇簇新，给我的感觉就很新鲜，不像是在中国。回程时经过广州站，却是另一番景象，那么多的农民工，拖家带口，大包小裹，感觉一下跌回人间了。事实上，广深两地并无不同，只不过我恰好遇上了改革开放的阴阳两面，走马观花那一瞥，知道改革开放是复杂的，繁华和贫困共生，希望与挣扎并存，就好比钱币的正反两面。

90年代的广州，是我想象出的。这想象从1984年就开始了，那年邓小平去深圳过年，引发下海潮，"时间就是金钱，效率就是生命"等标语口号也传到内地，我一个初中生听了都激动不已，因为太新鲜了，跟以前的措辞完全不一样，我爸妈也激动，想大干快上。小说里，田家明一拍大腿站起来，说，我靠，时代都发展到什么程度了！这话我在《大老郑的女人》里也写过，因为这话是我爸说的。"时代突然亮了"，就是那种感觉，乍从桎梏里走出来，走到一个光明的、有希望的、敞亮的地方，自由自在去呼吸。

我念高中那会儿，街上有人摆摊卖墨镜，一打听，原来是广东的几个法官来我们县城办案，工作之余就挣起了外快。我们就感叹，广东真是开放啊，法官都能卖墨镜。墨镜当然是一抢而空，广东货嘛。那时，"广货"在内地太紧俏了。我对广东的想象就是这样来的，港台剧、粤语歌的流行，又加剧了这种想象。

改革开放的前二十年，广东可说是一枝独秀。《烟霞里》有一句戏言，比较二十世纪八九十年代的北上广深，说上海吃深圳的醋："这个曾经的远东第一大城市，有那么些年，却沦落到要眺望深圳那个小渔村，既仰羡又酸楚，口气还挺微妙。"

文化艺术报：您是2005年才去的广州，您是如何写出90年代广东的现场感的？

魏　微：先是读报，我有段时间常跑中图、广图，找几十年前的《人民日报》《南方日报》，后来，申霞艳叫她的学生给我发电子版，这样就方便多了。90年代的时代书太少了，我很怀疑那些年没人写书、读书，都跑去挣钱了，知识分子也不例外。唯有凌志军的《变化：1990年—2002年中国实录》对我帮助很大，但他并不是专门写广东。

倒是B站上有些视频我用上了，比如1995年日本富士电视台来广州采访，跟拍男仔玩摩托，小靓仔们意气风发，声称三十年内，中国肯定会超过日本，那一种快意恩仇，挺带劲的。我看了总共有上百个视频，像90年代的白天鹅宾馆、花园酒店的自助餐，人均消费是多少，我都有了解。

我要感谢广州的文友们：朱燕玲、申霞艳、老那、杜绿绿、刘炜茗、张鸿夫妇，还有我的领导和同事们。他们亲历了90年代广州城的那场盛宴，即便没吃过，看也看饱了，《红楼梦》里赵嬷嬷回忆贾家在金陵的盛景，说，哎哟喂，那可是千载难逢的，把钱花得跟个流水似的……某种程度上，我和我的朋友们以及田庄都是赵嬷嬷，没有大富大贵，也不是成功人士，可是回忆过往的胜景，口气也像赵嬷嬷，连神情都容光焕发，因为我们是亲历者、见证者。改革开放正在青春期，毛里毛躁的，可是新鲜、野蛮、横冲直撞，广州深圳更是打头炮。

我听朱燕玲讲，有一年《花城》杂志开笔会，来了不少外省作家，见到服务员穿旗袍，都看傻了。饭前上热毛巾，叠得方方正正，搁在碟子里，客人不知道是干嘛用的，误以为是馒头，伸手就往嘴里送。还有一种叫"粒粒橙"的饮料，里头有果肉，也是内地没有的，喝得兴起，那饮料就一箱箱地上，客人是素俭惯了的，吃不了就兜着，偷偷带回宾馆去。主办方请客人坐游轮，从海上眺望澳门，客人们都是梦幻一般的神情。现场感就是这样来的吧。

当然现在，广州的先发优势不在了。我一个同事是长沙人，十九岁考来广美，寒暑假回长沙，鲜衣怒马，太潮了，回头率高得不行，"一看就是广东来的"。她自己也挺骄傲，嫌长沙太土、太落后。现在呢？至少城建上，长沙把广州撂下了。

我认为90年代是我写得最好的十年。我在其中用了些感情，因为那也是我的青年时代，好像我跟田庄一起来到广州，重新活了一回。

文化艺术报：2005年您作为人才引进广州，广州给您的是什么印象？

魏　微：富丽堂皇，盛年景象，但对我来说已经不新鲜了。内地正在奋起直追，差距缩小了，看广州不再是景仰了。广州焦虑极了，有一次我被派出去学习，本来是思想文化培训，却请了个老师来讲经济课，列了很多图表，一样样跟江苏比，生怕被追上。

2005年我来到广州，我这一代人还有在奋斗的，但年长者大局已定。我一个朋友，90年代初，人均工资还在两三百的时候，她买鞋都是上千元，因为她是做进出口的，太有钱了，现在是不行了，又落回了一个普通人。这几十年来，"50后""60后""70后"都逐渐老去，我们眼见命运上身，各归各途，有人激情澎湃，有人潇潇洒洒，有人跌倒了再爬起，有人意兴阑珊。几代人横穿改革开放四十年，广深成了他们青春的见证。

像朱燕玲，她是20世纪80年代中期来到广州，做文学编辑，可说是见证了这四十年的风起云涌，故事多得不行，都装在心里。1992年她在加拿大，看了当地的中文报纸，得知邓小平要再次来深圳过年，号召改革开放，她二话不说，买张机票就跑回广州，其实她回到广州，也不过是当文学编辑，但感觉还是不一样。那时，人人都觉得时代跟自己是有关系的，是当事人。她那一代人里有不少卓异之辈。

文化艺术报：您在南京、北京都待过，后来定居广州。每一次的迁徙背后，有着怎样的动因？

魏　微：我这一代的女青年，多数都不安分，想着法子往外跑，不会固守在一个地方。我高中一个女同学，高考志愿填的是衡阳工学院，为什么是衡阳？就因为衡阳离家远，名字好听。那时，远方、流浪对我们这代人有蛊惑力。

1995年，我跑北京去了，那会儿，北师大有个短期作家班，是先锋小说家刘恪办的，他不久前去世了，同学群里都在悼念……授课老师中颇有些名人，我印象最深的是邹敬之、叶廷芳、西川、崔道怡。邹敬之给我们讲语言，他说，什么是好的语言？他就拿西北民歌举例子，两个青年男女相爱，"面对面坐着，还想你"，他说，这就是好的语言，你们自己悟去，悟不出来就算了。我当然是悟出来了。我在北京待了半年，听说南京大学也有作家班，于是我就去了南京，待了四年后，我又跑北京去了，这已经是2000年了。我是2005年来的广州，作为人才引进，一直待到现在。说起来，我在广州待的时间最长。

文化艺术报：您写过一部《梁启超传》，它与《烟霞里》这本"田庄传"有什么关联？

魏　微：《烟霞里》之前，我在写《梁启超传》，埋首故纸堆里已经好几年了。为什么要写《梁启超传》？首先，对他这个人很感佩，梁启超充满人格魅力；其次，他是打开中国近现代的一把钥匙，晚清民国的重大事件，他基本都参与了，是个影响历史进程的人。他的老师康有为也影响了历史进程，但康有为不足以成为钥匙。康有为在性格上比较激进，而梁启超正好相反，少年老成，为人练达。从来都是康梁并称，有观点说，没有康有为就一定没有梁启超，我的观点正好相反，没有梁启超，康有为也不足以成为康有为，他将默默无闻，终老于街巷。师徒两人算是相互成全吧。

开始我只是想写写康梁关系，从文学的角度来解读人的性格是怎样直接或间接影响了历史进程。一旦开写就发现不是那么回事，太复杂了，我的笔力根本驾驭不了。我又未经历史学的训练，只有一点文学家的对于"人"的认知，读了几本康梁著作后，不知深浅就开始写了，后来越写越麻烦，因为新材料不断涌现，把旧材料给否了。要不是人民文学出版社来约稿，戊戌史淹死我这样一个历史小白绰绰有余。但一旦逃出来了，就发现受益匪浅，光一个戊戌变法，人来人往，上到王侯将相、下到底层百姓，中间还夹着知识分子这个群体，全连在一起了。光读年谱和传记，我都没读全呢，而这，只是梁启超一生中的某一年，他后来经历的重要事件可不止这一件。你说他的传记我怎么写？废章十几万字现在还在电脑里，重新捡起来还需攒点勇气。

写废了的《梁启超传》直接成全了小说《烟霞里》，编年体、纪传体、人际关系、多线头、广角叙事……我把《烟霞里》当历史写，正如我把《梁启超传》当文学写一样。两者之间是这么个关系。

文化艺术报：您是从哪一年开始写作的？我读您的第一篇小说是《乡村，穷亲戚和爱情》，当时，批评家谢有顺说这是当年最好的短篇小说。您写作后作品发表顺利吗？

魏　微：我是1994年开始写作的。发表不算顺利，当时发表途径是很单一的，只有文学期刊一条路。我的处女作是发在我老家的一本刊物上，可是要上全国性的杂志还是很难，可能等了两三年吧。直到1997年，我被上海的《小说界》选中，才成为真正意义上的作家。

发表是某种程度上的肯定，对一个年轻作家而言，这个太重要了。它是建立信心的开始，意味着你得到了鼓励，文学这条路可以走下去。

现在发表途径多样化，当是一个可喜的现象。网络、微博、微信等也有助于文学的传播。现在这个时代，好文章、好作家几乎不可能被埋没。但这也带来了一个问题，就是发表门槛降低了，或者说几乎没门槛。每个人都在发声说话，经由网络传播出去，由此带来了大量的噪声，鱼龙混杂、良莠不齐是有的。等于是，大家都在说，某种程度上反而相互抵消了。

文化艺术报：您的文学启蒙来自哪里？

魏　微：很难讲。我的写作是从诗歌开始的，十八九岁那会儿，还给《诗刊》投过稿，因为没人搭理，就转而写小说去了。直到今天我还常说，我是个过早夭折的诗人。可能正是因为这段经历，使得我后来的小说写作，难免会有一些诗歌的影响，写短篇的时候尤其如此，喜欢那些模糊的、不可名状的事物，喜欢追求叙事难度，以期更能接近某种复杂难言的真实。小说主要是叙事，叙事是一门技艺，里面弯弯绕绕，有很多讲究，以致后来有了"叙事学"。这一点上，我也是觉得它比散文更有难度，从而也更能引发写作者的雄心、自豪感和职业尊严。我是80年代的中学生，那时人人都是文青。《烟霞里》写田庄的少女时代，有一部分是我的亲身经历。那会儿，我们家订了《青春》和《作品》，我妈读伤痕文学会读到哭。《烟霞里》定稿时，是由潘凯雄老师统读的，他提出疑问，像孙月华这样的劳动妇女，也没什么文化，怎么会对红楼人物那么熟，连傻大姐都知道？真知道！我妈就知道，我妈也是劳动妇女。我妈还读过张爱玲呢，不喜欢，觉得叽叽歪歪的。我后来跟潘凯雄老师说，你不了解劳动妇女，哪怕没文化，她们也会读文学，因为那是20世纪80年代。那个年代是什么样子的？就是一边改革开放，一边人人都是文学青年，两头忙。

我有个女同学，家里订了《诗歌报》或者叫《文论报》，我在上面看到了关于韩东的诗评。有一阵，我在我爸的书橱里翻到一本辞典，是讲20世纪的中国新诗的，从胡适一直编到第三代诗人。我也不知道我们家哪来的这本辞典，我父母并不是文化人，他们连老师都不是。只能说，那是文学时代。

文化艺术报：有批评家说，《烟霞里》让人想起安妮·埃尔诺的《悠悠岁月》，您认可这种说法吗？

魏　微：我没读过《悠悠岁月》，最近会找来读，很多人拿《烟霞里》跟它作比，我挺好奇。所谓小说里的"非虚构"，《烟霞里》是虚构和非虚构的结合，这是后来评论家的总结，我自己写的时候并没有分明意识到。我从前写小说，也不是老实地叙事，跳着写，偶尔来点夹叙夹议，这是长期的写作惯性。

至于时代，也不完全是我人到中年，心胸开朗、视野开阔，就要去写时代，我对时代天生敏感，我早年在《青年文学》开过专栏，名字就叫《我的年代》，后来写《一个人的微湖闸》《大老郑的女人》，都能看到时代的身影，只不过那时，它是作为背景存在，影影绰绰。对于时代的癖好一路贯穿到了《烟霞里》，这一回，它不单作为背景，也是前景，跟人物一起并置，你方唱罢我登场，它有足够的空间去施展，它是《烟霞里》的主角之一。

文化艺术报：从1994年开始写作至今，您的创作心态有哪些改变？

魏　微：改变太多了，一言难尽。先说心态上的，新鲜感丧失了，写作的动力不够，有时难免想，为什么要写作呢？意义何在？像我们的前辈，读苏俄文学长大的一代，可能会在写作里找到一种记录大时代的壮丽的意义，可是我们呢，从小是读西方文学长大的，意义到了我们这一代，其实是被消解了。无论我们这个时代宏大与否，至少就文学而言，所谓的"宏大叙事"是过时了。找不到意义，当然也可以强写、硬写，慢慢就变得职业化了。我比较抗拒职业化，照理说这是不对的，因为我是个作家，写作是我的本职工作，可是另一方面呢，文学生产又不是流水线作业，它是痛苦、为难、发现、创见的产物，而职业化写作恰恰要摒弃这个。还有一点变化是视野上的，人到中年，当然看问题是比以前复杂多了，多维度的，不像从前那样泾渭分明，黑是黑，白是白，现在是灰色地带比较多。灰色是一种最难描述的状态，比较没观点，没脾气，常常让人叹气。这是写作的难度。总而言之，写作是越写越难，年轻时那种一气呵成、一腔气血的写作，到了中年基本不可能了。

文化艺术报：您怎么看作家这个职业？

魏　微：我是个不称职的作家。称职的作家是什么样的呢？就是有计划，有规划，每天都有写，至少每天都在工作，至死方休。我是另一类作家，倾向于把文学看作是心灵的事业，而心灵这东西，时有时无，状态时好时坏，因此像我这种血质的作家，看上去是很逍遥、很懒散的，貌似闲着，其实心里、脑子转个不停，所以有时不写作比写作还累。状态来了，大抵能出好活儿，状态不来呢，那也就算了。关于风格，我琢磨着我早期的写作应该是形成风格了：语速慢，腔调温吞，对一切都不太肯定，字词句之间有犹疑。敏感，内向，年纪轻轻就喜欢回忆，好像很怀旧的样子，实则是不能融入现实，缺乏热火朝天去生活的能力。受过一点小伤，心里惦念着，侍弄它，养育它，慢慢就真的受伤了。文字里能看得见感情，可是不知为什么，总有点难为情。作者是藏着掖着，又没藏好，让别人瞧出了端倪。看得出是羞于表达感情，所以会装冷漠，装着装着，可能就真冷漠了也说不定。偏低温，像大冷天出了小太阳，有些许暖意，作者本来是为写这暖意，但通体看来，反而更凉了。我琢磨着我早期的风格大体就是这样吧，不知道总结得对不对。中年以后当然有变化，所谓中年变法，但因为这些年写得少，文字上没有集中呈现，所以具体也就说不上了。

文化艺术报：您的阅读偏好有哪些？有哪些书对您有重要影响？

魏　微：现在基本上都在读古典，现代小说反而读得少了。十几年前，我跟林白聊天，她告诉我，她不怎么爱读现代派小说了，那会儿她在读别林斯基、马雅可夫斯基。我听了还蛮奇怪。林白从前很叛逆的，至少《一个人的战争》是这样，成色十足的一篇关于反抗的小说。你很难想象，写这样小说的人，有一天她会远离现代派，返回头去读苏俄文学。没想到十几年后，我也在步她的后尘，回归古典，但不是苏俄的古典，托尔斯泰那辈人在我看来还是太啰唆了。我更喜欢中国的古典，简洁、亲近、有意味。大概而言，阅读也分年龄段的，先锋、前卫永远是年轻人的事业。中年以后，人难免就倾心于隽永、含蓄的文字，而这正是古典文学的特长。我的写作，受惠于西方现代派文学太多了，它们是我的文学源头，而中国古典文学则是我写作的背景。

王久辛

我一直在坚持审美的创作

诗歌是文学皇冠上的明珠

王久辛

王久辛

　　首届鲁迅文学奖诗歌奖获得者、中国诗歌学会副会长、中国作家协会诗歌专业委员会委员。作为中国作家代表团成员，先后出访波兰、俄罗斯、阿尔及利亚、突尼斯等，出版诗集《狂雪》《狂雪Ⅱ集》《香魂金灿灿》《大地夯歌》等，散文集《绝世之鼎》《冷冷的鼻息》《他们的光》《刻骨双红豆》，文论集《情致·格调与韵味》等。2008年在波兰出版发行波文版诗集《自由的诗》，2015年在阿尔及利亚出版阿拉伯文版诗集《狂雪》。历任原兰州军区文化部干事，《西北军事文学》副主编，《中国武警》主编，大型中英双语《文化》杂志执行主编、编审，大校军衔，享受国务院特殊津贴专家。

文化艺术报：您的诗集《狂雪》获首届鲁迅文学奖，后来有没有再申报？要是申报，会不会再获奖呢？

王久辛：首先，鲁迅文学奖是中国文学最高奖，尤其是中国诗歌的最高奖，这是毫无疑问的，我觉得目前还没有任何一个奖可以挑战鲁迅文学奖的权威性，所以它是最令诗人们向往的一个诗歌大奖。我有幸荣获首届鲁迅文学奖诗歌奖，真是三生有幸。我还做过三届鲁奖的评委，一届小说，评的是短篇小说，两届诗歌。对反复申报的申报人，其实大家都是另眼相看，什么意思呢？全国就这么一个奖，你都已经得过了，怎么还想再得？这有点不知节制。据我所知，很少有人能够连续荣获鲁奖，尤其诗歌，根本就没有啊，就是这么个情况。因为我是一个比较自知的人，更是一个知足的人，所以该停止的时候必须停止。

文化艺术报：今天的诗坛，诗人们说这个时代提供给诗人的空间与氛围非常有限，读者却认为诗人没有担当，大多停留在诗歌文本的认识层面。您是如何看待当今诗坛的？

王久辛：诗歌写作实际上是一个人的战争。对于一个人的战争来说，我不觉得有什么限制，至少我个人这样认为。一个人的战争需要一个人去做各种各样的战争准备，你靠不得别人，更靠不得外界的什么力量。担当就是一个人的担当，有没有？一翻你写的东西就知道啦。所以呢，读者永远是对的。读者认为当下的诗歌没有担当，那我认为这肯定是对的。一个诗人有没有担当啊？这个不是他想担当就能担当的，怎么讲呢，他要有一定的社会地位，或者文化地位再或者精神地位，最少他要在精神层面上获得一点话语权，没有你去观照什么？谁听你的？我对自称是诗人的人，并不在意，我更在意的是作品。一定要有作品，没有作品说什么都没有用。所以我觉得，读者是对的，他们认为你没有担当,因为你没有作品。一个诗人是要用诗来表达的。我对当今的中国诗坛基本上是满意的。为什么说基本呢?就是说虽然没有特别醒目的、让人一下子就记住并传诵的诗歌和杰出的诗人,但是诗人整体的写作水平是在上升、在提高的。

文化艺术报:从开始诗歌创作以来,您就具有鲜明的社会责任感和担当意识。在南京的侵华日军南京大屠杀遇难同胞纪念馆后墙上,有一块长三十九米、宽一点二米的铜质诗碑,您的长诗《狂雪——为被日寇屠杀的30多万南京军民招魂》被镶嵌在黑色大理石内。这首发表于20世纪90年代的诗,今天再看魅力依旧,意义常在。能谈谈创作这首长诗的初衷吗?

王久辛:从获奖到现在,很多的报刊记者都在问我《狂雪》的创作经过,《狂雪》表现什么,等等,今天呢,在这里我就不再谈这个问题了。我想说,如果一个诗人一辈子写不出一两首能够让人反复提及记忆的作品,作为一个诗人是悲哀的。我觉得一个诗人最重要的就是要写出一首让人记得住的作品。

文化艺术报:有批评家说:"王久辛的诗不仅是20世纪90年代中国新诗的一面旗帜,而且也是新世纪中国新诗的一道风景。"您曾大声呼吁:诗人们,时代叫我们重新出发!进入21世纪以来,您的诗歌创作发生了怎样的变化?

王久辛:这个评论家说什么,我觉得不重要,他说你是旗手也好,什么什么更高级的名词也好,那都不重要。真的不重要。因为一个诗人最最重要的就是要好好写作,写出自己能够问心无愧的作品。而且这个"问心无愧"还应该拿到读者当中去接受检验,而且以后还要被认同,时间证明你写的作品始终被人传诵被人记忆，这才行。关于"时代叫我们重新出发"，如果我没记错的话，是全国新诗理论研讨会在北戴河召开时，我写的一篇在会上诵读过的文章，题目叫《诗人们，时代叫我们重新出发》。在这篇文章中，我讲到了一个意思，就是从20世纪70年代末，中国诗人就发出了解放思想的声音，一直解放到现在，诗歌也一直在贯彻着各种各样的思想解放。我们几乎把西方诗歌的各种流派都从头到尾地模仿着解放了一遍，包括弗洛伊德的精神分析等。所以我在这篇文章当中讲，我们是不是该想一想，当什么都已经自由到泛滥的时候，我们是不是要有所节制？对一些欲望，是不是应该有所劝诫？诗歌的精神内核是不是可以内敛一些？如果说诗要有一点教化功能的话，是不是可以在审美的创造当中渗入一些劝诫性的元素？将这样的精神元素渗透到诗歌里边去，渗透到意象里头去，渗透到意境里面去。进入21世纪以来，我个人的诗歌确实发生了一点变化，这个变化就是我觉得我更希望自己的作品，能够从审美的角度上，从美学的意味上，获得更具有美学价值的实现。也就是说更有意境一些，更经典，更往诗的本质的意境上去走一走。年轻的时候，凭着热情，可能有一首诗思想性好，意境差一点，那么也能说得过去。走到现在呢，我觉得就不能这样了，就应该有更高一点的要求，就是诗应该更有意境，要在诗歌的经典化上做一点努力。当然，思想性也不能没有。事实上，我对思想的高度、精神的高度的追求，也非常严格强烈。我认为一首诗没有好的意境，就不要写；没有新的发现，即使有了发现，没有精神的提炼，也不要写。要写，就要写得更好一点，这是我现在的想法。

文化艺术报：当年，刘白羽先生看过《狂雪》后说："我们可以在全国各个文学期刊上找，看还能不能找到这样的作品。《狂雪》是绝无仅有的，我可以预言，《狂雪》一定会流传下来。"写作《狂雪》这样的长诗，是军人的风骨，还是诗人的气韵？

王久辛：说到白羽先生，我内心是非常非常感激的。这个感激不是说他对我给予了褒奖，我就感激他，而别人批评我，我就不感激了，不是这个意思。我读初中的时候就读白羽先生的散文，他的文字我非常喜欢。以他那么崇高的地位，而且在他主持《人民文学》工作以后的第1期刊物上发表我的长诗《狂雪》，我确实感到无上荣光。白羽同志对《狂雪》的褒奖，我是听韩作荣跟我讲的。后来。白羽先生去世后，韩作荣在悼念他的文章里，又把刘白羽同志对《狂雪》褒奖的话，不仅写在了悼念文章里，而且还在纪念大会上宣读了。这中间还发生过一件事情，就是《狂雪》发表以后，白羽先生专门儿给我当时就读的解放军艺术学院写了一封信，信中也说了这些褒奖的话。我相信白羽先生，他是对作品说的，也是对整个中国诗歌界与文学界说的，绝不仅仅是对我个人说的。他生前，我有无数次机会可以去拜望他，但是我没有。因为我总有一种心理，我觉得他要是没有表扬过我，我倒敢去，他表扬了我，我反倒不敢去了。我就是这样一个内心充满矛盾的人，非常矛盾。有的时候，我都觉得自己不可理喻，但是没有办法。我对我自己说，久辛，你是对的，人嘛，还是要给自己留一点尊严的，哪怕有点失礼。所以我始终没有去拜望他。你提的这个问题，最后终于还是说到了风骨。我觉得文人更需要风骨。军人需要刚强，他不是风骨的问题，他是刚强。那么文人呢？他更需要风骨。那年在一个诗歌研讨会上，一个很高级别的领导坐在主席台上，雷抒雁上台发言，他就毫不客气地说：我们今天是什么会议呀？是研究部署什么重大的宣传工作还是政治工作？如果是，开这样的会，那当然应该是领导们坐主席台，但是我们今天开的是诗歌的会呀，如果要坐主席台，应该让诗人坐主席台，如果论资排位，台下的屠岸先生已八十六岁了，是不是应该把屠岸先生请到主席台上？那一刻，我感动得热泪盈眶。我见过这样的风骨，所以我要学习它。我觉得一个诗人就应该像雷抒雁这样，作为一个诗人，且又从军一辈子，我的诗歌当中不可能没有剑气。最近，我把辛弃疾的诗词全集反复读了几遍，我觉得在中国古代的诗人里，只有辛弃疾的诗是有剑气的，既有风花雪月，又有刀光剑影。他是很刚毅的，所以我希望我的作品能有辛弃疾的这样一种意境、这样一种风骨、这样一种剑气，我希望我的诗里有这样肃杀的东西，事实上也有一些吧。从开始到现在，我一直都很努力。但是我真正把辛弃疾的诗读完，还是最近的事情，过去都是零零散散地读一些，这次从头到尾，做了一次功课。之后，我更有这种感觉，我觉得如果你是一个有风骨的诗人，你一定会爱上辛弃疾。

文化艺术报：作为军旅诗人，您如何理解军旅诗歌在新诗百年历史中的地位和价值？

王久辛：说到中国新诗百年，我也写过一篇文章，专门讲百年以来的中国军旅诗歌。其实呢，百年新诗史，是不会分军人、工人、农民、知识分子的，它是不分这个的，它是以诗的成色来决定能不能入典进册，能不能成为经典诗人。在我看来，中国百年新诗是和中国百年历史完全吻合的。在这个历史进程当中，那些在历史前进中起了推动作用的作品，都应该有资格进入。描写战争，描写军人，描写北伐，描写抗战，描写解放战争，以及后来的抗美援朝，等等，就是书写这种大的战争，这样的诗进入诗歌史非常正常，没有就不正常，因为没有的话就是你想把这个诗史割断撕裂，要留下空白，这显然是有问题的。不要说什么文本、文本，诗歌的文本，永远是时代的文本。李白杜甫没有时代能有他？没有战国时代哪有屈原？没有安史之乱，能有杜甫的那些诗？那是不可能的。包括辛弃疾的词啊，他如果不是身处亡国奴的状态，怎么可能写出"气吞万里如虎""醉里挑灯看剑"那样的句子来？所以，中国百年新诗史，起码军旅诗是占半壁江山的。事实上，中国优秀的诗人也多数都有从军的经历，老一辈的艾青等等，后来的昌耀等等，都有从军的历史，这也是不争的事实。

文化艺术报：您认为军旅诗歌有哪些自身独特的文学传统、思想资源和审美特质？

王久辛：说到军旅诗的文学传统，当然就要说到中国古代的诗人，其实屈原的诗里头是有军旅诗内容的，辛弃疾的词以及边塞诗，这些都是中国军旅诗的精神源泉。先贤们的诗歌精神构成了中国军旅诗人的精神背景。从我个人来说，我很偏爱屈原，偏爱边塞诗。最近又研究了辛弃疾，那我更是非常非常喜欢。诗歌还是要有点刀光剑影，还是要有一点战争的气象。也就是说，要有一些男人的风骨，要有丰沛的阳刚之气。这种丰沛的阳刚之气对诗歌来说，就是一种能够淬炼精神的元素。在军队写诗的这些人，我接触过，像李瑛、周涛、李松涛等等，是我上一辈的诗人，我与他们有很友好的交往，甚至是非常深厚的友谊。在我跟他们的交往和我自身的体会中，我感觉我们生逢其时，刚好是中国改革开放之初进入诗坛，然后几乎是伴随着思想解放和外来文化的涌入，逐步走进文坛。我的老主任徐怀中，他在我们解放军艺术学院就提出了一个口号，叫"迎着八面来风"。我们解放军艺术学院为什么是一个很了不起的学院呢？我上学的时候，学院自己没有教授，老师都是讲师，张志忠老师、黄献国老师、朱向前老师，都是讲师，我们与之称兄道弟，虽然当时军艺没有教授，但却把全国最活跃的那些知名教授、专家、学者、作家，包括艺术家，比如张艺谋、李德伦、谢飞等，请来讲课。解放军艺术学院为什么能够出人才？它就是一个迎着八面来风、纳天入怀的大学，是一个没有围墙的大学。它把全中国能够请到的现当代文学当中的翘楚，全中国知名度高的作家都请来给大家上课。所以它能够对这些学子们产生非常大的启发和撞击，诱发他们进行创作。莫言，咱们就不说了啊，我的同班，我是第三届的，我的同班同学还有麦家、徐贵祥、阎连科、石钟山、李鸣生、陈怀国，尤其是写《南渡北归》的岳南，这些人都是中国文坛现象级的人物，而当时在文坛都是默默无闻的文学青年。说到军旅诗歌的精神特质，我认为主要是人类意识、祖国意识，然后是个人的、职业的和地域的意识。军队的诗人跟地方上诗人不一样的地方，是地方诗人永远生活在一个地区，而军队的诗人因为职业的性质，决定了他可以到处走，所以他的诗色彩很丰富，他的人类意识也是很清楚的，尤其是改革开放以后，我们军队的诗人，也有了世界的眼光，包括对祖国的认识，尤其是迫切渴望祖国赶快繁荣富强的那种心态，都从中国军旅诗人的诗作当中可以感悟到。

文化艺术报：您的诗写的一般都是大题材乃至重大题材，像《狂雪》《蹈海索马里》，这是否和您是军人有关？您在选材的时候是有意选择，还是哪些东西触动了您，您才创作？

王久辛：我在20世纪90年代之前，一直是在写短诗、组诗，当时有个心理就是要把全国的刊物发一遍。我基本在全国所有的省一级的刊物上都发表过作品。这个功课在20世纪90年代之前就完成了。在这个过程当中，也就是说在阅读与写作的过程当中，我突然意识到一个很严重的问题，实际上是被大家都忽略了。中国自1840年到新中国成立前的历史是一个非常屈辱的历史，这么大的一个屈辱史，随便抽出几件事、几个人，都是值得大写特写的。我觉得我们确实对我们自己的历史忽视的时间太长了。这是一个巨大的诗歌创作的富矿，但是诗人们一直都在写自己的那点儿小坎坷、小不如意，而且试图用这些东西去填充中国的诗歌史，去蒙世界大奖，我认为这很可笑。作为一个中国诗人，你首先要把自己的历史搞清楚，在历史当中，哪一些事情对今天是有启发的，是有撞击的，你要去盯这个东西。如果你是一个有雄心的诗人，也是一个有足够才华的诗人，应该这样去努力、去创造。我关注重大题材，不是说我在迎合着要去写重大题材，是碰上这个重大题材我就去写。我写的这些长诗吧，大约有十几首，不到二十首吧，都是我在阅读、学习中发现了现实，它对今天有意义，而且越想越觉得有意义，越想越睡不着，所以我才去写的。比如我写那个《大地夯歌》的时候，就是写长征，是我在阅读当中发现的，索尔兹伯里说长征是中国人求生存的一种努力，而且写在这个书的前言，当时呢，可能年轻的读者不太知道，当时这个"求生存"变成了一个口号，甚至是用"求生存"来解释中国革命的所有事情。这令我产生了怀疑，我觉得这是一个消解中国革命正当性的圈套。事实上，长征中的中共核心领导人，他们都不存在生存问题。他们是一群有理想的人，唤醒一大群没有理想的人，产生了理想后又一同为理想而奋斗，长征，就是他们为理想而前进的伟大远征。从头到尾，都是理想在鼓舞着士气，不是求生存，而是要创造人类美好社会的一曲战斗凯歌。我就是抱着这样一个信念，我越想越坐不住，一口气写了一千八百行，这首长诗发表在《解放军文艺》上，产生了非常好的效果，而且也获得了北京文学最高奖。

文化艺术报：近年您写了《大地夯歌》《零刻度》《肉搏的大雨》这些红色题材的长诗，这对您有特别的意义吗？

王久辛：我一直不太主张用"红色"这个词来概括革命文学，因为我认为革命文学是赤橙黄绿青蓝紫的，是色彩丰富的。你把自己限定在一种颜色上，我觉得是无形当中的一种拒绝。也就是说把自己孤立起来了，所以我不喜欢用红色题材之类的话来概括写革命性的诗歌、革命性的文学。我不主张用这个词，我主张庄重一点，就是"中国革命史的审美创作"，这就足够了。其实，我的诗都是写人性的，比如长诗《艳戕》，是写西路军女红军战士的。你可以找来看一看，我把人性写到了什么地步。真正感人的是当年这首诗发表在《诗潮》1990年第1期上后，读者来信就登了八页。最小的读者是个十四岁的小女生，她都看明白了人性的震撼力。我注重这个东西，你要把人性的震撼力写出来，那你就成功了。至于能不能得到嘉奖甚至获奖，那是另外一回事情。

文化艺术报：每一个写作者，他所关注的内容和痛点是不一样的。您在写作的时候，比较在意哪方面的问题？

王久辛：是的，每一个人都不一样，都有各自不同的兴奋点、思考点、创作的进入点。每个人都会不一样，也会有不一样的选择，不一样的人有不一样的兴趣点，这个是没有办法的，我也会有。我对历史、重大事件、人性这三个方面很在意，一件事情如果不具备这三点中的一点，我是不会太在意的。

文化艺术报：很多诗人说，一个好的诗人，必须有长诗。您认同这个观点吗？

王久辛：那是当然，我就是这个观点，一直都是我在说，我起码说了有三十年了，因为就像一个作曲家，一直都在写练习曲，一直都在写小夜曲，你没有一部交响乐是不可以称自己是作曲家的，必须要有交响乐。一个诗人你写了一辈子，却都是鸡零狗碎，没有一个能够表达你的世界观、你的价值观、你的艺术观的长诗，那怎么行？我觉得必须要有这样的大作品。我们古代诗人为什么很少长东西，因为古人用的那个字和表达的方式，是文言方式，它确实不太适合写长东西，你看千古绝唱《长恨歌》，也才二百来行，读起来就已经让人觉得有点儿累了。而且文言易于叙述，而不易表现感觉，一长就像音乐的闭环，有重复感，而新诗就不一样，拒绝直接用成语，用现成的词组，它是把成语和词组"化"变成感觉的铺叙与直写，所以写的诗，包括长诗，就容易写得恢宏壮阔跌宕起伏。我个人认为一个好的诗人，一个有力度的诗人，他一定要有几部甚至几十部有力道的长诗。它也可能不是那么很艺术，但是宏观上看，几百行上千行的长诗，能够一口气把它挥洒出来，那也可以显示出一个诗人审美创造的功力、精神境界渊深博大的程度和勇敢开拓的独特性、先锋性与创造力。

文化艺术报：您理想的长诗是什么样的？

王久辛：我跟很多人说过，我内心里头觉得最理想的长诗就是屈原的《离骚》。那样的细腻，那样的意象，那样饱满的情感，那样丰沛的才华，那样强烈的思想性和追问精神，对生命痛彻心扉的那种感受和表达，没有半个字是多余的，干干净净，一贯到底，是让人绝望的长诗。我为什么认为在中国诗歌史上，屈原绝对是排在第一的？就是因为他的《离骚》《天问》《九歌》都是大东西。李白，没有这样的作品。最长的也就是几十行。屈原从才华来说是中国顶级的诗人，可以说是前无古人、后无来者，我觉得世界上的长诗也没有比他好的。包括帕斯的《太阳石》，埃利蒂斯的《英雄挽歌》，艾略特的《四个四重奏》等，这些诗歌我都非常喜欢，但是要跟屈原的作品比起来，我认为仍有非常大的距离。

文化艺术报：您对宏大风格的喜欢，是从何时萌生的？

王久辛：我少年时代就读了《离骚》《天问》《九歌》，《离骚》我是自己翻着字典一字一句翻译的，然后我拿我的翻译稿和郭沫若先生的翻译稿对比，我就觉得人家郭沫若不愧是大家，但是我做的这个功课对我非常有益，我觉得一开始我就遇到了最伟大、最值得敬仰、最值得学习的诗歌典范式诗人屈原，我在最好的年纪接触了最好最经典的他，真是三生有幸，万分幸福。后来我读李白、白居易、杜甫，都很不过瘾。我内心的文本和内心的楷模就是这样的，就是要写这样华丽空前、精神空前、艺术空前的大东西，遗憾的是至今还没写出来。我确实有点瞧不上那种小打小闹、鸡零狗碎、抖个小机灵、玩个脑筋急转弯式的诗，瞧不上，尽管我也写着玩儿。

文化艺术报：您曾长期在西北军中服役，后来去了北京，这段经历对您的创作有没有影响？

王久辛：我在戈壁滩当过八年兵，提干都是在戈壁滩上，从团机关、师机关到军区机关，一步一个脚印走上来，后来还出任《西北军事文学》的副主编，虽然任命的是副主编，但主编是军区文化部长，我是事实上的执行主编。更早的时候，我还在军区司令部直属工作部、政治部文化部工作过好几年，宏观上对一个大军区的宣传文化工作有所把握，跟军区的作家李斌奎、周涛、朱光亚、贺晓风、李本深、周政保、唐栋、张广平、杨闻宇、陈作犁等联系比较多。我三十四五岁的时候就主持《西北军事文学》这本刊物了，虽然我的级别并不高，当时也才是正营级干部，但是获得眼光是不一样的，这些工作对我的锻炼非常大。大西北是我的精神原乡，终生难忘。

文化艺术报：可否谈谈您的文学传承，哪些作家的作品对您的影响比较大？

王久辛：嗯，你提了两个问题，一个是文学传承，一个是影响我的作品。从文学传承上说，我当了一辈子兵，所以我接触的主要是军队的作家，我从老一辈作家身上学到了很多东西，而且也感悟到了很多东西。像徐怀中、刘白羽这些作家，还有《红日》《铁道游击队》《烈火金钢》《红岩》这些作品，都对我理想与信念的形成有着很深刻的影响。再就是俄罗斯文学，也给了我深刻的影响。还有中国古代文学我也特别喜欢。上军艺的时候，我读了福克纳、博尔赫斯、马尔克斯、克洛德·西蒙、纳博科夫以及帕斯等外国作家的作品，对我大有启发。我发现，这些外国优秀作家的表达更贴近生命，更贴近感觉，切近灵性，更能够进入感觉的细枝末梢。这是我到军艺上学以后发现并感悟到的，也是创作实践当中运用最多的，包括在《狂雪》当中，大家也可以看到，那个细腻的感觉与细致的声响气味儿和那种非常微妙的场景表达，就是直接学习借鉴的独特表达。这样的表达，是中国传统文学表达中所没有的。我认为对外国文学的学习是非常重要的，吸收外国文学精华，并不影响我的艺术观，甚至更加易于深化我的艺术思想，写的作品反而更像自己了。写诗，如果你要发表，你就要追求共鸣，如果没有共鸣，我宁肯不写。我觉得我们要确立一个文学的共识，文学作品一定要有共鸣，共鸣面越大，影响越大。我觉得这个影响是两句话，第一句是当代的影响，第二句是未来的影响。今天有影响，未必未来有影响，最好的作品应该是今天明天都有共鸣的作品。

文化艺术报：有人认为"离现实越近，离审美越远"，能否结合您的诗歌创作谈谈诗人和现实的关系？

王久辛：诗人是靠感受写作，没有感受怎么写，写什么？只有有感受的诗人，而且一定要感同身受的诗人，才能写出好作品。离现实近，感受就强烈。事实上，古今中外的传世之作，都是离现实很近的。一个真正的写作高手，一定是对现实的感受非常强烈的人。你想想，如果你离现实很远的话，你一点感受都没有，凭空想象地写？我们说歌德写《浮士德》，他那里头那个人物，尽管是虚构的，但是那个虚构的人物的一言一行都渗入了现实，全是歌德自己现实的感受；没有现实感受的融入，他那个诗就不可能成为今天的人们读了仍然能够有感受的作品。对现实没有强烈的感受，他就不可能写出那种有带动性的作品。据我所知，陀思妥耶夫斯基的《罪与罚》，也是根据新闻事件写就的不朽经典，所以关注现实对于作家来说，非常重要。审美是什么？审美就是在感受之上进行的艺术再造，是对感受的一种升级式的表达。所谓艺术表达，是一种具有美学意义的，那样一种一心独造的创作。如果你热爱文学，你一定要去研究创作论和作家论，作家是怎么成长的？他是怎么创作的，有哪些方法？是怎么从生活到艺术的，是怎么从感受到审美的？第一重要的就是感受。而离现实近，感受就强烈，尽管这个感受可能会有这样那样的问题，不够全面，不够深刻，不够独特，这都有可能，但是你离不开感受，离了感受还谈什么审美？没有感受就没有审美！离开了现实，也就没有了感受，没有感受还谈什么艺术谈什么创作？那就什么都没有了。

文化艺术报：您认为军队作家和普通作家相比，有哪些不同？

王久辛：军队作家跟地方作家，确实是有很多不同的。我觉得最大的不同是文化背景不同，精神背景不同，地域背景也不同。这三个不同，决定了军队作家跟地方作家的格局也有所不同。军人自己就来自老百姓，这个跟地方作家是一样的，不一样的就是我说的这三个不一样。

文化艺术报：对年轻的写作者，您有话要说吗？

王久辛：不要相信未来，希望永远在今天，想要实现理想，必须要从今天、从今天早上起床开始，就投入。

> 温亚军

张开想象的翅膀，潜心编织自己的梦想

阅读使人视野开阔知识丰富

温亚军
二〇二三年秋

温亚军

1967年出生于宝鸡市岐山县，1984年底入伍，曾在新疆喀什、乌鲁木齐等地服役十六年。2001年初调入北京，人民武警出版社原副社长，大校军衔。

1992年发表第一篇小说，至今已发表短篇小说一百多篇、中篇小说六十余篇、长篇小说《西风烈》《无岸之海》《伪生活》等七部，出版小说集《硬雪》《寻找大舅》《落果》《驮水的日子》等二十多部，《温亚军文集》（五卷）、散文随笔集《一场寂寞凭谁诉》等两部。其短篇小说《驮水的日子》获第三届鲁迅文学奖，《硬雪》获首届柳青文学奖，短篇小说《成人礼》获《小说选刊》2003—2006年度全国优秀小说奖，短篇小说《金色》获《中国作家》奖，中篇小说《花弄影》获《上海文学》奖，获第十一届庄重文文学奖。部分作品被翻译成英、日、俄、法等文。

文化艺术报：您是小说家，在您看来，什么样的小说才是好小说？

温亚军：我认为的好作品，应该是叫人读后，过了很久还能记住其中的某一个人物，或者是某个细节，哪怕记住其中的一句话也行。一篇好的小说，就不能赋予小说太多的使命，不然，小说承载的都是小说之外的负担，就削弱了小说的艺术性，而变得只像一个完整的故事，恰恰缺乏小说应该具备的柔韧性，没有留下足够的空间。一篇好的小说是作者赋予了小说中的人物要表达的人生状态和生活态度。像海明威、博尔赫斯、福克纳，还有罗伯-格里耶等等一些伟大的作家，他们的小说因为其艺术本身的价值，表达的是一个民族甚至人类的命运和生存状态，给我们提供了另一个可能存在的世界，才成为人们精神追求中不可或缺的艺术品。

比如哥伦比亚作家马尔克斯的《百年孤独》，他从布恩地亚家族的历史变迁中找到了小说本身需要的线索，使这个历史跨度百年的作品有了本质的统一性，在这部伟大的杰作里，处处可见作家的技术匠心。再比如俄罗斯作家索尔仁尼琴，他在卫国战争之中，因为一封书信，蹲了八年的集中营，受尽了苦难，后来还被开除了国籍，但他的心态非常平静，在小说《伊凡·杰尼索维奇的一天》里，他只写了一个政治犯一天的生活情景，但他给予了这部小说的却是一个处乱不惊的整个人生。这两个作家的作品，是两种类型，但从两方面的极限中表明，小说隐含着一种潜在的技术。因为有了技术，小说才在叙述过程中，呈现出多种多样的表达可能。

我一直这么想，写小说就像做一个技术活，一个作者的娴熟与否，取决于他的熟练和经验。一个作者刚开始写小说时，总想着怎么编一个自己津津乐道的完整故事；到会写时，总想着怎么才能把故事编得出奇制胜；写到一定程度时，才想着怎么把小说写得没有故事，留下的全是作者对人生的心灵感受。就是说，创作其实是一个打开作家心灵的过程。

文化艺术报：作家徐坤在谈论您的小说时说："温亚军恰当地处理了我们身处这片世界的紧张关系，他的笔下呈现出生灵万物一片静穆的和谐。"您是如何处理小说和现实世界的关系的？

温亚军：小说家应该做的是把小说与生活拉开距离，来表现自己想象的另一种世界，或者人生。在传统小说的观念里，衡量人物可塑性的标准，主要是看他们的社会角色是不是真实的，这就使小说陷入了一种困境，缺乏足够的想象力。有些小说人物的自我存在需要角色转换，通过社会的价值实现或他人的理解才能获得，而有些是依赖于另外一个对于他人而言，是在陌生的领域慢慢打开的过程。现当代小说，有很多好的小说作家，就基本上摆脱了靠经历写作的这一途径，他们对现实的态度不是简单地复制，而是创造了一种在生活之上的另外一种现实，这是作家用心灵体验了现实后，另一种真实的艺术写照，它往往关怀的是一些持久性的话题，比如人生命运，还有感情。这就更能体现出一个作家的可操作性技术了，因为在有限的艺术空间里，要受到文本的限制，还要表达出有价值的艺术目的，没有一定的技术，是写不出完整的、高质量的小说作品的。

在我没有看到秘鲁作家巴尔加斯·略萨的长篇小说《酒吧长谈》之前，我对小说的技术性只停留在"技巧"这个层面上，虽然"技术"与"技巧"只是一字之差，但两者的层次却相差很大。当我看到略萨在这部长篇小说里面穿插进十几个短篇小说，这些短篇小说基本上就是圣地亚哥与安布罗修在酒吧里长谈的、有关圣地亚哥家庭里的生活内容。略萨在视角上的交替转换，使这篇小说的叙述程序，在立体化结构上发展和存在，并且进行了多个层面的表达，使小说呈辐射状扩张，但又在控制范围之内，绝对不放纵。这种巧妙的设置，以解剖式的叙述方式，表达了小说空间的可能性，并且能够达到统一的和谐。我在惊奇之余，才突然悟出，小说光有一点技巧是不行的，而是要讲求技术的。略萨在小说结构上的技术性创新，才使他的小说结构成为推陈出新的一次现实主义结构的革命，还使他所塑造的人物有了鲜明的特征。

文化艺术报：您十七岁去新疆当兵，在军营中度过了青春期。那是一段怎样的生活？写作的动力来自哪里？

温亚军：20世纪80年代后期，我在新疆喀什地区的英吉沙县中队当兵。那时因为特别孤独，就进入了"地下初级写作阶段"，当然觉得文学很神圣了。可是，处在那个年龄段，又面临前程茫然，总有个梦想，就是用文学来改变自己的命运，就这么简单。实践证明，我的命运就是文学改变的。至于当作家的愿望，当然很强烈了，但是也隐秘，那个时代，很多青年人都暗藏这个梦想。我的动力是写作的意义。正如思想家要通过理性的盘问直达生活的意义，历史学家得通过历史事件总结历史规律一样，文学要通过对生活现象的描述，还有在生活基础上的虚构来表达作家对生活的认知态度。在新疆的十几年里，随着对生活认识的提高，对人生和社会判断能力的增强，我的写作意义也一直在改变。从先前的想改变自身的命运，到后来的想表达自己对人生的感受，再到后来对破碎世界想象整合的展现，这些愿望都是美好的，包括当初想改变命运的愿望。

在新疆的十六年，是我人生最关键的阶段，在成长、生存等一系列问题上，文学对我的精神支撑不言而喻。我是一个悲观主义者，许多时候，当我被现实折腾得无可奈何时，写作成了打磨我忍耐力的有力工具。可是，悲愤也罢，欢愉也好，使我一直保持着一个还算坚强的人格。这是文学给我的。我这样说，并不是故弄玄虚，我一直认为，一个写作者，得有个坚强的人格，就像无形中有种力量，把你的作品支撑起来。

文化艺术报：您的短篇小说《驮水的日子》获得第三届鲁迅文学奖，那时候您很年轻。能谈一下这篇小说的创作感受，还有获奖后的趣事吗？

温亚军：我这个人运气一向比较好。文学给予我很多，不光改变了我的命运，也使我的人生更加丰富、充实。《驮水的日子》的运气也比较好。能获奖当然很高兴了，我那年三十七岁，还算年轻力壮，也多了几分老成持重。得到消息，我马上告诉妻子，晚上与女儿一起去庆祝，在老北京电视台后面的一家新疆小饭馆，点了女儿特爱吃的大盘鸡。我从小吃素，就要了份素炒拉条子，吃到最后才发现面里有只死蟑螂，我怕影响到妻子女儿的胃口，装出没事的样子，女儿却催促我得吃完不能浪费，这也是我平时给她的说教。我含糊应付过去，出饭馆后到了我单位跟前，才说出蟑螂的事，妻子女儿没吃一口炒拉条，却扶着树干呕，我竟然没一点反应。我当时没吐，不是我处变不惊，而是因为对像我这样在新疆生活了十六年的人来说，这事儿根本不算什么。

《驮水的日子》是听别人讲了一个边防连队毛驴驮水的故事，我觉得有趣，能写成小说，可一直找不到切入点，拖了很久才写出来。当然，我写出来的与那个故事相去甚远，给我讲故事的那人看后，觉得不可思议，说我写得一点都不精彩。小说与故事本来就是两码事。小说可以超越本身的局限，在一个相对狭小的空间内充分展示小说的意义。在这篇小说里，我只想表达人与动物自然和谐的关系，没想着讲一个跌宕起伏能吸引人的故事。我也一直觉得，小说是可遇而不可求的，我从来不是把什么都想好了才动笔的那种人，一切都顺其自然。

文化艺术报：在新疆期间的写作，您比较满意的是哪几篇？

温亚军：在新疆时，我一直在部队，根本没有部队之外的生活，可我的大多数作品却是写新疆农村的，就是靠着我的想象和人生经验。其实，我在新疆时写作数量并不大，像《驮水的日子》《划过秋天的声音》《游牧部族》《病中逃亡》和《落果》等，都是那时候写的。对我来说，《驮水的日子》是个偶然，之后，我的创作心态突然间发生了变化，平和了许多，不再把自己弄得那么紧张，在小说的细节、语言，还有情感上，我有了足够多的耐心。如果非要说出比较满意的，那就是《成人礼》《硬雪》《槐花》《地软》，还有最近的《前景》《永别了，武器》《放生》《假牙》等作品。

文化艺术报：批评家吴佳燕曾说："你以往的一些小说给人的印象是有点'温'，即你对生活和情感的处理方式比较温和，少有冲突剧烈、内心撕裂的时刻，文本的内在张力和情感势能似乎不足。但是另一方面，这样的温和又有一种'温水煮青蛙'似的日常消磨和'于无声处听惊雷'的内蕴力量。相比之下，我更喜欢《驮水的日子》《战友老姜和夏天》《见面礼》这样风格的小说，简约明快，参差有趣，温暖有力而余味悠长。"您是怎样看待这个问题的？

温亚军：有时候，想象和写作完全是两回事。想得再好，一旦动起笔来，有时可能会写得一点都不生动，有时还会偏离整个主题，写成另外一个东西。这可能是生活的经验在作祟，但对我们创造力的影响不是太大。小说需要天马行空，小说审视的不是现实生活，而是存在。可以说，作家创作出来的每篇小说，都是他对生活认知程度的一种表达。

生活场景会开拓一个作家的思维，同时，或多或少也会制约一个作家的思想。我一直不想把自己的写作搞得跟现实一样紧张，有几年我写得很少，也趋向于用温情化解我心里的愤懑。时间久了，发现这样写不行，得换个路数，要有一些狠劲儿才行，不然，这样的作品太平了。至于怎么狠，也得有个度的把握，说白了，真正进入创作之中，我还是下不去手，按照自己已经形成的套路，塑造我心目中理想的人物形象。这也是一种固执的表现，很难撼动。在生活中，我已经是个能听劝的人了，在创作上还得加把劲儿。

文化艺术报：作家圈的朋友说您人品特别好，属于比较冷静的人吧，思考型的，但内心又是复杂而细致的，您的小说往往是情感与思辨呈现交杂状态。

温亚军：恰恰相反，我是个急性子、直脾气的人，在生活中，因为我的性格，有时候弄得很难堪。其实我的心态一点都不平和，疾恶如仇，眼睛里绝对容不得沙子。并且，我非常憎恶那些虚伪、弄权，当面一套背后一套的人。当然，随着年龄的增长，为了生存，我也改变了不少，不那么"冲"了，但骨子里还是保持着直率的脾性，这是祖传，我们家的人都是这性格，改不掉的。可是我在写小说时，尽量把自己的心态调整得平和、沉静，一旦动手写起来，不怎么受其他情绪的影响，内心能够平静下来，下笔才能从容，以正常的心态面对形形色色的小说人物。怎么说呢，在创作上，我一直处在难以言说的苦恼和焦虑之中，因为不想太单一，一直在寻求变化，力图拓展自己的题材领域。除过写了不少都市题材的小说，我也写过一些散文，说实话，不怎么样。可能离开虚构，我也是有思考的，但就是不能从容应对。

文化艺术报：眼下如果谈论一部小说的成败，就会说成是这个故事讲得好不好，能否出奇制胜，没有多少人在意文学性。您是怎么看这个问题的？

温亚军：我还是比较喜欢所谓"简单叙事"的小说，比如《划过秋天的声音》《病中逃亡》，甚至像《花开的声音》这样的作品，我也是喜欢的，那里面有一种独特的东西，虽然不是很壮阔，却有神韵，有小说的灵动，关键是有区别于他人的东西。如果想保持自己的独立性，就得保持对"主流文化"的判断能力，还有对现实的把握。我从不刻意去写简单的小说，也没有想过要把它写得多么与众不同，但我一直在努力表达自己想表达的东西。我指的是写小说，在口头上，还有理论上，我的表达能力极差，也不是我木讷，而是肚里没货，这不是谦虚，是真的。我很敬仰滔滔不绝，并且有条有理的作家。怎么我努力学习，就到不了那个份上呢？

文化艺术报：在个人的阅读体验上，您喜欢哪些作家的作品？

温亚军：我的阅读比较单一，也比较现实，只读与文学有关的书籍，偶尔也看一些人物传记，其他的书基本不看，我知道这很狭隘，可没办法。不像别人，看什么哲学、思想学、社会学，说句实话，我看不进去那些。

我钟情的作家很多，像艾特玛托夫，他的《一日长于百年》《白轮船》《查密莉雅》《永别了，古利萨雷》，那冷静而温暖的表达，改变了我的小说观；还有索尔仁尼琴，他的《伊凡·杰尼索维奇的一天》《癌症楼》，那平和而沉静的心态，影响了我的人生观；还有海明威、奥兹、奈保尔、欧·亨利、鲁迅、汪曾祺、马拉默德等等，对我的小说创作影响都很大。再就是巴尔加斯·略萨，他的《酒吧长谈》与《潘达雷昂上尉与劳军女郎》，那新颖的小说结构曾使我非常着迷。

我开始阅读的外国小说，是拉丁美洲"文学爆炸"的几位作家，马尔克斯叫我惊叹不已。以我的创作能力，写不了尺度过大的小说。对我写作影响比较大的，是吉尔吉斯斯坦的艾特玛托夫，他小说中浓郁的民族风情与我当时生活的新疆有些相似，他的作品对我触动比较大；别的一些大师，像海明威、纳博科夫、奈保尔、加缪等作家的小说，我都很喜欢。后来，就是我在文学杂志当编辑后，阅读的文学杂志要多一些，《世界文学》《外国文艺》，还有一些文学期刊，我每期都会看一下的。我的好多念头都是在阅读的时候产生的。阅读对我来说，像吃饭一样重要，我能走上这条路，就是从阅读开始的。还有，阅读有时候能够改变一个人的文学观，比如，1999年的时候，我突然读到了索尔仁尼琴的《伊凡·杰尼索维奇的一天》，回头再看作家本人的自传《牛犊顶橡树》，非常震惊，索尔仁尼琴在集中营关了八年，最后还被开除了国籍，可他写的这部小说竟然那么平和安静，他的创作心态太好了，没有一句抱怨。这使我感慨万分，从此改变了我的创作态度。随之，我的性格也改变了不少，为人处世不再那么直接了。

文化艺术报：您写了多部长篇小说，您比较满意的是哪部？

温亚军：如果非要选择，那就是《西风烈》了。这个长篇是历史小说，写清末名将左宗棠收复新疆的那段历史。当时是新疆的一家出版社组织的，写于二十四年前，初稿大概用了四十多个晚上（我写作基本都是在晚上），前半部分在新疆写的，后半部分是在鲁院写成。那时我还没有电脑，用手写，每天晚上七点多，就揣上两包烟，提上一袋历史资料上到五楼教室，抽完两包烟，天也就亮了。我不参加任何活动，每晚都去写。我是个一根筋，认准的事决不放弃。还有，写作《西风烈》

时的那种想象能力，使我当时很兴奋，那些语言和人物、情节像泉涌似的，自然而然就流淌到稿纸上了。那是我写得最顺手的一次。至今，我还坚持认为，近四十万字的《西风烈》是我几部长篇中最好的一部，人物那么多，又是写历史的，我居然没列任何提纲，还是一次性成稿，后来几乎没有多少改动。当然，最后没在新疆的那家出版社出版，原因是他们给我提意见，说我的历史小说没有现实感。我不会按这种意见修改的。

那时，我认为自己是能驾驭长篇的，后来才发现，那是个例外，因为是历史小说，它有固定的历史框架支撑着你，而不是你自己多么有能耐。相对于中短篇小说，《西风烈》也算让我尝试了一次写作的快感。后来，我的长篇就没中短篇那么快乐了。

我一直对长篇小说写作是有敬畏感的。当然，对当下长篇小说的阅读更有敬畏感。现在的长篇小说，包括大部分中短篇，在写作的难度上越来越匮乏，好多小说根本就没有一点难度，照着生活写，把故事编圆满就行，基本不费多大劲。还有一些创作量极大的作家，只强调了对社会变化的理解和把握能力，是不是忽略了他们的作品与外部世界有没有对话的可能？我们现在谈起文学，是在圈内，还是圈外？这个意义是完全不一样的。有时候，某些会议上谈的到底是文学，还是影视剧？这是个值得思索的问题。

文化艺术报：您不止一次地说过，没有故乡，就没有您现在的一切。您十七岁就离开故乡远走新疆当兵，故乡在您心中是什么样的？

温亚军：故乡岐山县从地理上，以渭河为界，划分为南北两片。渭河以北的原上拥有周原历史的根基，自然是政治、文化中心。我出生于渭河以南的四原，原上平坦处容纳了七个自然村，也就是以前的生产队，土地面积是比较大的。原南边是巍峨的秦岭，连绵起伏的峰沟清晰可见，可要到达却需半天行程。当然，四原之外还有三原、二原，只是没有称一原的地名，也问不到结果。需要说明一下，地名里的"原"，不带"土"字旁，所有的公文、印章都能证明。还有一个铁证，就是我们四原东边的五丈原，无论是《三国志》还是《三国演义》，都是五丈原，而不是"五丈塬"。

我外婆家在五丈原上，小时跟着母亲去看外婆，从原上下来，走过漫长的谷底，还得穿过一条并不宽阔的河流，再爬坡上五丈原。五丈原不似四原，原高坡陡，沿着茂密的槐树林那条弯曲的小路，十七八里路，得走半天才能到达原上，进门刚好赶上外婆做的那顿大米饭，汗水湿透衣衫，全身疲惫不堪却是兴奋的。五丈原东面的原下有条河，叫石头河，水源来自秦岭深处，宽阔的河床尽是山里冲下来的石头，可挡不住勤劳的农民，搬石头垒坝，造水田种稻米。有种说法，这些稻田是当年蜀军开垦的，他们吃不惯北方的面食，与魏军对峙的间隙，抽空在原下的石头河边垦荒种稻米。不管怎么说，五丈原一直有白米吃，不像我们四原，属于旱原，经常连吃的水都成问题，是没法种稻米的，白米饭几乎都是在外婆家吃的。饭后临走时，外婆还会给我们舀上一两碗大米带回，记忆中母亲很少给我们蒸白米干饭，总是掺些野菜之类熬成稀饭，为度饥荒。外公在我很小的时候就去世了，记忆里外婆始终是一头银发，因缠着小脚，一直拄着拐杖，永远是站在屋后流着泪送我们离去时的样子，还有那句锥心的告别语：下次来恐怕就见不到她了！我当兵远走新疆，是外婆一生无法抹去的疼痛，每逢诸葛亮庙会，她拄着拐杖走五六里路，为的是在庙会上见到穿军装的人，打听我的消息。她以为穿军装的人，都认识我。老人家去世时，我还没离开新疆，没能为她送行，但那天中午我感知到了，午睡中我被拍门声惊醒，打开门外面空无一人，后来得到外婆去世的消息，确认就是那天。她老人家是来向我告别的！

文化艺术报：在写作中，您遇到的最大困难有哪些？

温亚军：在我的写作过程中，我遇到的最大困难就是写不好，生活压力不太大但写作压力非常大，我的写作没有经过系统培训，全靠自己摸索，所以写不好。

文化艺术报：您是一个感情细腻的人，写了很多家乡的亲人，特别是写女儿的文字温润感人，您爱人和女儿喜欢文学吗，会读您的书吗？

温亚军：我的妻子也是一个文学创作者，她出版了两本长篇小说、一本散文集和一本小说集。她基本上是我的第一读者，并且帮助我修改了很多地方，可以说对我的写作帮助是最大的。我们俩从新疆到北京，同甘共苦已走过了三十年。我女儿说不上喜欢文学，但她的文字感觉挺好的，她上初中时曾经给我写过一个印象记，她选择的角度很特别，以她的年龄为界，一年一年地写，语言简洁，直率认真，写我的缺点与写我的优点，我认为这是我女儿写得最好的一篇文章。我也感受到了女儿对父亲表达爱的独特方式，我很感动，同时，从文章中也看出了自己对女儿做得不够的地方。我女儿不喜欢看我写的东西，但她能记住我的一些书名。她上高中时，有次语文考卷中有个写出作家和作品的题目，她居然写了我的一串书名，老师也挺有意思，判她答对。她拿试卷回来给我看，我说，老师对你的答案肯定很疑惑，但还是打了对号。有一次，我女儿与同学一起去学校图书馆借书，竟然发现有我的长篇小说《伪生活》，她高兴极了，要拿下来给同学看，被图书管理员训斥了一顿。但从她讲给我听的语气里，能听出她还是很自豪的，就是说，我女儿还是关注我的，只是我写的东西不是她喜欢的那类。还有一种可能，我没把东西写好，孩子看不进去。

文化艺术报：很多当代中国作家不看同行的作品，您会看吗？当代中国作家您喜欢哪些？

温亚军：我喜欢的中国作家有很多，他们的许多作品我都认真读过。因为办杂志的缘故，我一直坚持阅读重要的文学杂志，可以说，有相当一部分作家的作品一点也不亚于其他国家，甚至有些作品已经超越了文学发达国家的作品。

赵丽宏

我希望保持自己的本来面目，永不媚俗

明月照归人
秋风一叶身
中秋庚寅
癸卯八月赵丽宏

赵丽宏

  诗人，散文家。上海作家协会副主席、《上海文学》杂志社名誉社长、《上海诗人》主编。著有散文集、诗集、小说和报告文学集等各种专著百余部，数十次在国内外获各种文学奖。2013年获塞尔维亚斯梅德雷沃"金钥匙国际诗歌奖"，2014年获上海市文学艺术杰出贡献奖，2019年获罗马尼亚"米哈伊·爱明内斯库国际诗歌奖"，被选为法国欧洲科学、艺术与人文学院院士。作品被翻译成英、法、意、西班牙、罗马尼亚、塞尔维亚、保加利亚、波兰、匈牙利、日、韩、阿拉伯、波斯等十余种文字在海外发表出版。

文化艺术报：您有三十多篇作品收入中国内地、香港和新加坡语文教材，是作品收入教材最多的当代作家之一，收入教材的这些作品是您最好的作品吗？您对语文教学有什么看法？

赵丽宏：我的文章被选入语文课本，确实很多，但一定不是最多的。究竟有多少文章被收入多少语文课本，我自己也无法统计。人民文学出版社前几年出版了《赵丽宏语文课》，把我选入各种语文课本中的文章结集出版，很厚的一本，我自己也有点吃惊。作品被选入教材，很多人认为这是一种荣耀，因为大多数作家，可能很快被人忘记，但是你如果有一篇文章被收录进语文课本，那么就会有一代又一代的孩子在课堂上读你的文章，记住你的名字。比如说朱自清先生的《背影》和《荷塘月色》，如果没有被收入课本，可能后来的青年不会一直记得他。以前内地语文课本选课文，并不和作者商量，甚至不告知作者。其实，被收入课本的文章，未必是作者自己最喜欢的作品。我想，我的情况也是这样。如果让我自己来选，我不一定选这些文章。文章被收入语文课本，非我的主观追求。香港和新加坡等地情况则不同，为收一篇教材，会想方设法和我联系，征求意见，签署合同。十多年前，《文汇报》记者写了一篇报道，说我不知道自己有多少文章被收入课本，对教材的出版者不尊重作家的现象做了报道，之后各地出版社的信纷至沓来，我才大致对情况有所了解。文章被收入教材，常常是令我感到意外的事，我从来没有想过要为语文课本写一篇文章，我也不太清楚入选教材的要求和标准究竟是什么。我在网上看到不少语文老师的教案，他们对我的文章做了丰富的解读，有让我共鸣的会心之解，有让我惊喜的意外之解，也有让我困惑的牵强之解。我认为语文课不必对课文做过度解读，对学生作简单引导，了解文章的特点，让他们自己去解读，如读出弦外之音，不必纠正，可以讨论，还应该鼓励。上语文课的目的，应该是让学生感受汉语的魅力，知道什么是好文章，学会驾驭母语。语文课本不该是一个束缚学生的笼子，而应是一个出发点，可以由此引导学生走向更辽阔更丰富的境界。

文化艺术报：我们绝大多数人的文学启蒙，是从小学语文课本上读散文开始的。您的作品深受教科书喜爱，作品入选教材，有没有给您带来过负面影响？

赵丽宏：作品被选入语文课本，当然是一件好事，可以让我的文字被孩子们阅读，使我有机会和孩子们发生联系。有的作者会认为这事很荣耀，我觉得没什么荣耀。这是一把双刃剑，有的语文课像解剖麻雀一样把文章过度解读，刁难学生。再好的文章，到头来也会让人讨厌。我一直对归纳主题思想、段落大意之类的题目非常反感，这没有标准答案。

我的很多文章有时候还会被选入中考、高考的试卷里，被用作中小学语文考试和测验的各种试卷的文章分析。这是选文作者无法预知和掌控的事情。出现在试卷上的文章，也常常会对应试的学生产生烦恼和困惑。我儿子小时候就在语文试卷中遇到我的文章，他来求我解答，我无法给他正确的答案。

文化艺术报：您从20世纪80年代初成名，大学还没毕业就出版了诗集《珊瑚》，几十年来您一直坚持写诗，诗歌评论家唐晓渡评论您的诗集《疼痛》是"心灵之痛、人生之痛、岁月之痛、语言之痛"。您如何评价自己的诗歌创作？

赵丽宏：《疼痛》出版后，有评论家和同行认为这是我的变法之作，和我年轻时代的诗风有很大改变。一位评论家说我"以一个完全陌生的诗人形象重新站立在读者面前"，说得有些夸张，但确实是很多读者的看法。其实我还是原来的我，只是写诗时改变了原来的一些习惯。年轻时写诗追求构思的奇特、形式的完整、语言的精美，诗作吟咏的对象，大多为我观察到的外在天地，写我对世界对人生的实在感受，每写一首诗，都要力求清晰地表达一种观点，完成一个构思。而这几年写的诗，更多是对人生的一种反思，也是对我精神世界的一种梳理。经历了大半个世纪动荡复杂的时事，追溯以往，来路曲折，并非一目了然。这本诗集中的作品，不求讲明白什么道理，只是通过各种意象片段地袒示自己的心路历程，也许不是明晰的表达，却是对内心世界的真实开掘。我并不在乎别人怎么看。如果说，年轻时写诗是对外开放，现在的诗，更多的是向内，向着自己内心深处的灵魂所在。每一首诗的孕育和诞生，都有不一样的过程，有灵光乍现瞬间完成，也有煎熬数年几经打磨。一首诗的完成，也许源于一个词语、一句话、一个念头，也许源于一个表情、一个事件、一场梦，但是一定还有更深远幽邃的源头，那就是自己人生和精神成长的经历。唐晓渡是一位概括能力非常强的评论家，他总结的这四个痛，也引起我的思考。诗中出现"痛"的意象，并非仅是生理之痛，更多来自精神层面，源自生命流逝的沧桑，也发自对世道曲折的感慨。"岁月之痛、语言之痛"，是评论家的妙语，对诗的意境是一种独特的提示。

文化艺术报：您从20世纪70年代开始写诗，现在还在继续写，为什么您的诗歌创作能保持这么久的生命力？您如何理解"诗人的成熟"？

赵丽宏：我从来没有想过什么是诗人的成熟。真正的诗人也许一生都纯真如孩童，不知成熟为何物。我最初的诗作，是写在"插队落户"的岁月中，还不到二十岁。那些在飘摇昏暗的油灯下写的诗行，现在读,还能带我进入当时的情境,油灯下身影孤独,窗外寒风呼啸,然而心中却有诗意荡漾,有梦想之翼拍动。可以说,诗歌不仅丰富了我的生活,也改变了我的人生。诗歌之于我,恰如那盏在黑暗中燃烧着的小油灯,伴我度过长夜,为我驱散孤独。人人心中都会有一盏灯,尽管人世间的风向来去不定,时起时伏,只要你心里还存着爱,存着对未来的希冀,这灯就不会熄灭。和诗歌结缘,是我的幸运。我写诗的数量,随着年龄的增长而减少,这并非说明我对诗歌的热爱在消退。诗是激情的产物,诗的激情确实更多和青春相连,所以诗人的特征常常是年轻。然而这种年轻应该是精神的,而非生理的。只要精神不老,诗心便不会衰亡。

文化艺术报:现在很多人都不怎么读诗了,文坛上走红的基本都是写长篇小说的作家。相比小说家,诗人要沉寂很多,您是怎么看的?

赵丽宏:我写诗,其实并不在意别人的看法。诗歌是我的心灵史,是我精神中的一个秘密世界。不管别人如何评价,我会继续写下去,这也许和读书一样,写诗,会是我终身的追寻和表达。说诗人沉寂,现实生活中其实也并非如此,也有不少写诗的人经常发出各种喧哗,声音也不比小说家小。文学的魅力和生命力,不是靠宣扬和鼓吹能达到的,要经受读者和时间的检验。

文化艺术报:有批评家说,这个时代好诗人都是体制外的"草根诗人",他们心中还怀有诗意、理想,您认可这种说法吗?

赵丽宏:写诗其实和体制内外并没有什么关系。真正优秀的诗人,不管在什么地方,不管从事什么职业,都可以不断地写出好诗。我不太认同"草根诗人"的说法。那些挣扎在生活底层,却依然在寻找诗意、追求文学的理想，并把他们的追寻诉诸文字，其中有一些有才华的作者，写出了让很多人感动共鸣的诗歌。将这些人称为"草根诗人"时，发明这种称谓的人是居高临下的，为什么要俯瞰他们？你俯瞰着他们就可以自称为"鲜花诗人"或者"大树诗人"了吗？很荒唐。如果让"草根诗人"这个名字存在，我认为它可以涵盖所有写诗的人。在浩瀚自然中，我们人人都是一棵小草。当然，草和草是不同的，有自生自灭的野草，也有珍奇仙草，如虫草灵芝。那些生活在底层的写作者，如果真有才华，超群出众，不是没有成为虫草灵芝的可能。套用《史记》中陈胜的名言："诗人才子宁有种乎？"纯文学意义的诗歌创作，一定是小众的写作，任何时代都是如此，即便是盛唐，留名青史的诗人也只能是写诗者中很少的一部分人。诗歌读者和作者因互联网的繁衍而壮大，这对诗歌创作当然是好事，关注参与者多，对诗的挑剔和要求也会随之增多增高，诗歌审美的眼光也会愈加丰富犀利。那些真正的好诗一定能遇到真正的知音。

文化艺术报：1984年您出版第一本散文集《生命草》，此后，您几乎年年有新书问世。您一直坚持散文创作，您拥有广大的读者群，您的作品富于激情，文字华美，特别是您早期写自己生活的作品，很有感召力。您的散文比较注重抒情，也因此受到过一些质疑。今天的读者还需要抒情吗？

赵丽宏：我的散文一向是比较注重抒情性的，三十多年前出版过一本散文，书名就是《抒情的回声》。我认为，尽管抒情散文受到一些人的批判和质疑，但并不能因此而否定散文可有的抒情性。抒发真实情感的、文字优美的散文总是有人喜欢的。我的散文，当然不都是抒情性的。现在的文字跟年轻的时候比，抒情性差远了，但我还是没有放弃抒情。中国文学的传统中，抒情是重要的一部分。没有抒情，首先就没了诗歌。诗歌肯定是要抒情的。散文有相当大一部分也是抒情的，随笔、小说也有抒情的。我觉得，关键看你抒的什么情。你抒发的感情是虚假的、不真实的，读者会很厌恶；如果你抒发的是真实的、源自内心的感情，读者就能产生共鸣。

文化艺术报：您的散文集《诗魂》获新时期全国优秀散文集奖，《日暮之影》获首届冰心散文奖。您写散文，秉持怎样的文学追求？

赵丽宏：这五十多年来，我写得最多的是散文。散文是非虚构的文体，是需要"把自己的灵魂亮出来给别人看"的写作，要持之以恒地以真诚的态度，写自己的真实经历和感受，而且要写出独特个性，展示文学的真谛和汉语的魅力，对每一个写作者来说都并非易事。写了这么多年，涉猎了很多题材，也曾经尝试用不同的风格来表达，想在文体上有所创建。回溯自己的散文写作来路曲折的历程，有一点非常明确：真诚，是散文的灵魂。我们生活在一个动荡多变的时代，经历了世事沧桑，曲折的人生经历也可以视为大时代在个人身上的缩影。写真写实的散文，除了写自己的人生经历，写自己所熟悉的天地世界，自然也应该反思历史，剖析自己所经历的时代，当然，这种反思，必须是以文学家的方式。

1990年，我为台湾一家出版社编《大陆抒情散文选》，在序言中我写了这样一段文字："我以为，散文和小说、戏剧不一样，散文属于一种非虚构文体，所有被传诵的、动人的散文，都带有作者的自传色彩。这里的所谓自传色彩，并非作者叙说自己的一生，而是指人生的片断经验、观察社会和自然的点滴见闻，或者是一段思想和情感的真实经历。它们的共同特点是：真实、非虚构。"在非虚构这个前提下，我以为写好散文应该具备三个要素：情，知，文。情，就是真情，这是散文的灵魂，没有真情，便无以为文。知，应是智慧和知识，是作者对事物独立独到的见解。文，是文采、文体，是作者的有个性的表述方式。能将三者熔为一炉，便能成大器、成大家。不过，要做好谈何容易。这三者中，"真"是最要紧的，真诚，真实，真情，缺了这些，文章不可能动人。鲁迅先生曾说："真正的现实主义是什么？真正的现实主义是将自己的灵魂亮出来给别人看。"鲁迅对"真正的现实主义"的界定，我以为正是对散文的界定。巴金的《随想录》，就是"将自己的灵魂亮出来给别人看"的典范，他在解剖历史和社会时，也无情地解剖自己，这样真诚坦露心迹的文章，怎能不震撼读者的灵魂。

现在有很多年轻作家，将文体的创新看得高于一切，以为在写法上花样翻新，便能引人注目，脱颖而出，成为文坛新宠。这其实也失之偏颇。文体的创新固然重要，也能表现一个作家的才华和创造能力，但就散文而言，我以为内容永远要比形式更重要。形式的新奇，也许能轰动一时，然而如果没有坚实深厚的内涵，没有真情和真知灼见，大概也不会有久远的生命力。只要检视各个时代流传至今的散文名篇，便能窥见其中真谛。

文化艺术报：您的同事、小说家金宇澄在您的新书发布会上说："他是一个内心真正非常孤独的人。我们同岁，但在成长阶段的经历完全不同。插队落户，他回到故乡崇明岛，一个人在茅草屋的油灯下写作。我去了东北，一个农场就有几百个知青。我们可以抱团取暖，而他就是一个人。"您是在上海市区出生的，青年时期去崇明岛下乡，这段生活对您的创作有何影响？下乡期间您就开始写作诗歌散文，在那样困苦的环境下，您为什么选择了写作？

赵丽宏：金宇澄和我同年，我们都是当年的下乡知青，不过我下乡的情况和他不同，他在黑龙江农场，过着有很多知青的集体生活，我是孤身一人去崇明岛"回乡插队"。"插队落户"的生活，距今五十多年了，那是我的人生第一课，也是我的文学生涯的开端。这段生活，我曾经在《岛人笔记》和《在岁月的荒滩上》这两本书中写过，也在很多诗歌中写过。譬如散文《天籁和回声》《我和水稻》《旷野的微光》《永远的守灯人》《月光曲》，诗歌《江芦的咏叹》《冬夜断想》等，写这些文字时，我才二十来岁。那时，生活艰困，前途暗淡，确实常常感到孤独。是善良的农民让我感受到人性之美，是读书和写作改变了我的心情，也改变了我的生活。那时的读书和写作，没有丝毫功利心，只是觉得和书相伴，和文字相伴，和文学相伴，活着就有了一种动力和期盼。我曾经说过，那时，对文学的爱好，几乎是我人生路上的救命稻草。

文化艺术报：当年下乡时，有没有书读，那时候的阅读是什么样的状态？

赵丽宏：我的人生，我的生活，大半辈子和书连在一起，找书，读书，写书，成了我的人生方向，成了我的生活方式。如果没有书，没有对阅读的热爱和坚守，不会有今天。五十多年前，我中学刚毕业，一个人到故乡崇明岛插队落户，那是我这一生中最迷惘无望的时刻。在贫穷偏僻的乡村，物质匮乏，生活艰苦，劳动繁重，曾经觉得自己很孤独，生不逢时，没有前途。但是，有一件事情改变了我的心情，使我有了活下去的希望和勇气。那是什么？是书。我带去农村的书很少，但我非常幸运，在那个没有电灯、吃不饱饭的小村庄里，我居然得到很多书。善良的农民知道我喜欢读书，他们把家里所有的书都找来送给我，在一个被废弃的乡村学校图书馆，我找到了很多书，其中有不少古今中外的经典名著。有了这些书,我插队的日子不再那么无望,我的精神状态发生了变化,渐渐告别颓丧,变得振作。为什么？因为,生活变得有了期盼。白天在田野干活,从早到晚,干得精疲力竭,还忍着饥饿,但是,只要想到收工后,可以回到我的那间简陋的草房,点燃一盏油灯,在昏黄跳动的火光中,有一本我喜欢的书在那里等我,心里就会充满喜悦,觉得所有的苦和累,都可以忍受。我的写作生涯,也是从那个时代开始的。我经常会回想起年轻时代的这段经历,这种回忆使我更加珍惜作为一个读书人所拥有的机会和权利。这机会和权利,就是寻找好书、阅读好书。

文化艺术报：有哪些书您会重复阅读,再次阅读时会不会有新的感受？

赵丽宏：可以一读再读的书很多,在不同的年龄、不同的时代,有过不同的书,如《中国哲学简史》《读杜心解》《李白诗选》《聊斋》《玉谿生诗集笺注》《古诗十九首》《宋词选》《古文观止》《浮生六记》《幽梦影》《约翰·克里斯多夫》《被侮辱与被损害的》《基督山恩仇记》《神曲》《二十首情诗和一支绝望的歌》《西窗集》《一千零一夜》《佩德罗·巴拉莫》《百年孤独》《追忆似水年华》《渴望生活》《黎明时分》,还有普希金、莱蒙托夫、雪莱、拜伦、歌德的诗集。读书的历史已经超过六十年,这个书单可以不断罗列下去。人民文学出版社1952年出版过一本《鲁迅小说集》,深蓝色的布面精装,繁体字直排本,虽然出得早,但现在仍觉得精美典雅。这本书在我床头放了很多年,至今仍在手边。这本书中的《故事新编》,读过很多遍。曾国藩的读书经验中有很著名的一条："一书不尽,不读新书。"我并不赞同他的经验,有时几本书同时读,不同的书,放在不同的地方,根据时间和兴趣,轮流读,或者对照着读。譬如年轻时读欧文·斯通写的《马背上的水手——杰克·伦敦传》时，同时对照着读杰克·伦敦的自传体小说《马丁·伊登》，趣味无穷。

文化艺术报：2013年开始，您写了儿童三部曲，您的几部儿童题材长篇小说，引发很多好评。为何会转向儿童文学，有特别的意义吗？

赵丽宏：我觉得这是一件很自然的事情。每个作家都有童年，童年的生活，也许是生命中最深刻的记忆，会影响人的一生。在自己的创作中写童年的记忆，写和孩子们的生活有关的故事，这是每个作家都会做的事情。有评论家说我写儿童长篇是一次写作的转型，我不这么认为，写童年生活，为孩子写作，其实很多年来我一直在这么做。我的不少文章被收入中小学语文课本，这使我和孩子们之间产生了一种联系。尽管这些收入课本的文章并不是专为孩子们所写，更没有想到会收入语文课本，但这些文字实实在在地成了孩子们的读物。我经常收到来自中小学的读者反馈，我从中了解到他们的想法，这也时常提醒我：在我的读者中，有很多孩子，我绝不能忽视他们。

这些年，我也一直关心青少年的阅读状况。孩子们从小是否能亲近文字，是否有高质量的好书陪伴他们成长，这是一件非常重要的事情。然而现状并不让人乐观，儿童读物铺天盖地，良莠不齐，小读者是盲目的，他们可以用来读课外书的时间不多，如果不是选择优质读物，后果堪忧。20世纪90年代初，我曾经花两年时间，编过一套中小学生课外读物，把我从小读过的古今中外的很多经典名篇汇集在一起，我想这样的读物，可以让孩子们认识文学的魅力，不会浪费他们的时间。书出来后，很多人说好，但并没有产生预期的效果。而且，我发现同类的书也是铺天盖地，同样是良莠不齐。我发现，在儿童读物中，引进版图书占据了极大的比重，如果外国童书在中国一统天下，那显然是不正常的。

中国的作家们不能听之任之，应该有所作为。那时就动过写儿童小说的念头，但写作散文和诗歌，使我没有时间和精力。不过，那个念头一直没有消失。十多年前，在好朋友的鼓动下，我写了儿童长篇小说《童年河》，这确实是我第一次很明确地为孩子写的作品。小说出版后产生的影响出乎意料，小说被孩子们接受，成人读者也有共鸣，从中读到了他们经历过的岁月沧桑。此后，又写了《渔童》《黑木头》，三年疫情期间，我又写了《树孩》和《手足琴》。写儿童文学让我身心愉悦，有返老还童的感觉。

我对儿童文学一直心怀敬意，好的儿童文学作品是用童真的目光、用生动有趣的故事，不动声色、深入浅出地讲述人世的哲理，引领孩子们走向精神的高地，这对写作者是一个极高的要求。文学的题材和体例有时难以分界，儿童可以读成人题材的文学作品，成人也可以读儿童文学。真正优质的儿童文学，应该能让成人和孩子一起来读，它们一定是文学精品。前几年访问丹麦，我去了安徒生的故乡，参观他的故居，回来后写了一篇长散文《美人鱼和白崖》，在文中谈到对儿童文学的看法。我觉得安徒生童话就是最高级的儿童文学，它们表现的是人性的善和美，由浅入深，由此及彼，让读者产生美好深远的遐想和思索。这样的文字，孩子可以看，成人也可以看，可以从小一直读到老。我觉得这就是最好的儿童文学，也是最高境界的文学。

文化艺术报：和20世纪80年代文学繁荣时比，如今文学受重视的程度发生了很大变化。您认为，当下"创作即发表"的网络环境对文学创作有什么影响？

赵丽宏：网络和科技的创新，改变着现代人的生活，也改变着传播和交流的方式。世界在变化，但是也有一些事情是无法改变的。二十多年前，我写过一篇文章《网络会给文学带来什么》，对网络和科技创新对文学的影响，有一些思考和前瞻。现在我仍然坚持着当年的看法。我在这篇文章中曾经这样写："有人这样预言：网络的发展，会彻底改变传统文学创作的思维方式，引起文学的革命。这样的预言，我以为是夸大其词，甚至是危言耸听。我这么说，绝不是将网络和文学对立，恰恰相反，我以为这两者之间有着千丝万缕的联系。"

文化艺术报： 网络的发展会给文学带来什么？

赵丽宏： 网络的出现，使文学作品又增添了一个强大而有效的传播途径。一些优秀的文学作品会因为网上的宣传和发表而深入人心。很多原来不屑读书或者懒于读书的年轻人，现在可能花一些时间在网上阅读文学作品，进而产生兴趣步入文学殿堂。网络上发表作品的自由和便捷，使很多喜欢写作的年轻人有了成功的感觉，随便怎么写都能上网发表，无须承受退稿的心理压力，写作成为一种自娱自乐的行为。在这些热衷于网上写作的人群中，会涌现出有才华的作家，当然，那只是其中的极少数人。现在经常被很多媒体宣传的一些"网络作家"，就是在网络上被读者发现认识的。毫无疑问，网络的发展，对文学创作不是灾难，而是福音。网络的普及和扩展，能促进文学的繁荣。

以上这些现象，是否就可以证明文学会因此而出现"革命"呢？

也许，随着网络的发展，随着文学作品在网络上的传播越来越广泛，传统的文学载体会受到冲击。但是我不认为现有的纸质文学报刊会因为网络的兴盛而逐渐走向衰落甚至消亡。面对网络的压力和挑战，传统的文学报刊会发愤图强，会努力寻求新的发展，而网络本身也会成为这种新发展的助燃剂和推动力。出版界的现状已经在证明这一点。

所谓的传统作家和网络作家（对这样的提法，我不以为然），并没有本质的区别，唯一的区别是前者在传统媒体上发表作品，而后者则在网上发表作品成名。对作品的评判标准，两者应该是相同的。现在情况也在发生变化，网络作家成名之后，他们的作品便被出版社印行成书，而传统作家的作品，也大量地在网上传播。美国的博库网站和国内的很多网站，已经在这两年购买了不少作家著作的网上版权。更有很多小网站和网络上的杂志，不打招呼便将很多文学作品在网上传播。现在，已经有作家将自己的作品在网上首发。我想，将来，"传统作家"和"网络作家"这样的称呼会成为历史。对作家而言，书报杂志和网络，只是文学作品的载体和传播途径，选择哪一条途径，是作家的自由。对读者而言，只有好作品、平庸作品和坏作品之分，而不是"网络作品"和"传统作品"，至于通过什么渠道阅读认识它们，则是读者的自由。不管你的作品是先在报刊上发表，先出版成书，还是先在网络上问世，结果是一样的。有价值的、感人的作品，一定会被称道、被流传；而那些无聊的、粗糙拙劣的文字，即便曾经铺天盖地于一时，最终还是会被人们遗忘、抛弃。

毋庸讳言，网络的出现，会使文学创作出现新的题材和内容，譬如和网络有关的生活和故事，文学家的笔下也会出现一些新的词汇。但是这些变化，对文学创作来说谈不上什么革命，至多是一些发展和变化。在历史上，文学的发展一般都是渐变的。时代的大变革，会使文学创作出现新的浪潮，譬如中国的"五四"新文化运动，白话的创作替代了文言文，文学作品从内容到形式都发生了大变。这可以说是一场文学的革命。然而这场革命，和文学载体以及传播渠道的变化并无太大的关系。纵观中国的文学史，中国的文人运用的工具和载体由甲骨、竹简而绢帛纸张，由刻刀而毛笔，由毛笔而铅笔、钢笔、圆珠笔,这些书写工具和文字载体的更替和进化,并没有直接影响文学创作的观念和作品的形式,更没有使文学创作因此而出现突兀的变革和更新,没有出现真正意义上的文学革命。"五四"新文化运动的主将们,在创作那些全新的作品时,书写工具还是传统的笔墨。到20世纪后期,人类发明电脑,电脑写作逐渐取代了传统的书写,这种书写方式的变化,可以说是一次革命,但这也只是书写工具和方式的变化,并没有引发文学创作的革命。

我想,对一个作家来说,完全可以用一种平静的心态来面对网络的出现,即便它如同海潮般汹涌而来,我们依然可以一如既往地思索和写作。生活在照常进行,网络绝不可能淹没一切。只要人性没有变,只要人类对美、对爱、对理想和幸福的追求没有改变,那么,文学的本质就不会改变。不管科技如何革命,不管书写的工具和传媒如何花样翻新,文学仍将沿着自身的规律走向未来。

文化艺术报:我早年编过您一些文章,其中写音乐的就有好几篇,您对古典音乐情有独钟。记得您在一篇文章里写到儿子很小的时候,您就带儿子去听勃拉姆斯的音乐会,音乐是您读书写作之余最大的爱好吗?

赵丽宏:是的,我是音乐爱好者,从幼时开始,一直到现在,音乐从来没有离开过我的生活。小时候最大的梦想,就是长大当音乐家。对音乐的爱好,丰富了我的生活,也陶冶了我的性情。我写过一些和音乐有关的散文和诗,最近出版的长篇小说《手足琴》,也和音乐有关。

文化艺术报:对您来说,目前写作中最大的挑战是什么?您对自己的创作有什么样的期待?您经常考虑的问题是什么?

赵丽宏:写作中的困惑也许每天都在产生。写作的过程,常常就是解惑的过程，不管能否真正解开困惑，思考和表达，不断呈现，就是一个写作者应对挑战的方式。不管时代如何变幻，我希望保持自己的本来面目，永不媚俗。

卢一萍

在创作中呈现北方的辽阔大气和南方的深邃繁复

小說是我们普通人的史詩，我們閉虛構來尋找真理。

卢一萍
癸卯十月书于成都

卢一萍

作家、编辑。1972年10月生，四川南江人。中国作家协会会员。曾任原成都军区文艺创作室副主任，2016年退役。主要作品有长篇小说"新寓言四部曲"《激情王国》《我的绝代佳人》《白山》《少水鱼》，小说集《帕米尔情歌》《天堂湾》《陀思妥耶夫斯基与荒漠》《名叫月光的骏马》《无名之地》，随笔集《不灭的书》《世界屋脊之书》，长篇非虚构《八千湘女上天山》《祭奠阿里》等三十余部。曾获解放军文艺奖、中国出版政府奖、中国报告文学大奖、中宣部"五个一工程"奖、《上海文学》奖、四川文学奖等；作品曾入选亚洲周刊2017年十大小说、收获文学榜、芙蓉文学双年榜，系《作品》杂志推介中国十六位"经典70后作家"之一；现为《青年作家》杂志副主编。

文化艺术报：您的新作长篇小说《少水鱼》出版以来，屡登各大好书榜榜单，这部长篇小说的完成，前后经历了三十年时间，这期间发生了什么？

卢一萍：《少水鱼》出版后，获得了一些朋友的好评，有朋友就说，这些年，不少小说家都在为某一个目的去写作，你逆流而行，按文学的意趣，写出了一个出人意料的东西。我其实只是在完成三十年前的一个夙愿，完成那时写残的一部叫《乡村诗篇》的小说。这部残稿伴我走过了我人生最重要的三十年。

要说这三十年经历的事情，还是有很多，比如，我考上了解放军艺术学院文学系，读书期间，在《芙蓉》发表了长篇小说《黑白》——1998年出单行本时，更名为《激情王国》——这也是我"新寓言四部曲"的第一部，其余三部长篇是后来创作的《我的绝代佳人》《白山》和《少水鱼》；军校毕业后，到帕米尔高原戍边三年，当过骑兵排长，跃马风雪边关；然后沿整个西北边境一线采访，行程近三万公里；然后成家，到新疆军区文艺创作室成为一名专业作家；随之是2000年天山以南的黄金腹地之旅；2002年9月到2003年3月的云南背包旅行；还有，经历了十年写不出小说的痛苦，经历了父亲、祖母、侄儿、大哥、朋友、恩师先后离世的悲痛；当然，也有2012年从新疆军区调到原成都军区的欣慰，以及退役后出版《白山》的幸运……要说清楚，得写一部自传才行。但无论经历了怎样的人生波折、生离死别，有一件事情是我一直在坚持的，那就是写作。非常荣幸，我从少年时喜欢上文学，就一直走在这条路上，这不得不感谢命运之神的眷顾。

文化艺术报：在《少水鱼》的创作谈中，您说要写一部纯南方气质的小说，这个南方气质是文学意义上的南方地域还是您构建的一个心灵世界？

卢一萍：这个南方气质既是南方地域，也是我试图构建的文学意义上的心灵世界。此前，我写南部新疆荒漠、高原地域的小说还是很顺手的，一些读者也认可了我是写那个地域的作家。那里也还有很多可以写的故事。正因为有前面所说的经历，我不缺乏要写的东西。我其实只担心自己此生写不完它们。有些故事比我已写出来的更加精彩，但因为之前没有把控它的能力，或没有找到表达它们的突破口，所以存在心里。突然写了《少水鱼》这个小说，有人就以为我把新疆的故事写完了。在新疆待了二十年，我其实已有了一个游牧者的习性，随性、放达、不愿受拘束，但能忍受孤独、寂寞。所以，我心里并没有一个确定的地域概念，我选择某个地域，定然是因为小说的需要。我不想去选择一个实有之地，即使那个地名是实有的，我也会将其虚化——也是将其文学化。

文化艺术报：您以往的作品，故事发生地大部分都是在北方，《少水鱼》将背景放在了南方，这种转变对您有什么意义？

卢一萍：其实也不能说是转变，因为我接下来可能又会写北方故事，之后呢，我的小说又会是南方背景的。要说意味着什么，那就是我又开拓了一个南方版图。

文化艺术报：《少水鱼》的主线是李氏家族几代人为了"新唐之梦"进行的绝望远征，这个过程伴随着残酷的战争。作为军旅作家，您没有刻意去描绘战争、渲染杀戮，小说最感人、最温暖的是大量的情爱描写，您以前似乎很少写情爱？

卢一萍：非常高兴的是，小说已出版三个月，我可以听到读者和朋友的一些评价了。有读者就说，我虽然没有直接去写战争，但他能读出战争的残酷。我是军人，所以我知道没有不残酷的战争。而情爱是对战争的反对。情爱是人生最迷人的部分，它显示了生命的活力和激情，构成了生命的绚烂多彩。所以，我以前就写过情爱，并且比较擅长，比如《激情王国》和《我的绝代佳人》这两部小说里都留有不少情爱的笔墨。

文化艺术报：作家罗伟章认为"《少水鱼》是一部'在路上'的小说，直接把叙事空间安排在路上——在迁徙的路上。卢一萍巧妙地安排了复仇、爱情、新生等众多的情节，这对作家的写作功力是一种不小的考验"。您十七岁参军去边疆，中年时回到成都，很多年一直是"在路上"，米仓山可否理解为您的"文学故乡"？

卢一萍：罗伟章说出这句话时，我才意识到，我写了一部"在路上"的小说。我当时非常感动，因为这是他发现的。此前，我在构思、写作，直到多次修改、出版，都没有意识到这个问题。也就是说，我不是刻意求的。这也算是小说在写作过程中的一次自我生长。

我回到成都时，刚过四十岁，还算青年，不过，在我还是少年时，就有历尽沧桑之感。所以，小说家都有一颗老者的心。他们写下的，更多的是对生活、对时代的追忆。

在1989年之前，我被拘于老家那个叫大锣山的偏僻乡村，去到最远的地方也不到一百公里。那年暑假，我和好朋友结伴，背着父母，拿着挣的第一笔稿费，经西安、铜川，流浪到了延安，然后又去黄龙林场伐木、薅林，干了近一个月，接着去北京参加了中国教育学会主办的"全国中学生文学社团经验交流会"。一路在西安火车站、北京火车站的广场上睡过，在黄土高原真如乞丐一般，但很兴奋，那也是我第一次出门远行。我第一次见到了火车，去了洛川、延安，看了天安门、人民大会堂和长城。次年三月参军入伍，从那以后，我几乎有三分之一的时间用来游历，开启了人生的"在路上"模式。

我老家位于米仓山南麓，我之前写那里的作品不是太多，1993年写了一系列的散文，1994年开始写《少水鱼》，所以那里是我的故乡，但作为我的文学故乡，还需要再写出一些自己满意的作品。如果真要说文学故乡的话，还有另一个，那就是帕米尔高原上的塔什库尔干——以那里为中心，辐射到了塔克拉玛干沙漠、喀喇昆仑腹地和阿里高原。

文化艺术报：《少水鱼》通过亡魂之口来呈现"新唐之梦"百年时空，这让我想起墨西哥作家胡安·鲁尔福的《佩德罗·巴拉莫》。您在写作《少水鱼》时，有没有受过他或者其他前辈的影响？

卢一萍：胡安·鲁尔福的《佩德罗·巴拉莫》我非常喜欢，读过不止一次。1993年，我考入了解放军艺术学院文学系，那个年代，作为一名士兵，能考入可谓文学圣殿那样的地方，就觉得自己必须要成为一个作家。我是农村出来的，我首先想知道，外国人是如何写乡村的。先读了福克纳的《我弥留之际》、汉姆生的《大地硕果·畜牧神》，之后又读了《百年孤独》和《佩德罗·巴拉莫》，在这个过程中，我越来越震撼。同样是写乡村，他们为什么能那样写？辽阔、现代、优美、有力、经典，把马孔多、约克纳帕塔法县这样鲜为人知的小地方，在世界文学中，写成了无人不知的大地方，而我们那么多年来，为什么还只能这样写？我决定写一部不"那样写"的小说，便开始写《乡村诗篇》，一年多的时间里，写了十多万字，但最后发现，不"那样写"仅换一种语言是不够的，它涵盖了文学性的每个方面，所以就停下来了。那部书稿也就成了一部"残稿"。1994年突然又有了重写这部小说的灵感和冲动，用了多点透视的、复调的手法，一下就变得顺利起来了。可能是写这个小说用时仅半年多，过于投入，所以很奇怪的是，我从没有想起过这个作家。开始还是那帮新唐的帝王臣民来诉说的,是"我"穿越到晚清听他们说,我是穿越者,而他们都还活着;小说快写结束了,我觉得我听他们说,他们还不是一帮流民、土匪、起义者,还是来自乡野,他们说的还是村语乡言,而我这个小说的大多数语言倾向诗意,过于文学化,这个问题涉及小说的特质"虚构的真实",不解决的话,虚构就出了问题。那几天寝食难安,直到有一天早上醒来,我突然想到,我小说中的人物都已是亡魂,为什么不能让亡魂来到我跟前,向我诉说他们在晚清的失败与绝望、光荣与梦想、爱恨情仇与悲欢离合呢?如果这样,这个发生在晚清历史中的故事就与现在产生了联系,就有了"现实主义"的特征。于是,我把"人物表"改成了"亡魂表",加了"作者"讲述的序章"她要为他殉葬",和结语"上述均为亡魂所述",在结语里,我用这段话统领了这部小说的语言:"死亡是肉体的过滤器和升华器,人一旦脱离俗世,灵魂就自带五分浪漫和七分诗意,所以亡魂都是诗人,讲出来的语言就是卢一萍记录下来的样子。如若不信,有一天你可自己来证明,或者去亲自聆听亡魂的诉说。"

文化艺术报:这样一部百年跨度的长篇,为何起名《少水鱼》,有没有特别的意味?

卢一萍:"百年"是一个时间长度,在我们通常的认知里,已经不短了。"少水鱼"形容的是在供养鱼的基本生存条件日渐枯竭后,必将死亡的样态。我有时会读一点佛经,有次读到普贤菩萨警众偈:"是日已过,命亦随减,如少水鱼,斯有何乐!"浑身发冷,顿时默然。而"少水鱼"的状态,在我生活的南方农村,我从小就经常见到。后来步入社会,便觉得我们每一个人,如鱼困于不同的水坑,就那么点水,随着水一天天减少,所有水坑里的鱼无不殊途同归,共赴死亡。所以,我们都是少水鱼。

文化艺术报：很多批评家在提到您和您的作品时，都提到了先锋性，您早期的作品《激情王国》《我的绝代佳人》，都很注重形式感的探索。

卢一萍：我是在20世纪80年代末喜欢文学的，那是莫言先生所说的文学的黄金时代，也是先锋小说大出风头的年代。经历"文化大革命"，汉语的美感、优雅和意蕴已丧失殆尽，成了一种粗暴、肤浅、丑陋的语言。朦胧诗人们、先锋小说作家们用另一种语言写出了那样的作品，自然被人瞩目。所以，我梦想做一个先锋小说家，在1994年写出了《激情王国》，原名《黑白》，以"长篇未定稿"的形式发表在1995年的《芙蓉》第2期上。写一个创建于大唐、名叫"黑白"的西域诗意王国从创建、兴盛到灭亡的过程，寓言了理想和诗意的脆弱。这个小说打乱了语言的叙述逻辑，今天的诗人陈六儿与黑白王国的国王、诗人陈六儿互为镜像，形同轮回。这部小说发表后，小有影响，说是"先锋小说的余绪""显示了一个青年作者少有的才华"，这自然给了我极大的鼓舞。我毕业之际，张艺谋团队还有人和我联系，想把这个故事改编为电影。当时只有传呼机，我到乌鲁木齐后，还收到了留言，并在军区门口的商店里回了长途电话。对方让我保持联系，但离开乌鲁木齐后，传呼机的信号就没有了，一到塔什库尔干，除了写信，就只有县城邮局里的一部卫星电话，一分钟两元四角钱，还经常排队；到了连队后，就与世隔绝了。这个事自然也就没了结果。

写完《黑白》后，我接着写了中篇小说《寻找回家的路》，还是一部"先锋小说"，写一个诗人在某个夜晚的梦境，毕业前寄给了《芙蓉》的副主编颜家文老师。1997年，《芙蓉》关注到了当时还很年轻的

"70后"的写作,推出了"70年代人"这个栏目,我作为首推的青年作者,再次在《芙蓉》亮相,想推我一把。遗憾的是,我当时的写作陷入困境,仅于1998年在《解放军文艺》发表过中篇报告文学《吾甫浪巡逻》、短篇小说《高原二题》。

2000年,我调到了新疆军区文艺创作室从事专业创作。2001年,一个书商约了一帮年轻的、当时还坚持"先锋"写作理念的十来个作者,出版系列的长篇小说,给"千禧年"献礼。我当时住的连职公寓很小,就一个客厅、一个卧室带一个小卫生间和充作厨房的小阳台。当时,长子刚出生数月,母亲帮我带孩子,一家四口,很是拥挤,我便在地下室腾了一个可供写作的空间,在《寻找回家的路》的基础上,写了《我的绝代佳人》,小说的反讽和象征意味很浓。写了一种偏执的爱,一种变态的人性,以及人在面对不同的爱时的艰难抉择。我用千禧夜自己做的七个梦来结构这部长篇小说。七个梦分别是:诗歌课、父亲的雕像、审美与飞翔、寻找回家的路、鱼惑、蝙蝠、漫长的旅途,加了序章"欲望与时间"、末章"梦结束了",形式感的确很强。我以虚拟的"自传"形式,写了丁小丽在上诗歌课时爱上了自己的学生陆涤,而陆涤另有所爱,为逃避那变态的爱欲,也为了自己真正的爱情,他逃离了学校,四处流浪,生活颠沛。最终,他发现自己其实很难摆脱丁小丽施与的爱,她像空气一样,无处不在。故事比较极端,其间既有对理想的执着、对诗意的追求和对人性的揭示,也有人的扭曲、有强烈的欲望、有刻骨铭心的爱情。作品看似一个长梦——它有梦境所具备的混乱、无序以及猛然间进入到更迷乱的状况的真实描述。我把现实与梦境有机地结合在了一起,梦中有梦,梦中有现实,亦真亦幻,亦虚亦实。行文之中,根本看不出丝毫写梦的痕迹;我还设置了"隧洞式"的结构圈套,那就是越往后阅读,越使人感到潮湿和幽深。

小说写完后，书商自己却没了原来的雄心，不愿再出版了。我把七个梦作为中短篇小说，先后在杂志发表了。但整部作品直到2018年，才由花城出版社的王凯编辑，做了一些删改后出版了。《南方周末》曾在"2018年度好书推荐（虚构类）"作品中推荐了这部作品，并被评为"名人堂·2018年度十大好书提名"。也就是在写这部小说的时候，我决定写"新寓言三部曲"，第三部是《白山》，写《少水鱼》时，我决定写成"四部曲"。

文化艺术报：《少水鱼》对您来说，意味着什么？

卢一萍：在我个人的创作中，《少水鱼》对我来说，算是一次小的突破，我完成了如下的心愿：我终于写了一部纯南方气质的小说，我当年写《乡村诗篇》那部残稿，就想完成这件事；其次，我完成了自己的"新寓言四部曲"，也就是《激情王国》《我的绝代佳人》《白山》和《少水鱼》，其分别是我对诗意脆弱性、欲加之"爱"、谎言的生产和"新唐之梦"的粗浅思考和笨拙书写。四部小说都带有虚实不定的梦幻特质，承载故事的地域很有意思，《激情王国》是在我想象中的塔克拉玛干沙漠——当时我还没去过那里；《我的绝代佳人》也无真实的地方，发生在我虚构的"都城"；《白山》是以世界屋脊为背景；《少水鱼》则置于长江中下游流域。我十七岁入伍进疆后，在新疆生活了二十年，在北京读书三年，那时，我这个南方人对南方的认识远没有北方深，这也是前三部小说的故事发生地都在北方的原因。2012年底回到四川后，通过大量的旅行，我才开始对南方有所了解，产生了文学意义上的认知。迄今为止，《少水鱼》是我第一次在一个广阔的南方地域里去虚构一个真实的南方世界。

文化艺术报：1990年初，您到新疆某摩托化步兵师当兵。入伍第二年，您写出了中篇小说《远望故乡》，并在《西北军事文学》发表，《远望故乡》是您的处女作吗？

卢一萍：是小说处女作，之前在中学生报刊上已发表过其他文字。这篇小说是入伍第二年写的，胆子大，第一次就写了部中篇，并发表在了杂志的头条。当时，80年代的文学热还有一些余潮，《西北军事文学》还颇有影响。

文化艺术报：从解放军艺术学院毕业后，您好像很多年没有写小说，而是写了《八千湘女上天山》《祭奠阿里》《天堑》等一系列长篇非虚构作品，记得您说过"我在纪实文学写作里获得了一种如何认识世界、体察现实内部的能力"。为何会忽然转向非虚构写作？

卢一萍：我在解放军艺术学院文学系读书的时候，写了《激情王国》，那是凭想象力写的一部小说。毕业后，我被分配到驻帕米尔高原的某边防团任排长。从北京到乌鲁木齐，三天三夜，从乌鲁木齐到喀什坐长途汽车，三天四夜，从喀什到所在边防连，又是两天，好像走到了大地边缘。我之前在北疆当兵，第一次去南疆，大漠孤烟、戈壁荒原间点缀着绿洲、城镇，所见令人十分震撼。

如果说之前的写作是望着天上的流云星辰想象阆苑仙葩、天上宫阙，那么，现在你要写凡尘俗世了。可你虽生活其中，对其并不了解。凡尘俗世的生活凭想象是难以写好的。你要深入其中，了解它，理解生活其中的人。而我对其一无所知。这完全颠覆了我的小说观。加之作为排长，要写材料，要带兵，要巡逻，高原反应的折磨，记忆力的快速衰减，令人难以承受。所以我几乎没有写作。从某种角度来说，失去了写小说的能力。写《八千湘女上天山》《祭奠阿里》这些长篇非虚构作品，其实是在为我的小说创作收集素材，通过这种方式来认识世界、体察现实内部的秘密。一句话，做小说家的心没有死。

文化艺术报：军旅题材中篇小说集《父亲的荒原》出版后，文学批评家施战军说："卢一萍围绕南部新疆这个场域创作的一批小说，对他来说有着非常重要的意义。地域有时候与一个作家的经典作品关系并不大，但好作品必须在特定场域才能产生。我觉得卢一萍找到了这个时代变幻中相对缓慢的'场域'。"这部中篇小说集具有浓郁的边疆气息，其中的《二傻》曾获《上海文学》奖，这部小说集是您告别军旅的纪念作品集吗？

卢一萍：当时这本军事题材的小说集刚好是在我退役离开军队时出版的，所以就带了"纪念"的意味。但真正的"纪念"之作，应是《白山》。我2016年7月退役，2017年9月《白山》出版，这是一部"关于谎言的寓言"，是我写作生涯中阶段性的总结之作。我很在意这部作品。有了这部小说，我才敢说自己是个小说家了。

文化艺术报：有不少人提及《白山》。现在说某人制造了谎言，不说他制造了谎言，而是说他制造了一座白山，"白山"成了制造谎言的代名词。

卢一萍：小说有一种任务，就是揭示人类的困境、探察人性的幽微。《白山》在这方面做了一些努力。我是个不愿意好好讲故事的小说家。故事只是小说文学性的一个部分。揭示谎言的生产机制也只是这部小说的目的之一。我更愿意把它视作为我等普通人写的史诗。《白山》写了一位普通士兵凌五斗由傻子变为蓝色士兵，再被传为"外星战士"，再到英雄模范的种种传奇经历，还是想通过谑而不虐、寓庄于谐、含怒骂于嬉笑的表现手法，揭示荒唐年代中依然闪耀的人性光芒。它倾注了我二十年的边疆生活积累，最初是想完成作为一个作家的愿望，就是要把帕米尔、喀喇昆仑和阿里高原这系列"白山"作为虚构文学的背景，用浓郁的边疆气质和高原特色开创一个新的文学场域。《白山》繁体字版的内容简介中，有这样几句话，我认为概括得很好。它说"《白山》是另一版本的推巨石上山的西西弗斯；这是另一种关于'谎言'的寓言与传奇；这是存在之在与内心之在的双重荒凉与荒诞"。

文化艺术报：那么，《白山》是一部军事文学作品吗？您对您的军旅生活是怎么认识的？

卢一萍：对一些人来说，文学可能就是这个世界的点缀，或是一种尚可利用的工具，但对于一个作家来说，文学大于一切。所以，我理解的军事文学首先是文学，它是超越职业，甚至民族的，是人类的秘史，是一项严肃的精神生产活动。既然如此，不管自己的写作能达到什么程度，写作的标高必须是优秀的世界文学作品。因此，我理解的军事文学，是托尔斯泰《战争与和平》、肖洛霍夫《静静的顿河》、约瑟夫·海勒《第二十二条军规》、克劳德·西蒙《弗兰德公路》，或者说是《水浒传》《三国演义》那样的军事文学，而非其他。

如果我写作军事文学，我希望写出一部向上述作品致敬的作品。这是我写作《白山》的初衷。我在边境的生活，那些漫长的游历，我自身的阅读和文学教育，都是在为此做准备。有些东西的确是我的军旅体验，但其实是一个人——一个微小的生命个体——对世界的感受。所以，并不代表我厕身某个行业，写的是与自己职业有关的生活，我写的就是自己的生活。我们要表达的生活只有高于其本身，揭示一种生活的普遍性，比如说因为谎言带来的悲剧，才具有文学的意义。

我可能做到了一点点。这得益于我的军旅生活。我在其中度过了二十六年时间。是它帮助我了解了世界的某些神秘的力量，确立了我对世界的看法，哺育了我对文学的感受力。所以，我对此怀有感激之情。我接触和认识的人，特别是那些曾有幸交流过的人，希望我能写作一部诚实之书，不再撒谎，不再掩饰，不再夸张，所以我塑造了凌五斗这样一个诚实的人，一个有底线的人，一个大智若愚的人，一个在荒唐年代保持了人性之美的人，一个出淤泥而不染的纯洁的人。作为一个士兵，他没有打过一枪，没有在烽火硝烟中出没过，但他一直在战斗，用一种特殊的方式在战斗。这种战斗异常残酷，但壮烈不起来。这就是他的命运。

文化艺术报：短篇小说集《名叫月光的骏马》里面收录了十个短篇，这十个故事，主角都与骏马相关。二十年边疆军旅生涯，草原、骏马、雪山、边疆、荒漠和大漠中各色人物的书写，使您的作品特色鲜明，更有别于同时代的作品，您自己好像说过，《名叫月光的骏马》是从您二十年来所创作的短篇小说中精选出来的。这个短篇小说集对您意味着什么？

卢一萍：我的作品之所以有别于同时代其他作家的作品，是因为我的生活经历与众不同。这样的经历有命运的安排，也有我的主动追求。《名叫月光的骏马》是我的一个短篇小说选集，主题都与"马"有关。我喜欢马。也很奇怪，小时候，我们老家只有牛，没有马。我在到新疆当兵之前，除了在书中、在电影里，我从来没有见过马，但我却为这种动物着迷。我在课本的空隙处，画满了马。我在帕米尔高原戍边时，第一次是在红其拉甫边防连学骑马。以后，军马就成了我的战友。有人说它们是"无言的战友"，我不愿这么说，因为我觉得我可以和它们交流，它们能听懂我的话，我也能听懂马语。在新疆，马在少数民族的日常生活中也很重要。

文化艺术报：《少水鱼》之前，您写了一部《扶贫志》，以湘西农村四十年来的变迁，表达了对乡村振兴的关注和期望。为何会写这部作品？

卢一萍：2019年底，新冠疫情发生后，看不进去书，也写不成东西，湖南文艺出版社的编辑谢迪南女士给我来电话，请我去写湘西的扶贫。我开始很犹豫，但随着疫情的发展，人心惶惶。我便想，与其困在家里，还不如出去走走。更主要的是，湘西也是我希望了解从而理解的一片土地，它与我的老家大巴山有一种近似的境况。我还是用我的老办法，用写非虚构作品来为我的虚构作品收集素材。作为一个出身农村的作家，离开老家三十年，我对农村已经不了解了。即使不时回去，故乡还是逐渐变成了一个梦境。老家的一切，大多是母亲转述给我的，是一个"二手故乡"。作为一个写作者，作为一个不合格的农民，我觉得，我如果要写农村，我不了解它，怎么去写？非常有幸的是，这次采写经历为我随后写作《少水鱼》提供了灵感。我从这个社会人类学"乡土中国"的田野个案，了解了乡村的传统是如何坚不可摧。

文化艺术报：您是从什么时候开启文学梦的？

卢一萍：读小学四年级的时候吧，当时看了我大哥从学校借回来的周立波的《暴风骤雨》，就萌生了当作家的想法。

宗仁发

被编辑光环遮蔽的诗人

阅读是为了更好地
享爱人生。

二〇二三年十月
宗仁发

宗仁发

吉林辽源人。著有诗集《追踪夸父》《大地上的纹理》，散文集《思想与拉链》、评论集《寻找"希望的言语"》等，现为《作家》杂志主编、编审，中国作家协会散文委员会委员，中国诗歌学会常务理事，吉林省文艺评论家协会主席，享受国务院特殊津贴专家。编发短篇小说获第一、二、四届鲁迅文学奖，编发格非的长篇小说《江南三部曲》获第九届茅盾文学奖。主编《作家》获第三届中国出版政府奖期刊奖，个人获第三届中国出版政府奖优秀人物奖。

文化艺术报：您是中国诗歌在20世纪80年代走向繁盛的推手之一，后来主编影响当代诗歌进程的刊物《作家》杂志。作为知名编辑家，您的主要精力一直放在办刊上，诗集《大地上的纹理》出版后，人们发现宗仁发也是一位诗人，编辑的光环似乎遮蔽了您的诗人身份？

宗仁发：追溯的话，早在中学时期就喜欢诗歌，1979年我在四平地区文联主办的《东辽河》杂志上公开发表的处女作就是短诗《咏蚕》，1990年出版了第一本诗集《追踪夸父》，这本诗集的序言是张同吾老师写的，题为《从感觉到智慧》。虽然也经历过痴迷和狂热，但我还是知道自己在诗歌写作上缺少很多东西，加之兴趣慢慢偏向于编文学杂志，写诗也就断断续续，一度中断有十年左右。

文化艺术报：《作家》杂志的作者队伍非常豪华，是中国文坛的一流阵容，我看过一期短篇专号，里面就有莫言、苏童、格非、池莉、残雪等一线阵容，作为一本地方文学杂志，吸引这些名家的是《作家》杂志的魅力还是您的个人魅力？

宗仁发：一本好的文学刊物离不开好作家的支持，其实打开一本杂志的目录，明眼人便知这个刊物在什么层次上。名家之"名"大多是建立在实力之上的，能聚集名家，当然也就是刊物的实力体现。《作家》和这些一线作家的关系，既有偶然相遇，也有彼此默契，长期信任。一个编辑要尊重作家，尽可能去理解作家，对拿到的稿子编辑和处置要恰当。在这一过程中作家们一般不会直接告诉你什么，可编辑若是粗心大意，作家们是明察秋毫的。还有就是杂志的装帧设计、版面设计都要讲究，不可花里胡哨和马里马虎。

文化艺术报：您大学毕业工作不久，就是《关东文学》主编，当时也就二十三四岁吧？财政要给文学期刊"断奶"，您主动要求承包《关东文学》，把刊物办了两个版本，通俗版每期发行七十多万册，纯文学版推出了格非、李洱、鬼子、韩东、李亚伟等一大批先锋作家和第三代诗人的重要作品，这些人现在都是文坛中坚，当时他们中的大部分人好像也没有名气，您是如何发现他们的？

宗仁发：年轻时往往会异想天开，正赶上风雨飘摇的小刊物遭遇绝境，却被我当作一个可以做事的机会接到手里。困难重重自不用说，但也借机开辟出了一片天地，就是凭着一股莽撞热情，让《关东文学》生存下来并有效参与到当代文学的潮流之中，留下了一些痕迹。当年的《关东文学》刊发了李洱的短篇处女作《福音》，刊发了格非的中篇《没有人看见草生长》和短篇《陷阱》，刊发了鬼子的短篇《白竹滩·门板》，董立勃的短篇《刀》等先锋小说。同时开设了"第三代诗会"专栏，编发了两期"中国第三代诗专号"，在这个栏目和两期专号里，重要的第三代诗人的身影大多都出现过。

文化艺术报：您二十七岁从《关东文学》调往《作家》杂志任副主编，后来出任主编，经过多次改版，《作家》杂志以全国性视野和超前思路，备受作家和读者关注，作为一本地方文学杂志，本地作者好不容易盼望到一本在全国有影响的杂志，但杂志刊发的大都是外地名家作品，您是如何处理本地作者和外地作者的关系的？

宗仁发：办在地方的杂志如果真想为地方的作者做一些事的话，那首先你要做到让这本杂志产生超越地方的影响力，而这种影响力的产生又迫使杂志和编者先得摆脱掉"地方化"的束缚。记得1998年我和《收获》杂志的程永新、《天涯》杂志的蒋子丹一起在中央电视台"文化视点"栏目做过一期关于期刊的节目，蒋子丹说过一段有意思的话，她说：一本地方杂志假如完全去照顾本地作者，就像一辆公交车让过多的乘客都挤上车，然后车却开不动了。表面上看你是照顾了想上车的人的诉求，实际上是放弃了自身应承担的功能。大家清楚，作家想成长不能过于依赖迁就和照顾，还是应该在更大的舞台上施展本领，在公正、平等的规则中打好比赛。杂志也不应办成狭隘的地方作者的"自留地"，不能把衡量作品质量变味为利益均沾。其实，我们也做过数据分析，地方作者的作品刊发的比例总体上还是不低的。

文化艺术报：20世纪90年代中期，《作家》和《钟山》《大家》《山花》四刊搞"联网四重奏"，影响很大，也推出了很多人，这个"联网四重奏"后来为何停了，以后还会继续举办吗？

宗仁发：当时搞"联网四重奏"主要是针对商品大潮对文学的冲击采取的一种对策，实际效果也不错，推出了经得住时间检验的实力派作家，有不少参加联网的作家都是后来鲁奖、茅奖的得主。"四刊一报"都轮流主持一次后，我们还搞了一年网络文学的联网，整个活动也持续了五年之久。作为一种期刊之间的传播尝试可以说完成了预定的目标，这种阶段性的合作自然也就结束了。后来也有刊物提议要合搞此类活动，但因种种考虑，没有能实施。我觉得刊物的一些举措也是应运而生，编刊物的人要顺其自然。

文化艺术报：《作家》杂志刊发的毕飞宇短篇小说《哺乳期的女人》获得第一届鲁迅文学奖，徐坤的短篇小说《厨房》获得第二届鲁迅文学奖，潘向黎的短篇小说《白水青菜》获得第四届鲁迅文学奖，格非的长篇小说《江南三部曲》获得第九届茅盾文学奖，您编发的作品获奖率很高，这些作品是您的约稿还是作者投稿？

宗仁发：杂志的约稿方式是多种多样的，不一定都是靠编辑"勤快"和"嘴碎"。一本杂志来到作家眼前，他翻一翻甚至都不用翻，就知道他的作品会不会给你。说老实话，我很少去烦扰作家朋友，我想他们都知道刊物需要好稿子，愿意给我我会特别高兴。时间长了，《作家》还是有一些比较"铁"的作家朋友的，真要是缺米下锅时，他们会慷慨相助的。

文化艺术报：办好一本纯文学杂志最重要的难题有哪些？

宗仁发：撇开经济上的难题之外，我认为杂志编者对文学的理解、对作者的判断都是致命的。好的文学杂志要有格局。

文化艺术报：您主编的《作家》杂志，早年的《关东文学》，一直倡导探索性、实验性，发掘培养了许多青年作家，在您看来，什么样的青年作家，才能进入您的视野？

宗仁发：文学总是处于变与不变之间，以往的经典作品也可能常读常新，新的经典作品中肯定包含着传统的元素，不会是从天上掉下来的。不管哪种文体，不管什么形式，好作品都是货真价实的，好编辑的要义在于能"识货"，"识货"需要经验，更需要直觉。这里面要说出来一二三，恐怕就是条条框框，没有多大意义。

文化艺术报：《作家》当年改版时曾提出要办"中国的《纽约客》"，这么多年过去，您认为达到您当时的期望了没？

宗仁发：《作家》的改版主要有三次，一是1983年杂志由《长春》更名为《作家》，那时我还没到《作家》杂志工作，是我的前任主编王成刚老师主持的一次改版。这次改版就是拓宽视野，把刊物从地方化的束缚中解放出来。杂志更名后编发过"北京青年作家专号""上海青年作家专号",还编发过"东欧作家专号"等,打破了编刊的一些陈规陋习。在作品的排放上,也勇于改变,韩少功的寻根文学"宣言"《文学的根》,发表出来时是头题,而以往从来都是小说稿当头题。我是1994年接任主编的,1998年《作家》进行了第二次改版,这次改版一是增加了两个印张,杂志由五个印张扩大到七个印张,由骑马钉改为有书脊的胶钉。此前《作家》一直被容量过小所困扰,1994年我们有一期发述平的一个中篇《某》占了三十七页,加上创作谈两页,就占了半本杂志,杂志栏目的平衡关系都打乱了。这次改版后一定程度上缓解了这类问题。另外,改版更主要是针对文学期刊"千刊一面"的"四大板块"僵化格局,试图让杂志办得活起来。改版后我们开设了"作家地理""记忆·故事""读·看·听"等一些"四不像"的栏目,使杂志的文学边界得到延伸。到了2000年,《作家》又进行了第三次改版,"中国的《纽约客》"也是这期间提出的。1998年我在《文艺报》上发过一篇小文章《办有看头的杂志》,主要讲的是当代中国文学期刊应该向20世纪30年代的文学期刊学习,鲁迅、叶圣陶、郑振铎等一大批作家、编辑家参与编辑的刊物真是百花齐放,为后来的文学杂志树立了样板。杂志之"杂"是20世纪30年代文学期刊的"精髓"。改革开放后,我们有机会了解到欧美的文学期刊,包括《纽约客》这类美国的名牌杂志,他们都是不局限于文学的综合性杂志。这些杂志往往能够引领文学潮流,捕捉到文学的走向。还有一个特点就是信息量大,内容丰富。这些方面也值得我们借鉴。《作家》第三次改版,一是把杂志改成了彩色印刷,使文学刊物与时俱进,图文并茂。二是又增设了"作家走廊""海内外传真""国外期刊信息"等增加信息量的栏目,还约请在美国的董鼎山先生开设了"纽约客杂烩",在法国的卢岚老师开设了"塞纳河畔"等专栏。三是在文学作品的吸纳和选择上主打"金短篇",同时又开辟了长篇专号,总体上让《作家》更加具有文学的丰富性。

文化艺术报:您在2020年度"中国作家出版集团·全国文学报刊联盟奖"评选中获得"致敬·资深文学编辑奖",记者在报道中说"世界上最温暖的关系,是作家和编辑的关系",您是如何处理和作家的关系的?

宗仁发:很荣幸能获得"致敬·资深文学编辑奖",这是对我极大的鼓励,我深知它的分量。说到文学编辑如何处理和作家的关系,这使我想起叶圣陶和巴金两位先生的关系,自叶老当年发表了巴金的处女作之后,巴金把叶老视为一生的老师和"责任编辑"。铁凝主席对曾在写作上帮助过她的章仲锷先生也称之为"教我学游泳的章仲锷先生"。韩少功对《人民文学》的王朝垠给予他的支持也是念念不忘。这一段段文学史上的佳话,就是文学编辑与作家关系最好的样子。编辑和作家的关系和处理其他的人际关系并没有根本区别,重点是要真诚相待,再者就是要理解尊重作家,使他们给到你手的作品得到恰当的呈现,而这一切也都是建立在对文学规则的恪守之上的。《纽约客》的第二任主编肖恩提出过他办杂志的"四不原则":"一是不以任何隐藏目的刊发任何东西,二是不发表吹捧文章,三是不迁就、纵容私己朋友,四是不以刊物徇私要挟。"这些原则值得编辑们深思。

文化艺术报:您是吉林辽源人,这是满文化发祥地,您写过一篇文章《回故乡之路》,您说真正的诗人一定是有故乡意识的,故乡在您心中是一个什么样的存在?

宗仁发:我的故乡在吉林省的东南部——辽源市,这个城市差不多是全国最小的地级市,只有两区两县。辽源是因东辽河发源于此而得名，即辽河之源。流入渤海的辽河有东西两个源头，东西辽河在辽宁省的昌图县交汇后称辽河，是中国的七大河流之一，全长一千三百多公里，流域面积二十一点九万平方公里，巨流河是辽河的别称。辽源城四周都是长白山余脉形成的丘陵，等于是在一块小盆地里。清代这里属于皇家围场，也是满族人聚居的地方。辽源也是一座煤城，伪满洲国时期，日本人在这里疯狂掠夺煤炭资源，煤矿都被日本人控制。我出生在辽源，童年也是在这里度过。我们家住的地方离辽河不远，去辽河摸鱼、洗澡是我和同学们夏天的乐趣。在我家西边还有一个水塘叫黑鱼泡，我家邻居的大哥、二哥经常去那里打鱼，打鱼回来就会送给我们家一份。辽源是在一条铁路支线上，交通不是很便利。城市面积不大，但人口比较密集，好像孩子们从小就有一个念头，怎么能离开这个封闭的小地方，到大城市去，到南方去。那时同学谁家若有南方的亲戚来，大家都特别好奇和羡慕。其实那时心目中的南方，是以山海关为界的，也就是东北人所说的关里。在我们童年的意识里，只要出了山海关就都算南方了。

文化艺术报：您是从什么时候开始写诗的？

宗仁发：高中一年级时就开始模仿《理想之歌》和马雅可夫斯基的楼梯诗胡乱写，到能够写出发表的习作时应该是1979年了。

文化艺术报：您是恢复高考后的第一届大学生吧，您的文学梦想萌生在上大学之前还是上大学之后？

宗仁发：我是恢复高考后的第一届大专生，七七届高考时，我正下乡在一个农场里。参加完考试后都发榜了，没有我的消息。到了1978年3月份，有一天忽然接到招生办打来的电话，叫我去体检，说在高考成绩复查时发现我的分核错了，现在纠正过来后，可以补录。这个时候本科院校都已录取完毕，只有四平地区师范学校的大专班，因有些考生嫌这样的学校不好，自动放弃了名额，让我们一些高考成绩重新纠正过的填补进来，这样我就在1978年4月份才后补进这所学校的中文专科。有意思的是，我报到后在学生宿舍的床头上看见贴着一个放弃这个学校的考生的名字，等过了两年我调回到这个学校当老师后，所教的专科生中有一个就是这个学生，等于是他折腾了两三年还是又考回了这个学校。我们同班同学中有不少是老三届的高中生，有的是带职上学。我的老乡老三届的同学孔德选，在上学前就已经在《吉林文艺》等杂志上发表过不少作品了。他坐在我的前桌，记得他有个素材本，每天都把写作有可能用得上的东西记下来。我也假模假式地弄个本子学他的办法。大专毕业后，1979年我分配回到家乡的一所中学当语文老师，教一个快班和一个慢班的初中三年级语文课。这期间一边工作，一边开始学习写诗。

文化艺术报：如果当年没有考上大学，您会做什么？

宗仁发：20世纪70年代中期的学校都在搞"开门办学"，学工学农学军，就是不学习。我琢磨着，既然也不学习，还不如提前下乡算了，早下乡还有条件早回城。于是就自己找个地方，办理了知青手续，就算是插队落户了。我下乡的地方在东辽河的边上，是一个朝鲜族生产队，主要种植的农作物是水稻。户口落下来，身份也确定之后，正赶上这个生产队附近有个国营农场招用临时工，我就又到这个农场去打工了。先是在木工房当学徒，场里搞基建，修鹿舍，我就整天在农场的院子里钉人字梁，师傅管这个活叫钉房架子。后来农场的子弟小学缺老师，我就被调到小学当代课教师，直到高考后离开农场。如果没有恢复高考或者不能考上学校，当时我的理想就是能由临时工转为正式农业工人，工作稳定，可以吃供应粮，虽然和城市户口的粮食红本不一样，但差别不过是每个月少一点大米白面而已。我们那个农场是在山沟里，背靠一座大顶子山。农场主要是培育柞蚕种，场名是四平地区柞蚕育种场。东辽县是东北的柞蚕主要放养区，放柞蚕的地方山不能太高，丘陵地带正合适。东北的放蚕是农民的副业，通常都是端午节"挂锄"后农民来放秋蚕。放秋蚕的蚕种就由我们农场提供。农民们放好秋蚕，到中秋节后就将柞蚕茧卖给丝绸厂，丝绸厂缫丝后再织成布料。我曾写过一首短诗叫《姑娘，在蚕山》，发表在《人民日报》副刊上。

文化艺术报：作家刘庆说有了《作家》杂志，有了宗仁发，才有了眼界和境界，当下许多成名作家几乎都是您的朋友，许多人在成长中受过您的指点和帮助，李洱还写过一篇随笔《向宗仁发致敬》，刘庆刊发在《收获》杂志的长篇小说《风过白榆》，就是您推荐的，结识一个有眼光、有担当的编辑，是作者的幸运吗？

宗仁发：刘庆是一个擅长写长篇的作家，他的长篇处女作《风过白榆》写好后，正赶上作家出版社的张懿玲来长春，询问我吉林有什么新作者和新作品，我就把刘庆的《风过白榆》交给了她。她回到北京看完作品之后，就拍板作家出版社出这个长篇，真是令人高兴。《风过白榆》在作家出版社打出校样的时候，《收获》的钟红明到北京组稿，拜访张懿玲的时候恰巧看到这个稿子，得知《风过白榆》是没有在杂志上发过的长篇，就带回去一份样子，再后来就在《收获》上发出来了。刘庆是吉林青年作家中在《收获》发表长篇最多的，继《风过白榆》之后，还有《长势喜人》《唇典》两个长篇都发在《收获》上。做一个杂志的编辑，对有才华有潜力的作者，都是乐于帮助做点什么的。尤其是当他们还处于爬坡阶段时，编辑和他们的友谊大多是在那个时期建立起来的。毕飞宇的第一本短篇集，里面收了大概二十篇小说，其中有近一半是发在《作家》上的。前几天,我到广西去碰到李约热,他说迄今为止他所发表的文字有百分之四十是《作家》发的。弋舟前期的长篇他说也都是《作家》发的。听他们一说,好像我们的确还做过不少让他们记得住的事情。

文化艺术报:您有三个身份:著名办刊人、批评家、诗人,在这三个身份里,您最认同哪个身份?

宗仁发:说到底,这三种身份是一体的,或者说是互补的。一个编辑需要对作品有判断力,这也是搞文学批评的人需要的能力。一个编辑需要有好的直觉,而写诗也特别需要有直觉。当然我的职业是编刊物,精力投入最多的也是在编刊方面。写写小文章和写一点诗基本上属于在编刊之余的一种调节。编辑的工作确实非常枯燥,大量地看那些不怎么好的稿子甚至会破坏我们的阅读欲。所以我也挺理解一些早年曾做过文学编辑的作家,为什么后来逐渐都离开了编辑岗位。

文化艺术报:近些年《作家》非常关注生态文学方面的写作,您对生态文学是怎样理解的呢?

宗仁发:生态文学作为一种世界性的文学思潮,它的兴起与工业社会和后工业社会对自然的残酷掠夺与深层破坏造成的生态危机是分不开的。我是倾向于把自然文学作为生态文学的主体部分,但生态文学又不仅仅局限于自然文学,应该包括得更多、更广泛。利奥波德在他的《原荒纪事》一书中提出了"土地道德观",这里的土地是把群落概念扩展到土壤、水资源、植物和动物,这一切统称为土地。"简言之,土地道德观把智人从土地群落的征服者变成了群落中的一名普通公民,这意味着尊重自己的异种伙伴,尊重整个群落体系。"这种"土地道德观"的提出，意在结束人类中心主义的历史。利奥波德曾高度评价达尔文，是达尔文让"我们现在知道了所有先前各代人所不知道的东西：人们仅仅是在进化长途旅行中的其他生物的同路者"。恩格斯告诫说："我们不要过分陶醉于我们人类对自然界的胜利。对于每一次这样的胜利，自然界都对我们进行报复。每一次胜利，在第一线都确实取得了我们预期的结果，但在第二线和第三线却有了完全不同的、出乎预料的影响，它常常把第一个结果重新消除。"这就是著名的"一线胜利二线失败论"。卡森的《寂静的春天》写作和出版过程就是一场惊心动魄的斗争。当这部作品的章节在《纽约客》上发表的时候，那些因生产农药而获利的人们就开始了反对卡森的大合唱，指责她"歇斯底里""是极端主义者"。就连美国医学协会也站在生产农药的化工公司一边，最为讽刺的是发现滴滴涕的杀虫性的人还获得了诺贝尔奖。《寂静的春天》中所提出的生态问题至今也并没有真正彻底解决。还有一点，我们应当清楚，生态文学是博物学与文学相融合的文学。生态文学作为一种文学思潮或流派，若追根溯源的话，恐怕一定要找到18世纪英国的吉尔伯特·怀特的《塞耳彭自然史》才行。这本书的伟大之处在于，它既开启了自然科学的博物学研究史，同时它也是自然文学的最正宗的鼻祖。据说达尔文当年迷上博物学研究就是因为在他十六岁生日时得到他舅舅给他的一份礼物——《塞耳彭自然史》，包括达尔文一生中关于蚯蚓与腐殖土形成关系的论文，也大概是受怀特的启发写出的。怀特说过："蚯蚓，尽管从表面上看是自然之链上的微小和不起眼的环节，然而若失去它就会导致可悲的断裂。"在自然文学滥觞的过程中，梭罗等人的写作观念中也都不难寻找到怀特的影子。当博物学与文学发生化学反应之后，我们看到的生态文学作品就不会是那种简单的趣味科普文字，而是两种因素有机结合，和谐一体，既具有科学价值，也具有文学价值。正如约翰·巴勒斯所说："对自然史主题的文学处理当然和科学的处理非常不同，而且也应该如此……文学的目的在于以感动我们的方式告诉我们事实。"重要的是生态文学是能够改变人类生活方式的文学。梭罗的《瓦尔登湖》是他在康科德的瓦尔登湖小木屋里生活二十六个月的真实记录，意在寻找一种接近自然、抵御喧嚣、适合自己的简约生活方式，这本书在1985年《美国遗产》杂志上所列的"十本构成美国人性格的书"中位列榜首。

文化艺术报：《作家》连载了好多期胡冬林的《山林笔记》吧？

宗仁发：2003年《作家》就发表了胡冬林写长白山水獭的长篇散文《拍溅》，接下来又发表了他的《约会星鸦》《青鼬》《蘑菇课》等作品。2017年胡冬林病逝后，《作家》请他妹妹将他的遗作《山林笔记》整理后予以连载，刊发了近八十万字。之后又与时代文艺出版社共同策划出版了《山林笔记》，并在中国作协召开了《山林笔记》研讨会。这部书后来获得了第五届中国出版政府奖图书奖提名奖、第八届中华优秀出版物（图书）奖、荣获2020年度中国好书奖，还获得了《十月》杂志的琦君散文奖、被评为《收获》排行榜非虚构作品榜首。从1998年开始，《作家》开始开设"作家地理"栏目，一直以多种方式刊发各类生态文学作品。其中有以"大地神曲"命名的东珠的野花系列、有以"荒野寻访"命名的李元胜的蝴蝶系列、有以"长白山笔记"命名的赵连伟的森林系列等。

文化艺术报：《作家》杂志一直重视青年作家的发现、培养，您对青年作家有什么期待？

宗仁发：2023年6月我去北京参加北师大国际写作中心成立十周年

的系列活动，看到莫言、余华、苏童等前辈作家对青年作家能投入那么多精力扶持和培养，令我感动不已。文学编辑始终是青年作家的同行者，我是期待他们能够早日写出今日的名作、未来的经典。

胡宗锋

给文学作品插上新翅膀，让作品飞得更远

学习外语保卫和弘扬汉语

胡宗锋

胡宗锋

陕西省宝鸡市人。教授,西北大学外国语学院原院长。曾任第十一届民建中央文化委员会委员。现任中国翻译协会常务理事,陕西省决策咨询委员会委员,陕西省翻译协会主席,西京学院陕西文化翻译研究院院长。

在《人文杂志》《外语教学》等核心期刊发表论文二十余篇。在《新华文摘》《光明日报》《美文》《萌芽》《名作欣赏》《诗刊》《散文选刊》《英语世界》等报刊发表翻译和创作的小说、散文以及诗歌三百多篇。

英译汉代表作有:《震惊世界的结局》等二十部。英汉双语作品有:《贾平凹散文选》等十多部。

汉译英(独译及合译)成果有:贾平凹作品《黑氏》《废都》《土门》,陈彦长篇小说《装台》等二十多部。

文化艺术报：您领导的翻译团队，多年来着力于把陕西优秀作家的作品翻译成多种语言向外界推广，使更多的外国读者通过您和您的团队译介的文字了解陕西的历史文化和民风民情，为陕西文学、陕西文化走向世界建立一个通道，一个胡宗锋和他的翻译团队构建的文学通道。您是从什么时候开始向外译介陕西作家的作品的，为什么会将目光放在陕西，而不是放眼全国？

胡宗锋：早在1986年读研究生的时候，我就有了翻译陕西作家作品的想法。当年在我的老师、美国已故作家和诗人比尔·霍姆的鼓励下，我曾经翻译了贾平凹老师的几篇散文，也是从那时起我就认识了他。1997年，我和西北大学文学院的周燕芬教授提出了"陕西作家与世界文坛"这个项目，贾平凹老师和陈忠实老师都参加了第一次研讨会。2008年，陕西省翻译协会提出了"陕西文学海外翻译计划"。但由于种种原因，直到2010年，我才在美国的《新文学》上发表了贾平凹老师的中篇小说《黑氏》英译文，也就是从那个时候起，我们开始有组织、有计划地翻译陕西作家的作品。译介中国文学是中国文化走出去的重要组成部分，而地方文学作为中国文学的子系统，其译介是我们向世界呈现中国多元文化的重要途径。陕西从古至今都是文学大省，介绍陕西首先是因为我很熟悉当代的陕西作家，从自己熟悉的作家开始译介，会节省不少研读作品的时间；另外中国作家很多，我们一个小团队不可能面面俱到。"讲好中国故事，传播好中国声音"，最好是从身边的故事讲起，要是大家都能讲好身边的故事，就会让小溪汇聚成一条大河。不是有"窥一斑而见全豹"之说吗？以后我们依旧会把重点放在对陕西作家的译介上。

文化艺术报：段建军教授说："为了文学陕军走出国门，他放弃了大量搞科研、写论文的时间，耽误了自己升级别、拿奖金的好事。像堂吉诃德一样，干一些在讲究实际的高校教师眼中，没用且疯狂的事情。他因为这种没用而疯狂的事情，为文学陕军的创作插上了翅膀。"段教授对您的评价是高校大部分教授的评价，做一个堂吉诃德式的人，应该不是您的初衷吧？

胡宗锋：文学翻译是件苦差事，要能静下心来，揣摩译文，所以严复才说"一名之立，旬月踟蹰"。朱光潜也曾说："据我个人的经验，译一本书比自己写一本书要难得多。要译一本书，起码要把那本书懂得透彻。这不仅要懂文学，还须看懂文学后面的情理韵味。"他还说："好的翻译仍是一种创作。因为文学作品以语文表达情感思想，情感思想的佳妙处必从语文见出。作者须费一番苦心才能使思想情感凝定于语文，语文妥帖了，作品才算成就。译者也必须经过同样的过程。第一步须设身处在作者的地位，透入作者的心窍，和他同样感，同样想，同样地努力使所感所想凝定于语文。所不同者作者是用他的本国语文去凝定他的情感思想，而译者除着了解欣赏这情感思想的语文的融贯体之外，还要把它移植于另一国语文，使所用的另一国语文和那情感思想融成一个新的作品。因为这个缘故，翻译比自著较难；也因为这个缘故，只有文学家才能胜任翻译文学作品。"而在很多学校，翻译成果不被统计在学术成果里。比如有人研究我们的翻译发表了论文，而我们的翻译连一篇核心论文都算不上。但人总是要有点爱好和自己喜欢做的事，自己喜欢了就去做，不用过分在乎别人的看法。我从上大学时起就想从事翻译工作，这还真是我的初衷。我也见过很多和我有相同初衷的人，不过好多人都放弃了。人各有志，走自己的路就行。用美国诗人罗伯特·弗罗斯特的诗《一条未走的路》中的话来说，那就是：

林子里有两条路，朝着两个方向，

而我——我走上一条更少人迹的路，

于是带来完全不同的一番景象。

文化艺术报：翻译在世界文学史的发展进程中功不可没，文学翻译者是不同语言的作者和读者之间的搭桥人。陕西省翻译协会早在2008年时和省作协有一个"陕西文学海外翻译计划"，这个计划对陕西文学走出去、陕西作家作品在国外出版有没有实际作用？在您接手陕西翻译协会主席后，陕西作家作品在国外的出版渠道是怎样的？

胡宗锋：陕西是文化大省、文学大省，也是翻译大省。协会自办会之初，就一直坚持在"译"字上下功夫，特别是自2008年协会启动"陕西文学海外翻译计划"以来，协会在陕西文学、文化翻译和海外推广领域不断探索创新，积累了丰富的经验。我们协会一直在有计划、有步骤地稳步推进第七届理事会制定的"30/60/100计划"，即在三十年内完成三十部长篇小说、六十部中篇小说和一百部短篇小说的翻译出版和海外推广。截至目前，我们已经完成了六十多部陕西著名作家的文学作品翻译，其中仅长篇小说就占了十余部，可以说我们超额完成了第一个十年的翻译任务。与此同时，协会文学外译的文体也逐渐从小说扩展至散文、戏剧、诗歌等。外译的语种也从最初的英语、俄语、日语、西班牙语扩展至土耳其语、阿拉伯语、乌兹别克语等。协会在文学翻译领域不断推出成果，陆续受到国内外媒体和相关部门和机构的关注。协会近年来的翻译作品受到如英国广播公司（BBC）、新华社、《光明日报》、《中国日报》等国内外主流媒体的广泛关注和报道；我们协会翻译出版的作品不仅在Hatchards, Foyles, Blackwell's等知名书店上架，还被悉尼市图书馆、大英图书馆、斯坦福大学图书馆、华盛顿国会图书馆等机构收藏。

文化艺术报：在您着力于翻译陕西作家作品之前，陕西作家作品对外译介是什么样的状况？

胡宗锋：在改革开放前，陕西当代作家的作品翻译不是很多，我个人见到的英文作品仅有《创业史》《铜墙铁壁》《保卫延安》等为数不多的几部。随着改革开放的深入和国外对中国的关注越来越多，才渐渐多了起来。但直到今天，除了我们翻译团队的翻译外，译介陕西作家作品的国内翻译家还不是很多。如何推进陕西文学走进世界，是我们一直在思考的问题。这个既有翻译外部的因素，也有内部的因素。就翻译内部来讲，我认为翻译人才短缺是制约文学外译的一个重要因素，现在的翻译人才培养有点操之过急，年轻人大多缺乏深厚的语言功底，我曾经说过一句得罪人的话，中国人如果说自己的外语比汉语好，只能说明其汉语烂，外语更烂。我和罗宾博士坚持审校我们团队英译的作品，然后返回让初译读。这样做就是为了培养年轻人，只有不停地实践，在实践中提高，才能成长。这个工作很费力，但我认为只有这样，团队的人才能提高自己的翻译水平。汉译外的人才很难培养，不是几年时间就能做到的。

《礼记·曲礼下》中说"医不三世，不服其药"，可悲的是，眼下好多所谓的名医连"一世"都是半路出家的，更可悲的是，好多人还在"服其药"，这也是眼下翻译界的一种现象。好多人太急功近利了。

从目前大部分人翻译的外译汉来说，有些译文实在太差，原因就在于汉语功底不行，这也会影响到汉译外时对汉语原文的理解。另外，在中国的一些"外籍专家"并非是语言专业的人才，其文学修养并不一定很高，一个人可能是出色的工程师、科技人员，但不是翻译家。就像我们国家的人都会说汉语，但不一定是作家。

文化艺术报：我注意到英国博士罗宾加入后，您和罗宾合作开始大量地译介陕西作家的作品，特别是长篇小说，你们合译出贾平凹的《废都》《土门》等。罗宾博士的加入，对您有何意义？

胡宗锋：英国博士罗宾的加入使我们的翻译有了更大的优势，母语为译出语的译者在解决理解问题方面有优势，母语为译入语的译者在解决表达问题方面有优势，这样合译的最大好处在于能充分发挥各自语言的优势，使理解和表达都能达到一个理想的高度，这也是为什么我们多年来一直坚持合译的原因。我们团队的主要成员罗宾现在已经可以阅读大部分的中文了，最主要的是罗宾的专业是中世纪英语研究，可以说是英语功底深厚，像这样的人才我觉得是可遇而不可求的。

这种模式的不足就是耗时间，但我认为是值得的。中文对于好多外国人来说，毕竟不太好掌握，而我们国家学外语的人，有些人的语言能力也很有限。我认为翻译的最佳模式应当是这样，美国著名汉学家葛浩文和宇文所安的妻子都是很有中文造诣的中国人，而中国著名翻译家杨宪益的妻子是英国人，这对他们的翻译是有很大的帮助的。翻译需要两种语言的强强联合。

文化艺术报：早期您是自己翻译，后来组建了一个团队，为何会组建一个团队？当团队的思想、取舍和您发生冲突时，您是怎样处理的？

胡宗锋：从独自翻译到组建团队经历了一个漫长的过程。组建团队是为了带动更多的人（特别是年轻人）加入这个队伍。我对团队的看法是"道不同不相为谋"。我们的团队是一个比较松散的组织，除了核心人员外，其他成员来去自由。有心就参加，无意可离去。

文化艺术报：从事文学译介几十年来，您一直紧盯着陕西，以后会不会将目光转向全国？陕西文学作品"走出去"有何意义？

胡宗锋：陕西作家自古以来就有其传奇色彩，如司马迁、班固等。苏东坡当年曾在我的老家做官，到现在我老家的东湖还有他亲手种植的柳树，人们称之为"东坡柳"。当代作家中，陕西作家获茅盾文学奖的有四人，分别为陕南的贾平凹和陈彦，陕北的路遥和关中的陈忠实。文学艺术要依靠一个地方而存在，对此美国作家巴里·洛佩斯认为："一、当地人对于物质世界中的细微差别一般比较注意，他们能看到更多的东西。通过仔细观察，从少得可怜的一点迹象中也可以推断出很多很多；二、当地人在一个地方有比较深远的历史，无论是部落的还是他个人的，他们的历史在原本就有空间风景的地方创造了时间的深度；三、当地人不仅能感知风景，而且能占领这个地方的精神世界。"贾平凹先生在《秦腔》后记中毫不掩饰自己写的其实都是家乡的生活，他说，"我的故乡是棣花街，我的故事是清风街，棣花街是月，清风街是水中月，棣花街是花，清风街是镜里花""我决心以这本书为故乡树起一块碑子"。丹麦学者克拉拉·杨克教授在评论贾平凹作品的一篇文章中也说："贾平凹的文学创作致力于书写远离权力中心，信息闭塞，缺少教育机会的陕西农民。他和多数当代中国文人的区别在于他与故乡始终保持着密切的联系，远离国外影响，坚守着自己的地域方言。"我想陕西文学作品"走出去"的意义就在于让外国读者通过文学作品更进一步地了解中国的文化和当代中国的发展。

文化艺术报：地域文学翻译最大的挑战是什么？如何准确"传情达意"？陕西作家的作品中有大量的方言和俚语，翻译时如何才能呈现其中所蕴含的文化元素？

胡宗锋：明朝人陈第曾说过"时有古今，地有南北，字有更革，音有转移"。陕西文学的"乡土"在于这片土地的古老,我是土生土长的陕西人,对于陕西作家的作品在理解上可以说是没有问题。而英语也有悠久的历史,与我合作的罗宾博士就是研究中世纪英语的博士。好多在中国的外教连莎士比亚的作品都看得很少。这如同我们国家的有些人出国去做"汉语专家",连四大名著都没有读过。比如贾平凹老师描写城市化的作品(如我们在英国出版的《土门》),和英国的哈代描写英国城市化的作品有相似的地方。我们国家的好多译者认为,汉语中的一些表达在英文中没有(当然特定的词除外),实际上是他(她)不知道有这样的表达。我记得好像是杨宪益先生说过,只有读过一百本英文原著后方才可以作汉译英。我们现在的好多译者读过多少本英文原著(特别是文学名著)呢?

唐善纯先生在《语言学可以揭示各民族的历史变迁》一文中曾说:"语言是历史与文化的沉淀,保留着各个时期社会的痕迹。"陕西作家作品中的所谓方言,其实大多数都是古汉语,因为自建都西安的西周始,关中方言就被称为"雅言"。《诗谱》载:"商王不风不雅,而雅者放自周。"由于西安曾经是周秦汉唐四大朝代的国都,所以陕西方言也就是当时的官方语言,古汉语、《史记》以及唐诗,若以陕西方言来读,有时才能理解其中的一些词汇,读出其中的味道来。就对原著作品的理解来说,我是没有任何问题的。团队成员中有不理解的地方,我可以提供相应的指导,这可以说是我们团队合作在解决这一问题时的一个优势吧。

贾平凹老师曾经说过:"特有的地域和特有的文化形成了中国特有的国情、世情、民情,在这样特有的国情、世情、民情下产生的中国文学,必然是独特的故事和另有情致的文字。"他还说:"解读中国故事,就是让人知道这是中国的故事,并从故事中能读到当今中国是什么样子、中国人的生存状态和精神状态，以及能读出中国的气派、味道和意义。"那么我们的翻译也就当如此，反映"中国人的生存状态和精神状态"，让外国读者"能读出中国的气派、味道和意义"。

文化艺术报：中外文化差异比较大，在翻译中您如何处理好文化差异，使外国读者更能理解接受？

胡宗锋：古人云"文心相通"，汉英两种语言不同，文化背景亦有差异，但只要文心相通，就能达到"登山则情满于山，观海则意溢于海"的境界。文学是人学，不是冷漠的机器，不是说有一千个读者，就有一千个哈姆雷特吗？不论是中文，还是外文，首先是要有"文心"。

文学翻译既是一种传真，又是一种再创造，所以我们期望的不仅是一种语言元素上的置换，更期望文化质地、精神内涵上的一种语体转换。所以文学翻译和文学创作一样，不是每一个人都可以做好的。不是每一个汉语好的人都能成为一个好作家，不是每一个外语好的人都能成为一个好的翻译家。

向海外译介中国的文学作品是一项长期的任务，外国人对中国的当代文化和文学作品有兴趣，是因为中国在发展，他们想了解中国。前些年为什么翻译了那么多的国外文学作品到中国，就是因为我们好多人想了解国外的东西，但随着我国国际地位的不断提升，会有越来越多的外国人想了解中国。所以，作为一名翻译工作者，应该有责任和义务将更多出色的中国小说汉译外，让世界了解中国，更为重要的是让世界了解现在的中国，因为中国正处在五千多年来最为辉煌的时代。

文化艺术报：您在《文学大省的文学翻译》一文中提出文学大省的文学翻译要有文化自觉，要有对厚重陕西文化的深刻了解与体悟。

传播中国声音、讲好中国故事，要着力培养"新一代的斯诺"，提升中国声音、中国故事的国际认同。您是如何发现、培养"新一代的斯诺"的？

胡宗锋：中国作家作品的外译，很多人都认为只有外国人做才行，但实际上需要中外合作。我们所有翻译的作品都经过我和罗宾博士的审校，罗宾博士是英国中世纪文学博士，具有深厚的文学功底。翻译一个作家首先要研究和了解这个作家，这些年来，我们和陕西作家群建立了紧密的联系，这也对我们的翻译有很大的帮助。一个译者实际上和其他做学问的人一样，地域的影响主要在其成长的阶段，人的个性和品行看上去和翻译与做其他学问无关，这恰恰是人们所忽视的。我们现在不是提倡"做学问先做人"吗？做人踏实，做事也就踏实，翻译也不例外。我翻译过圭亚那驻华大使、著名作家戴维·达比丁的小说《消散》，他在该书的中文前言中说："全世界靠土地为生的农民面临同样的挑战：受太阳、大地和水的束缚。"我把他的话变一下，"全世界从事翻译的人面临同样的挑战，那就是母语和外语的基本功"。就选择和培养年轻一代的外国学者来说，我的思路是这些人不仅要语言好，还要热爱中国。就像当年的斯诺夫妇一样对中国有信心。在国际政治风云波谲云诡的今天，世界呼唤像埃德加·斯诺那样有良知的外国记者、作家和翻译家，希望他们不要站在中国之外想象中国，希望他们能够像斯诺那样亲自到中国来考察，并且秉承着客观公正的态度、不带有任何政治色彩和党派偏见地报道和翻译中国。时代更呼唤像斯诺一样的中国记者，做好外宣战场上的轻骑兵。国际舞台上的中国故事不能光靠外国人来讲，更要由专业精湛、触觉敏锐、国际视野开阔的中国记者、作家和翻译家来讲述。我们中国的记者、作家和翻译家要发扬"努力干、一起干"的"工合精神"，更好地传播中国声音，不断提升中国的国际话语权，为世界的发展提供"中国方案"、贡献"中国智慧",推动世界对中国的了解。

文化艺术报:您是从什么时候开始文学翻译的,您读书的年代,是文学热的时代,喜欢文学的人大多都有一个作家梦,您为何会把梦想放在收入低、地位低,出版难的翻译文学上?

胡宗锋:我在上大学时就开始尝试做翻译,大学毕业的1983年在今天的《读者》(当时是《读者文摘》)上发表了我的第一篇小译作。如果说在20世纪80年代,好多喜欢文学的年轻人都有诗人梦和作家梦的话,当时学外语的人都有一个翻译家梦,不过在商品经济时代,很多人需要看得见的利益,但翻译很难和利益直接挂钩,无法"刀下见菜",因此,很多人就转行了。人的梦想有时不在收入高低(当然收入高了更好),从低走向高,哪怕是"贡献不大年年有,步子不大日日走",一步一个脚印地走,就会乐在其中。时间长了,回头看,一个脚印也许就是一首歌。

文化艺术报:相比汉译外,外译汉似乎更吃香一些,您看,连鲁迅文学奖的评选,都只有外译汉,没有汉译外,您是如何看待这个问题的?

胡宗锋:外译汉"吃香"是因为在我们国家改革开放初期,国内的人急切想要了解外国的一切,学习外国的先进经验,那就要读外国的书。在经过四十多年的发展以后,我们创造了奇迹,越来越多的外国人想要了解中国,很多国家也开始向中国学习了,所以我们需要让外国人看到一个客观而真实的中国,因为有些外国人在抹黑和丑化中国。我觉得随着中国的发展,随着要向世界"讲好中国故事,传播好中国声音,展示真实、立体、全面的中国""努力塑造可信、可爱、可敬的中国形象",鲁迅文学奖也有可能会设置汉译外的。

文化艺术报：我发现，在您译介的陕西作家作品中，贾平凹、陈彦这些名声大的人的作品占了很大比重，您在选择作家作品的时候，是否会更多地考量作家的社会身份和影响力？

胡宗锋：对待译作的考虑，我们起初主要是翻译陕西有名的作家，主要是贾平凹，后来选译了一些作家的出色短篇，如陈忠实、陈彦、高建群、穆涛、叶广芩、吴克敬、红柯、方英文等。关于作家的选择，我刚开始时都是选择自己熟悉的名作家。熟悉作家的作品，有利于翻译过程中的理解，选择名声大的人的作品，是因为作家的社会身份和影响力在一定程度上也代表着其作品的高度。

文化艺术报：现在作家出书比较难，在国外出书应该也不会容易，您是如何让这些书在国外出版的？

胡宗锋：文学作品的销量，可以说是全球都不太景气，在英美，以前畅销的都是描写中国阴暗面或所谓揭秘的作品（近些年有了一定的变化），国外对中国作家作品的兴趣，与我们国家的发展和壮大有关，要是没有我们国家的繁荣和富强，国外读者对中国作家的作品只会停留在猎奇上。在国外出版中国作家的作品，首先是译文要得到外国出版社的认可，可以说经过这十多年的努力，我们团队的译文还是经得住考验的。我们目前的出版渠道也是多种多样的，有获国家、省级和校级项目资助的，有外国出版社签约的，还有民间组织赞助的。

文化艺术报：如果不是把主要精力放在译介陕西作家的作品上，您会做什么？

胡宗锋：人生没有回头路，要是我这一辈子没有选择学外语上大学，选择做翻译，我有可能就是个普通的农民，或者是普通的中学老师。美国诗人惠特曼说过"我是怎样就怎样存在着，这就足矣！"

文化艺术报：您翻译了大量陕西作家的作品，在您看来，陕西作家在全国处于怎样的地位？

胡宗锋：就我个人的体会而言，当然也有人说过，陕西作家的创作在某种程度上来说也代表着中国作家的创作高度。

文化艺术报：在您翻译的陕西作家中，基本都是老一代的作家作品，好像很少有青年作家的作品，众所周知，陕西文学现在掉队了，在全国有影响的青年作家也只有弋舟一个，就是弋舟，也过了五十岁，对年轻一代的陕西作家，您有没有关注，有没有译介他们作品的计划？

胡宗锋：要翻译一个作家，首先要熟悉这个作家。就我个人来讲，目前我们翻译的陕西作家我都认识，而且大部分是多年的好朋友，像陈忠实先生（已故）、贾平凹先生、陈彦先生、杨争光先生、红柯先生（已故）、叶广芩先生、穆涛先生、高建群先生、吴克敬先生、方英文先生、弋舟先生、阎安先生等。我几十年来一直与陕西作家群保持着紧密的联系。我与陕西好多作家的交往都在二三十年之久，从这一点上来说，全国甚至是全世界翻译陕西作家的人都没有我的这种经历。我自己也是陕西人，熟悉陕西的风土人情。每当翻译一个作家的作品时，我会让团队成员和作家见面，并及时保持与作家的联系。罗宾博士这十几年也去过了陕西的大部分地方，几乎可以说凡是我认识的作家他都认识，包括已故的陈忠实先生和红柯先生。对于年轻作家，我们也在关注，也零星翻译过一些作品，我想我们以后会加强和年轻作家的联系。

N